Les présidents face à Dieu

Du même auteur

Anne Sinclair, femme de tête, dame de cœur,
avec Alain Hertoghe, Calmann-Lévy, 2011.

Journaliste, des mots et des doutes, collectif,
sous la direction d'Henri Weil, Privat, 2005.

L'Opinion numérique, collectif,
Institut Presaje, Dalloz, 2006.

MARC TRONCHOT

Les présidents face à Dieu

calmann-lévy

COUVERTURE
Illustration : © Serge Dautheribes

ISBN 978-2-7021-5734-3

Prologue

11 janvier 2015 : cette date restera dans les annales de l'histoire de la République. Ce jour-là, plus de quatre millions de Françaises et de Français se sont levés et ont marché dans les rues, boulevards et avenues de milliers de villes de France pour dire, clamer, crier leur refus du terrorisme fanatique et de tous les intégrismes, incarner l'unité de la nation et réaffirmer les valeurs qui forment notre devise républicaine : la liberté, l'égalité, la fraternité. Toutes célébrées ce jour-là, même s'il était bien sûr plus particulièrement question de la liberté de la presse, de la liberté d'expression, de la liberté de pensée, mais également de la liberté de croire ou de ne pas croire et de pratiquer la religion de son choix.

Parce que des terroristes ont justifié leurs actes ignobles en se réclamant d'un Dieu violent, réactionnaire, tueur et obscur, parce que leurs victimes furent choisies, celles d'un journal satirique en raison de leur irrespect face à toutes les religions, celles d'un commerce casher du fait de leur appartenance à l'une d'entre elles, ce dimanche-là s'entrecroisèrent, la journée durant, les valeurs de la République et celles du religieux. De la laïcité et de la foi. Du sacré et du civique. Tout au long de cette journée historique, les autorités et les fidèles de toutes les religions et de toutes les sagesses se mirent à l'unisson de l'unité, pour ne pas dire de l'union nationale. Et les élus de la République s'affirmèrent les garants de ce droit légitime et inaliénable de chacun à croire ou à ne pas croire en Dieu. Ce fut une journée de mains serrées et de chaleur partagée, les yeux clairs dans les yeux foncés, une journée dont toute arrière-pensée semblait alors bannie. Comme un moment de grâce, aurait dit le curé. Un dialogue républicain, aurait corrigé le laïc. Ce qui de fait revenait au même. Les différences n'étaient ce jour-là pas seulement des promesses d'enrichissement réciproque, et l'on se prenait à rêver que jamais plus il n'en aille autrement. Ce fut après l'ignominie et l'horreur l'occasion de moments inoubliables, comme autant de rais de lumière après des heures de ténèbres. Comme un rêve de tolérance éclairée : un imam accueilli comme un frère dans la grande synagogue de la Victoire, la prière des juifs de France pour la République récitée devant un président français et israélien, des autorités religieuses solidaires et rassemblées au nom de la douleur partagée, des chrétiens, des juifs, des musulmans disant : « Il faut parler en républicains. » Les républicains répétant : « Le droit d'exercer son culte est constitutionnel. » Un grand rabbin disant : « Je rêve et je prie en français. » Un imam ajoutant : « Préservons les valeurs républicaines et vivons tous en paix dans le respect de ces valeurs. »

Tous, ce dimanche-là, ont dit à leur manière et selon leur croyance leur foi en la France. La seule supposée compter aux yeux d'un président de la République que les questions purement religieuses ne concernent pas personnellement mais qui aurait néanmoins été sans doute d'accord avec ce pasteur, ce musulman, cette bouddhiste ou ce rabbin… invités, fait inhabituel mais initiative inspirée, à réunir leurs expressions ce dimanche 11 janvier 2015 devant les caméras du service public pour illustrer les chemins de la foi. S'il n'en fallait retenir qu'une parole, c'est celle-là sans doute, qui ne fit pas débat : « Croire, c'est penser. Pas seulement pratiquer, défendre sa propre religion mais accepter qu'elle soit remise en question. Car quand la foi devient folle, la raison doit l'interpeller. » Une vision qu'un chef d'État doit pouvoir partager. Entre l'exercice religieux et l'exercice politique, il arrive que des passerelles se découvrent. Savoir marier la foi et le discernement est qualité de pape comme de président.

Introduction

Depuis 1905, l'Église et l'État vivent séparés. Ce qui ne veut nullement dire qu'ils ont divorcé. Ils se tolèrent, se respectent, se parlent et parfois même se comprennent comme deux adversaires ayant mis fin à la guerre qu'ils se livraient depuis plus d'un siècle. Chacun désormais s'occupe, l'Église de ses ouailles, l'État de ses citoyennes et citoyens. En bonne intelligence apparente. D'autant qu'il s'agit souvent des mêmes âmes. Oubliés en principe les éclats du petit père Combe, ancien séminariste devenu grand Satan des curés sous la République, troisième du nom, oublié l'anticléricalisme fondamentaliste boutant les congrégations religieuses hors de France et les obligeant à trouver refuge au-delà des frontières du pays, oubliées les persécutions inquisitoriales et les spoliations injustes, oubliée enfin la tentation ultralaïque de ceux pour qui la foi n'était acceptable que si elle se baptisait républicaine. Selon les termes mêmes du texte de décembre 1905, largement inspiré par Aristide Briand, la République assure donc la liberté de conscience, garantit le libre exercice des cultes mais ne reconnaît, ne salarie ni ne subventionne aucun culte. La Constitution de la Ve République disposera pour sa part dans son titre premier : « La France est une République indivisible, laïque, démocratique et sociale. Elle assure l'égalité devant la loi de tous les citoyens sans distinction d'origine, de race ou de religion. Elle respecte toutes les croyances. » Même si le souvenir reste toujours vivace de la charge des hussards noirs de la République contre les ministres des cultes, la France s'est donc trouvé un compromis entre les héritiers de la Révolution française, ceux du siècle des Lumières, et les seigneurs de l'Église. Les cicatrices se sont progressivement refermées mais le ressentiment ne tarde pourtant jamais à s'exprimer dès lors que le fragile équilibre semble remis en question. La vigilance reste de mise. Chaque camp dispose de ses sentinelles prêtes à donner l'alerte au premier manquement à l'accord passé, aux compromis trouvés ou aux principes affirmés. À la moindre tentative de dépassement de ligne, ou à la seule expression d'une volonté expansionniste, d'un bord comme de l'autre, ces gardes-frontières s'emploient alors qui à déclarer la nation en danger, qui à solliciter la protection du Saint-Siège. Ainsi se vit la France depuis maintenant quelques décennies, et les présidents de la République ont su s'en arranger comme ils ont su, avec des mérites plus ou moins grands, faire entre leurs éminentes fonctions et leurs respectables croyances la part de Dieu et la part de l'homme.

Depuis que le titre de président de la République existe, ils sont vingt-quatre très précisément à l'avoir porté. Très majoritairement issus de milieux catholiques même si, pour beaucoup, la pratique religieuse sera inexistante ou se limitera à ce minimum opportuniste qui autorise l'homme politique à faire campagne en serrant les mains à la sortie de l'office du dimanche, montrant au passage, certificat de baptême et mariage religieux dûment enregistrés à l'appui, qu'on peut être à la fois républicain et croyant. Certains de ces présidents assumeront même ouvertement leur foi ou, à tout le moins, ne la renieront pas. Ceux-là reposeront plus tard dans l'enceinte d'un cimetière municipal à l'ombre de la croix du Christ. Et nul, jamais, ne s'en offusquera. La

France en acceptera également pour la diriger de plus entiers, de plus laïcs, d'authentiques réfractaires à toute vision mystique. Des agnostiques déclarés, des athées par vocation, et même quelques déistes, terme revendiqué sous la Troisième République au moins par deux d'entre eux, Adolphe Thiers et Jules Grévy, le déisme étant sans doute la façon la plus confortable de croire sans l'avouer à l'existence d'un Créateur, d'un Architecte oui, mais étranger au destin d'une humanité qui selon les tenants de cette pensée ne lui devrait rien. Ce Dieu-là n'est pas amour, jamais, il n'est qu'indifférence, toujours. La religion est naturelle et tout dogme, rite ou miracle en sont absents. Véritable aubaine pour le politique déiste, lequel croit juste, et de façon assez commode, en la présence immatérielle, anonyme et indéfinissable d'un être pur, éternel et immuable, ayant dessiné l'univers... un jour, sans doute, où il s'ennuyait ferme.

Sous la Ve République, ils sont sept jusqu'ici à s'être succédé à la tête de l'État français. Sept qui bénéficient bien sûr, comme tous leurs concitoyens, des dispositions prévues par le titre premier de la Constitution sur le respect des croyances. Pour quelle mauvaise raison feraient-ils d'ailleurs exception ? Par quel syllogisme aberrant leur interdirait-on de ne pas respecter notre texte fondamental ? Ils ne sauraient être comparés à ces vestales, gardiennes du feu dans l'Antiquité supposées rester chastes et pures afin de résister à toute tentation et ne jamais dévier de leur mission. La République est avant tout promotrice de liberté, y compris celle de croire en Dieu. Liberté privée dont cinq – on serait tenté de dire six – de nos sept présidents ont donc profité jusqu'à présent. Avec une ferveur différente selon les cas mais jamais sans renier leurs choix. Une diversité de profils croyants ou incroyants qui atteste a contrario la solidité et la cohérence de nos institutions puisque la permanence des principes sur lesquels la République est fondée n'a jamais été remise en cause, et en particulier la séparation de l'Église et de l'État.

Cette séparation, érigée en loi, n'a jamais en effet, avec le recul des cent dix ans qui se sont déroulés depuis sa promulgation, été véritablement mise en péril. Le temps comme l'ouverture d'esprit des différents acteurs ayant en fait permis de définir progressivement un modus vivendi honorable entre Marianne et Dieu. Statu quo qu'il a d'ailleurs toujours paru aventureux de vouloir remettre en question quand bien même il s'agissait officiellement de le faire évoluer. Certains eurent néanmoins la tentation de toucher à cet équilibre fragile, dans le sens de davantage de laïcité ou dans le sens de davantage de religion. Ils n'eurent objectivement que des raisons de le regretter. François Mitterrand dut ainsi renoncer à tenir la promesse faite aux socialistes d'un grand service public laïc et unifié de l'enseignement. Et Nicolas Sarkozy ne fut pas davantage inspiré quand il apparut soudain sous les traits d'un président de la République confit en dévotion et subitement touché par la grâce divine. Image que nombre de Français jugèrent déplacée, non conforme, à tort ou à raison, à leur conception de la République. Et sans doute peu en rapport avec l'image que ce président avait par ailleurs donnée de sa personne durant les cinq années de son mandat.

Le rapport que nos présidents auront entretenu à titre personnel avec la religion est rarement évoqué. Comme s'il ne s'agissait que d'un détail, un élément trop extérieur ou trop personnel, en aucun cas susceptible d'influencer leur jugement et certainement pas de modifier le sens de leur action. Électrices et électeurs eux-mêmes ne semblent jamais avoir pris explicitement cet élément en compte dans le secret de l'isoloir. Catholiques, protestants, orthodoxes, juifs ou musulmans votent en citoyens et non en religieux. Que l'élément personnel et confessionnel ait parfois pu favoriser ou dissuader un choix ne fait cependant aucun doute, mais à aucun moment il ne semble avoir réellement été déterminant. Il arrivera en revanche qu'une communauté manifeste publiquement son humeur, son ressentiment ou sa préférence, et qu'elle le traduise ensuite dans les urnes. Mais il est difficile de l'illustrer chiffres en mains et avec précision. La loi ne permettrait d'ailleurs pas une comptabilité de ce type. À raison.

Les présidents français doivent-ils pour autant se voir réduits à leur seule dimension républicaine ? Assurément non. Même s'il est heureux de constater que cette dimension-là n'a fait défaut à aucun. Il serait absurde de ne point voir, derrière le locataire de l'Élysée, gardien de la Constitution, garant de l'unité nationale et de la continuité de l'État, l'homme qu'animent d'autres pensées moins terre à terre. Parfois existentielles et à l'occasion spirituelles. Être aux commandes de l'État ne dispense pas de s'inquiéter du salut de son âme. Il ne l'interdit pas davantage. La ferveur catholique de Charles de Gaulle était chevillée à la France, Georges Pompidou croyait en la transcendance, se passionnait pour l'art sacré et sublimait le chant grégorien. Valéry Giscard d'Estaing se partagea entre un classicisme très chrétien et un réformisme qui l'était moins, avant que François Mitterrand ne s'affirme à la plus grande surprise des siens comme le plus mystique des socialistes. Jacques Chirac, s'il crut manifestement davantage en l'homme qu'en Dieu, ce qui dans son cas peut revenir au même, ne fut jamais indifférent à la chose religieuse. Quant à Nicolas Sarkozy, il laissera pour sa part le souvenir d'un chrétien fort démonstratif et très identitaire. L'agnosticisme assumé de François Hollande apporte en conclusion la preuve, s'il en était encore besoin, qu'il n'est de bonne règle sans une exception. L'actuel président est cette exception, peut-être une nouvelle preuve de sa « normalité ».

La relation personnelle à la religion et la foi personnelle des dirigeants n'ont jamais vraiment excité la curiosité de nos concitoyens. Si celui qu'ils ont choisi pour les diriger a des convictions religieuses, elles sont, pensent-ils, comme les leurs et relèvent donc du domaine privé, de cette bulle d'intimité à laquelle même un président de la République a droit.

S'intéresser aux convictions religieuses des présidents de cette République ne participe pas ici d'un quelconque désir sacrilège ou indiscret. Il n'est point davantage question de s'immiscer dans ce qui reste le jardin secret de tout un chacun, ce jardin où le premier des Français, de gauche comme de droite, peut se retirer à l'occasion pour réfléchir, méditer, et pourquoi pas prier, quel que soit celui, celle, le Dieu à qui il s'adresse, quelle que soit la religion qu'il pratique. L'idée n'était pas plus de chercher à tout prix un quelconque décalage entre l'homme et la fonction mais de prendre la mesure de l'influence du croyant sur le politique et du politique sur le croyant. Comment tous ces hommes ont-ils su gérer l'évolution des mentalités, sont-ils allés, à certains moments, contre leur conscience, ont-ils dû trahir leur foi ou composer avec elle, sont-ils parfois allés contre les préceptes de leur Église ? Quelle place ont-ils faite aux communautés religieuses ? De quelle manière les ont-ils traitées ? La fonction présidentielle est-elle plus simple à exercer pour l'homme de foi ou pour l'agnostique ? Quel croyant furent-ils ? Telles sont les interrogations qui ont inspiré cet ouvrage.

Par ces questions, tous sont concernés, directement, indirectement, de Charles de Gaulle à François Hollande. Bien sûr pas dans les mêmes termes, la société de 1958 et celle de ce début de deuxième millénaire n'ayant pas grand-chose de comparable. Les mentalités ont évolué, naturellement. Non sans mal, souvent. Classique affrontement du libéral et du conservateur, du progressiste et du traditionnaliste, du matérialiste et du religieux. Les présidents y prendront leur part. Certains en seront les instigateurs, d'autres se contenteront d'en être les arbitres. Les structures de la société religieuse se sont pareillement transformées tout au long de cette période. Le concile Vatican II, la réforme et la modernisation des pratiques vont durablement marquer la chrétienté tandis que certaines communautés œcuméniques se développent, que des mouvements sectaires apparaissent ou que d'autres courants religieux s'affirment. Amenant avec eux des comportements nouveaux qui, liés à une immigration favorisée ou insuffisamment contrôlée dans le passé, généreront au-delà de certains seuils des tensions réelles, des revendications voire des exigences particulières auxquelles les présidents de la République se trouveront au final confrontés et sommés de donner une réponse. L'islam, officieusement deuxième religion de France, voilà une hypothèse que le général de Gaulle avait, seul, imaginée. Sans la prédire pour autant. Disons simplement qu'il avait en matière de démographie et de religion une vision à long terme assez claire de la dynamique des cultures et de la tectonique des religions. Il n'empêche qu'il serait sans doute lui-même surpris qu'un de ses successeurs se retrouve confronté à une affaire de voile, ou que l'expression de « guerre sainte », comme remontée du Moyen Âge et du temps des croisades, fasse aujourd'hui partie du vocabulaire de nos médias. Sans doute noterait-il également le contraste entre cette société de consommation, envahie par les technologies de l'information, ivre de réseaux sociaux, plus en recherche de biens matériels que spirituels, et ces questions d'éthique fondamentale, graves et profondes, auxquelles la société doit ou va devoir faire face : euthanasie, eugénisme, clonage, procréation médicalement assistée pour n'en citer que quelques-unes.

Du temps du général de Gaulle ou de Georges Pompidou, la politique rechignait à se mêler de questions de ce type, portant débat de société et questions spirituelles. Même si elle dut s'y résoudre progressivement. Elle a depuis appris à s'en occuper, contrainte et forcée. L'affaire dite des signes religieux ostensibles à laquelle François Mitterrand, Jacques Chirac et Nicolas Sarkozy furent confrontés, dans une moindre mesure celle du mariage pour tous sous François Hollande en sont deux illustrations qui en annoncent sans doute beaucoup d'autres. Autant dire que dignitaires religieux et responsables politiques ont encore de nombreux thèmes de réflexion à explorer et de sagesse à partager. Bien plus qu'hier.

La France fait un peu figure d'exception dès lors qu'est évoquée la relation du politique et du religieux. Aurions-nous toujours dans l'Hexagone des raisons particulières de nous défier du pouvoir des Églises ? Nos responsables politiques seraient-ils plus influençables que ceux de nos voisins ? Un traumatisme durable serait-il né d'une histoire plus tourmentée que celle des autres pays ? Aucune de ces hypothèses ne semble a priori sérieuse. Seule pourrait à la rigueur, en toute immodestie, se défendre l'idée d'une responsabilité particulière qui s'attacherait au pays dont une révolution a fait la patrie de la laïcité dans le même temps qu'elle supprimait les privilèges ecclésiastiques. C'est d'ailleurs ce type d'argumentation qui inspirera les plus ardents défenseurs de la séparation de l'Église et de l'État en 1905. Un concept qui n'en reste pas moins aujourd'hui une exception française, laquelle ne manque pas de surprendre nos voisins, moins en avance, sauf à considérer qu'ils le sont davantage. Chacun appréciera. S'offusquera ou non du fait que le président allemand est un pasteur, que les chanceliers ou chancelières ne font pas mystère outre-Rhin de leur appartenance à l'Église protestante ou catholique ou du fait que nombre de congrès politiques de la démocratie chrétienne allemande commencent généralement par une messe. Il est même arrivé à un pape de s'exprimer devant le Bundestag… La politique allemande n'est pas la seule à ainsi laisser Dieu fréquenter ses plates-bandes. Le président de la République grecque prête serment au nom de la Sainte-Trinité, le président américain le fait, lui, sur la Bible. Les références à Dieu sont nombreuses dans la Constitution irlandaise, le Britannique David Cameron assumait encore récemment sa foi chrétienne, l'État belge rémunère les représentants des différents cultes, la séparation de l'Église et de l'État italiens est un mythe et la proximité de la droite espagnole avec l'Église une réalité… En France, à l'inverse, un signe de croix fait par un président en fonctions est presque perçu comme une provocation, un abandon de poste, ou le premier signe du retour de l'Ancien Régime. Se poser la question de la foi du président n'est peut-être pas sans danger.

La République n'est pourtant pas menacée d'un quelconque péril. Elle a d'ailleurs toujours veillé à ne point exclure la religion de son champ de vision. Ne serait-ce que par respect pour les Églises et ceux qui les représentent, et afin de maintenir un contact auquel les différentes parties ont un intérêt objectif. En bonne intelligence, l'Église sait composer avec l'exécutif : les nominations d'évêques décidées par le Vatican sont ainsi soumises à consultation au ministère des Affaires étrangères ainsi qu'au ministère de l'Intérieur. Dans le même esprit les relations entre l'administration et les cultes se sont normalisées et simplifiées. Des occasions de rencontre se présentent régulièrement pour examiner les points concrets sur lesquels les responsables religieux souhaitent attirer l'attention de l'État. Et dès que la nécessité d'une consultation de tel ou tel responsable des cultes se fait sentir, le dialogue ne tarde jamais à être organisé. Un bureau chargé des cultes existe d'ailleurs à cet effet au ministère de l'Intérieur.

La cérémonie des vœux, qui chaque première semaine de janvier réunit au palais de l'Élysée les autorités religieuses, est également fort révélatrice de cette relation désormais apaisée et de ce dialogue devenu la règle. Présidée par le nonce apostolique, en sa qualité de doyen du corps diplomatique, cette réunion regroupe les représentants des cultes reconnus, catholique, protestant, orthodoxe, juif, musulman et bouddhiste. La religion vient en ce jour présenter ses vœux à la République et cette dernière les accepte, avant d'en former à son tour pour les différentes personnalités présentes à titre privé. Plus ambiguë est sans doute la perpétuation de la tradition qui honore rois et présidents depuis le XVIIe siècle et les autorise à porter le titre singulier de chanoine honoraire de Saint-Jean-de-Latran, basilique de l'évêque de Rome, autrement dit du pape. Sur les sept présidents de la Ve République, quatre accepteront de recevoir ce titre : Charles de Gaulle, Valéry Giscard d'Estaing, Jacques Chirac et Nicolas Sarkozy. Georges Pompidou ne fera pas le déplacement au Vatican. Seuls François Mitterrand et François Hollande préféreront déroger à la tradition, et poliment refuser le titre de chanoine, le jugeant difficilement compatible avec leur engagement socialiste, ce dont les papes concernés ne s'offusqueront d'ailleurs pas. Pour une raison fort simple : même s'il ne serait venu à aucun de nos présidents l'idée de revendiquer le titre de fils aîné de l'Église attaché aux rois de France depuis la dynastie carolingienne, jamais en revanche la France n'a en vérité cessé d'être, sous quelque présidence que ce soit, la fille aînée de l'Église. Ce que les papes en visite en France ne se gêneront d'ailleurs pas de rappeler à quelques occasions. Des souverains pontifes avec qui les différents présidents entretiendront des relations toujours respectueuses, parfois admiratives, conflictuelles rarement. Comme chefs d'État, et à l'occasion comme chrétiens, représentants d'un pays dont les racines chrétiennes sont inscrites dans l'histoire et la culture, à défaut de l'être dans une Constitution française ou européenne. Et comme locataires d'un palais, celui de l'Élysée, mot par lequel, le détail peut faire sourire, les Grecs désignaient un paradis où les dieux accueillaient les défenseurs de la patrie.

1
CHARLES DE GAULLE

Printemps 1967 : après un bref passage à la loge où il a décliné son identité, montré sa carte tricolore et indiqué l'objet de sa venue en ces lieux, le visiteur fait son entrée dans la cour de l'Élysée. Le temps de la traverser, le voilà au seuil du palais. Il gravit les marches de l'entrée d'honneur. Se présente à nouveau au garde républicain de faction, et attend quelques instants que les vérifications soient faites. Il a rendez-vous avec le président de la République. « Venez me voir, Neuwirth, lui a dit Charles de Gaulle quelques semaines plus tôt. Vous viendrez me parler de votre affaire. »

Lucien Neuwirth connaît le général depuis longtemps mais ce vendredi-là, lui qui n'est pourtant plus impressionnable, sent comme un sentiment dont il n'est guère coutumier. Une forme de trac. Il y a quelques mois, le 18 mai très précisément, date de son 42e anniversaire, 42 comme le département de la Loire dont il est l'élu, il a déposé une proposition de loi sur le bureau de l'Assemblée nationale. Proposition relative à la régulation des naissances et à la légalisation de la prophylaxie contraceptive, c'est-à-dire de la pilule. Voilà donc « l'affaire » dont il vient parler au président. Lucien Neuwirth monte le grand escalier qui mène au bureau du général. Fait son entrée. Il sait que la partie qui va s'engager dans quelques instants est loin d'être gagnée. Le président souhaite l'entendre, c'est déjà un point important. Mais pour l'heure, ce qu'il sait de la pensée présidentielle sur la contraception, ce qu'ont pu lui en rapporter tel ou tel ministre de ses amis ne lui apparaît guère encourageant. Assez traditionnellement chrétien, à ce qu'il en sait. La femme réduite à un objet sexuel, à une machine à plaisir, la crainte d'une baisse fatale de la fécondité, et donc la diminution de la population française, voilà en vrac et en résumé ce qu'inspire au général la proposition que lui, Neuwirth, s'apprête à venir défendre devant ce président qui l'attend, là, calé derrière le bureau de style Louis XV, qui trône au cœur du salon doré de l'Élysée. Quelques politesses d'usage, et le député, ou faut-il parler d'un avocat, débute sa plaidoirie. Elle durera quarante minutes. Sans qu'à aucun moment Charles de Gaulle ne l'interrompe. Tout juste décroise-t-il ou allonge-t-il ses longues jambes de temps à autre. Nulle émotion ne semble perceptible chez le président, à l'évidence concentré. Imperturbable. Derrière les mots de Lucien Neuwirth, ce sont pourtant des drames qui s'inscrivent, des misères qui s'accumulent, celles-là mêmes dont le député peut témoigner personnellement puisqu'elles ont formé des années durant le malheureux quotidien de ses permanences en tant qu'adjoint chargé des affaires sociales et de l'assistance judiciaire à la mairie de Saint-Étienne.

Sous les lambris dorés de la République, avec vue sur le parc du palais, Lucien Neuwirth évoque devant le général cette cohorte de réalités tragiques : le malheur banalisé de ces femmes contraintes par des maris parfois violents, enceintes sans l'avoir désiré, les divorces qui accompagnent souvent une grossesse devenue synonyme de chagrins à venir, la solitude de ces femmes laissées seules face à elles-mêmes, la détresse de ces enfants abandonnés. Lucien Neuwirth fait valoir la caducité de cette loi de 1920 qui assimile la contraception à l'avortement et en organise toujours la répression. Il compare la France à ses voisins plus en avance sur le sujet, mais évite de rappeler que François Mitterrand a fait de la contraception un thème de campagne deux ans plus tôt. Cela avait profondément choqué le général et il est sans doute inopportun de lui remettre ces propos en mémoire. Aujourd'hui est un autre jour. Le plaidoyer de Lucien Neuwirth va donc s'arrêter là.

De Gaulle est toujours silencieux. Comme dans une dernière tentative, une ultime salve en guise de péroraison, le député de la Loire rappelle alors habilement au général ce que furent ses choix d'hier. Non pour faire vibrer la corde de son orgueil jaloux. C'est à l'homme courageux, ouvert et juste qu'il s'adresse. C'est le président d'une République laïque qu'il veut convaincre et non le chrétien convaincu qu'il est par ailleurs, chacun le sait. « À la Libération, lui dit-il alors, vous avez, mon général, donné le droit de vote aux femmes, et elles l'avaient bien gagné durant la Résistance. Elles représentent la moitié de notre peuple, elles ne peuvent donc pas être des demi-citoyennes. Le temps est venu de leur donner la maîtrise de leur fécondité[1]. » Lucien Neuwirth a terminé. Le combat qu'il mène depuis dix ans en faveur de la libéralisation de la contraception, aux côtés notamment du mouvement « Maternité heureuse », vit son heure de vérité. Les instants qui suivent s'annoncent décisifs. En attendant, le silence reprend ses droits dans le salon doré, comme s'il en fallait un peu pour laisser passer l'écho encore perceptible de la plaidoirie inspirée du parlementaire de la Loire. Et pour permettre au général de se faire non pas une religion, mais une conviction. Prélude à la décision. Charles de Gaulle reprend alors la parole. « C'est vrai, transmettre la vie, c'est important. Il faut que ce soit un acte lucide. Continuez, Neuwirth. »

Un acte lucide ! Sans doute le mot le plus important de la réponse présidentielle au député, dont la proposition de loi sera finalement, au mois de décembre suivant, promulguée par

1. Entretien avec Sophie Huet, veuve de Lucien Neuwirth.

Charles de Gaulle, lucide, comme l'homme qu'il est et que rien n'aveugle, pas même la foi qu'il a pourtant chevillée au cœur.

Ce dossier est en tout point révélateur. Le général est naturellement hostile à l'idée de contraception. La femme est selon lui faite, sous-entendu conçue par Dieu, pour enfanter, et s'épanouir dans la maternité. Il y va d'ailleurs de l'avenir du pays et il est donc hors de question de sacrifier la France à la « bagatelle », comme il le confiera en ces termes fleuris à Alain Peyrefitte lors de l'une de leurs nombreuses conversations. De Gaulle est par ailleurs nourri d'éducation chrétienne et la position du Saint-Siège sur le sujet est marquée du sceau de l'intransigeance. Ajoutons que la majorité des soutiens du général est à cette époque soit gênée par la question, soit carrément hostile, à l'image de celui qui est sans aucun doute le plus virulent de tous, le ministre de la Justice Jean Foyer. La proximité enfin que Lucien Neuwirth entretient avec le Dr Pierre Simon, homme de gauche, un juif, franc-maçon et futur Grand Maître de la Grande Loge de France, n'a rien pour lui faciliter les choses dans le mouvement gaulliste. Ajoutons qu'Yvonne de Gaulle n'a pas non plus la réputation d'une femme de grande ouverture d'esprit sur ce type de sujet de société. Enfin, reste une question, et non des moindres : l'opinion française est-elle prête ?

Le général a donc, sur le papier, toutes les raisons de ne pas même envisager d'inscrire le projet à l'ordre du jour. Et pourtant il le fait. Pour un ensemble de raisons tout aussi évidentes : le général sait en premier lieu ce qu'est la vie, et sa fibre sociale existe. En second lieu, il a toujours privilégié l'intérêt public même aux dépens de sa foi privée. Sa conception de l'État ne peut davantage supporter que l'Église intervienne sur une question touchant à l'intérêt commun des Français.

Quant à sa femme, elle peut se révéler moins « bigote » que les humoristes ou les détracteurs ne le disent. En l'espèce, elle sera plus un soutien qu'un obstacle pour Lucien Neuwirth, comme le confirmeront plus tard historiens et biographes. Et si elle eut une influence sur cette épineuse question, ce fut plutôt dans le sens de l'acceptation que dans celui du refus. Elle va même jouer un rôle moteur. Pour une raison somme toute fort simple. Yvonne de Gaulle est parfaitement consciente du problème. Les responsables des maisons religieuses avec lesquelles la première dame de France est en contact lui ont rapporté les nombreux cas de jeunes femmes en difficulté. Des jeunes femmes qui précisément se retrouvent enceintes d'enfants qui ne connaîtront jamais leur père, ou qui viennent de se faire avorter dans des conditions qu'il est inutile de décrire tant elles sont traumatisantes. Yvonne de Gaulle a compris la souffrance de ces désespérées, elle a parfaitement analysé la cause de ces drames, elle aurait même reçu Lucien Neuwirth, sur les conseils d'Alexandre Sanguinetti, député de Paris et ministre des Anciens Combattants et des Victimes de guerre du troisième gouvernement de Georges Pompidou. Et cela, avant que son mari ne le fasse. Contre toute attente, elle défendra donc la cause de Lucien Neuwirth. Au nom d'une certaine solidarité féminine. Ou au nom de cette liberté que son illustre mari, avec qui elle aura tout partagé, avait revendiqué très tôt, en 1941, sous la forme d'un autoportrait à clés : « Je suis un Français libre, je crois en Dieu et en ma patrie. Et je ne suis l'homme de personne. » La foi du général est une chose. Son action politique en est une autre. Ce qui vaudra durant toute sa vie. Et tout particulièrement dans la fonction présidentielle.

On a coutume de dire, et de nombreux ouvrages consacrés au général de Gaulle ont insisté sur ce point, que la foi chrétienne était une composante déterminante du personnage.

De tous les présidents de la Ve République, de Gaulle est assurément le plus croyant. Sans conteste. Mais il reste également celui qui aura su faire le mieux, c'est-à-dire le plus honnêtement au sens intellectuel du terme, la séparation entre ce qui est du domaine du religieux et ce qui est du domaine de l'État. Ce qui ne veut pas dire qu'il ne mélangera pas parfois les deux, mais quand il le fera, ce sera alors toujours au service de l'État, de la grandeur de la France, ou au nom de la défense de valeurs qui, loin d'être exclusivement chrétiennes, doivent d'abord, selon lui, être défendues pour des raisons de politique nationale ou étrangère. Le général n'a rien d'un dogmatique. Il sait souvent s'affranchir des préceptes de la religion. Pour être sans doute encore plus fidèle à lui-même, ce n'est pas exclu, mais avant tout parce qu'il peut être convaincu, y compris contre l'avis de sa majorité, que le pays et les Français, au bout du compte, y gagneraient. Ce que l'histoire de ce chrétien devenu président révèle, c'est qu'il rend par exemple possible dans le cas de la contraception une loi sur une pratique que sa propre religion condamne.

Au lendemain de la publication de la loi Neuwirth, le général notera d'ailleurs, sans doute avec intérêt et certainement pour s'en féliciter, les mots du révérend père Riquet, prêtre jésuite et prédicateur réputé de Notre-Dame de Paris, dans les colonnes du journal *Le Figaro* : « Qu'une communauté religieuse ait des règles et soit respectée par ceux qui vivent dans cette communauté, c'est tout à fait naturel, mais dans une république laïque et même ailleurs, une communauté religieuse ne peut pas imposer ses règles à l'ensemble d'une population. » De Gaulle n'aurait pas mieux dit. Il est vrai qu'avec les jésuites, il sut très tôt s'entendre. Son milieu familial l'y prédisposait.

Vu avec le recul de plus de cinquante années, Charles de Gaulle pourrait facilement prendre les traits et la forme d'une vieille statue de bronze patinée, voire abîmée, usée par les ans, la statue d'un homme dont les valeurs et la croyance appartiendraient à un autre temps. Le regard porté sur Charles de Gaulle doit à l'évidence être différencié. Il est vrai qu'à bien des égards le général apparaît d'abord au Français moyen de 2015 comme le personnage d'un livre d'histoire, au même titre que Vercingétorix ou Napoléon Ier. Il est pareillement évident que sa foi peut sembler étrange, voire anachronique à nos contemporains en recherche de repères – les mêmes qui se sentent aujourd'hui menacés par des intégrismes barbares en dehors de leurs frontières ou des montées de communautarisme à l'intérieur de celles-ci. Ceux enfin dont la civilisation Internet et Facebook a changé la vie en bien comme en mal, et qui subissent chaque jour les problèmes que leur apporte une économie mondialisée. Il convient pourtant, pour bien comprendre le général, de remettre en perspective l'époque, la société dans laquelle il naît, grandit et devient.

Charles de Gaulle voit le jour en 1890 à Lille. Pourquoi la Cité des Flandres plutôt que Paris où habitent Henri de Gaulle et son épouse Jeanne ? Parce que cette dernière a simplement souhaité accoucher auprès de sa famille. Au domicile de ses parents. Dans ce milieu très bourgeois et très chrétien, ce sont des choses qui se font. Des usages que l'on respecte. Le retour à Paris se fera quelques semaines plus tard au domicile du couple, avenue de Breteuil dans le VIIe arrondissement. L'éducation du jeune Charles ? En tous points conforme à celle d'un garçon de bonne extraction, né dans une famille catholique fervente et engagée. Jeanne, sa mère, est une dévote, dont le patriotisme n'a d'égal que la foi chrétienne. Henri, son père, est pour sa part un ex-fonctionnaire, que l'anticléricalisme de la IIIe République a fini par décourager et qui se reconvertira donc dans l'enseignement privé, secteur où son érudition et son art oratoire lui donnent quelques titres à faire valoir. Au moment de la naissance de son fils Charles, il occupe les fonctions de préfet des études dans un grand collège jésuite de la rue de Vaugirard à Paris, l'Immaculée Conception, est nostalgique de la monarchie et, bon historien pétri de culture latine et grecque, il est aussi un fidèle de la Compagnie de Jésus. Jeanne, sa femme, se rend à la messe tous les matins. Henri, lui, la sert tous les dimanches... que Dieu fait, en l'église Saint-Thomas-d'Aquin. Par ailleurs membre actif et animateur de la Conférence Olivaint, il semble que cet homme religieux et libre ait pris, mais tous les historiens ne sont pas totalement d'accord sur ce point, le parti de Dreyfus au moment où l'affaire a déchiré la France.

Au tableau de cette famille que vient réchauffer la naissance de Charles en cet automne 1890, il convient d'ajouter deux tantes religieuses, tôt disparues, et un grand-oncle, Charles Kolb, surnommé parfois « le député du pape » tant son engagement catholique est profond. Cet industriel social sera notamment le fondateur de la société Saint-Vincent-de-Paul à Lille, et à l'origine de l'établissement des Petites Sœurs des pauvres dans le Nord. « Celles qui nourrissent Charles de Gaulle, ce sont sa mère et sa grand-mère maternelle, affirme Laurent de Gaulle, petit-neveu du général. C'est ce que je retiens des discussions avec ma tante Marie-Agnès, sœur de Charles de Gaulle. » La grand-mère maternelle, Joséphine, apparaît en effet comme une figure dans cette riche galerie de portraits : une femme de lettres, qui publiera de nombreux livres, des romans pour la plupart, d'éducation morale et religieuse, destinés à entretenir la jeunesse dans de saines dispositions d'esprit et dans le respect des vertus familiales chrétiennes – et également nombre de biographies et d'ouvrages historiques. Critique littéraire, elle sera aussi la fondatrice du *Correspondant des familles*, « journal catholique, littéraire et récréatif ».

Le type d'éducation que suivra Charles de Gaulle n'a donc, dans un tel contexte, rien de surprenant. Sa mère lui apprend très vite les principales prières. Le soir, c'est son père qui lui lit des passages de la Bible. Un père omniprésent qui l'inscrit à l'école primaire des Frères des écoles chrétiennes de la paroisse de Saint-Thomas-d'Aquin, rue de Grenelle. Puis à 10 ans, et à la suite de son frère Xavier, Charles fait son entrée au collège de la rue de Vaugirard, chez les jésuites de l'Immaculée Conception où il restera jusqu'à son baccalauréat. Son père choisit ensuite, par prudence, de l'envoyer pour une année de mathématiques spéciales au château d'Antoing, en Belgique, non loin de la frontière française, sur les rives de l'Escaut. Ce château abrite un collège de jésuites, sorte de « prépa » aux grandes écoles, où se retrouvent des étudiants, souvent originaires du Nord de la France et de Lille en particulier. Des étudiants que leurs parents ont voulu protéger des lois que la IIIe République met successivement en place et qui vont progressivement, celle de 1901 comme celle de 1904, marquer la fin des congrégations confessionnelles et provoquer leur exil.

Il est sans doute nécessaire à ce stade de replacer l'éducation du futur président français dans le contexte de l'époque. Un contexte marqué par des événements qu'il faut se remettre en mémoire pour comprendre les lignes de partage que traceront plus tard le chrétien et le président, lignes qui juxtaposées permettent de se faire une véritable opinion de l'unité de l'homme. Charles de Gaulle, comme par un fait exprès – clin d'œil de cette histoire qui décidément n'en est pas avare –, ouvre les yeux sur le monde dix jours précisément après un événement que les chroniqueurs retiendront sous l'expression de « Toast d'Alger ». De quoi s'agit-il ? D'une déclaration faite par un prélat fort influent, le cardinal Lavigerie, archevêque d'Alger. Ce 12 novembre 1890, le cardinal reçoit à sa table les officiers de l'escadre française de la Méditerranée. Il lève son verre devant l'amiral Duperré, commandant de la flotte, et déclare haut et fort : « Quand la volonté d'un peuple s'est bien affirmée, que la forme du gouvernement n'a rien en soi de contraire, comme le proclamait dernièrement Léon XIII, aux principes qui seuls peuvent faire vivre les nations chrétiennes et civilisées, lorsqu'il n'y a plus pour arracher son pays aux abîmes qui le menacent que l'adhésion sans arrière-pensée à la forme du gouvernement, le moment vient de déclarer la preuve faite et de mettre un terme à nos divisions… »

Le cardinal est en service commandé, émissaire du pape Léon XIII qui l'a chargé de faire passer ce message. Celui de la conciliation, celui de l'acceptation par l'Église de la République. Prélude à l'encyclique « Au milieu des sollicitudes » à laquelle Léon XIII travaille et qui a précisément pour objectif de consacrer une certaine forme de ralliement à la République. Le souverain pontife n'a pas choisi son ambassadeur au hasard. Mgr Charles Lavigerie est un homme respecté, connu pour ses prises de position antiesclavagistes, pour son franc-parler mais également pour être le fondateur de la Société des sœurs de Notre-Dame d'Afrique et de celle des Pères blancs vers laquelle se tournera, bien des années plus tard, le neveu du général, le père François de Gaulle, officiant occasionnel au palais de l'Élysée au début des années soixante. Pour l'heure, les déclarations du cardinal font l'effet d'une déflagration. L'affaire n'est pas gagnée, comme les lois anticléricales du début du XXe siècle vont le prouver, mais l'idée fait son chemin. Et d'une certaine manière, trouve son illustration dans la loi de séparation de l'Église et de l'État en 1905. Charles de Gaulle a 15 ans. Il lit déjà abondamment. Habitude qu'il gardera toute sa vie d'ailleurs. Il entend également dans sa famille parler de ce Marc Sangnier, fondateur du Sillon, pionnier du catholicisme social, que son père connaît personnellement, et dont les idées circulent dans les milieux patronaux du Nord.

La famille de sa mère est d'ailleurs proche de cet homme. Le jeune garçon note au fil du temps certains mots, découvre certaines réalités, intègre les concepts souvent généreux qui les accompagnent. Le temps fera progressivement son œuvre et c'est ainsi qu'au voisinage de ce panthéon chrétien qu'il s'est progressivement construit et que peuplent déjà Clovis, Saint Louis, la Vierge Marie, les martyrs chrétiens ou sainte Geneviève, vient se construire, presque mitoyen, un édifice où trouvent et trouveront place avec le temps des références moins exclusivement religieuses, mais plus patriotiques ou plus sociales. De Gaulle, potentiellement, n'est déjà plus l'homme de personne. Mais celui d'un rassemblement qui lui correspond : celui de Jeanne d'Arc, de Charles Péguy et de Marc Sangnier. À l'enracinement chrétien et à l'attachement à la patrie hérités de sa famille, il ajoutera une conception de la République qui passe par des principes sans connotation religieuse, l'intérêt général, le bien commun, l'autorité, la solidarité, l'image de la France, et une distinction, la responsabilité devant les hommes et la responsabilité devant Dieu. Ce que la carrière militaire ne fera que confirmer.

Charles de Gaulle revient à Paris en 1908. Pour intégrer la prépa Saint-Cyr du collège Stanislas. Collège qui, naguère propriété des marianistes, est aujourd'hui celle d'une association d'anciens élèves, et ce afin de se mettre en conformité avec la loi sur les congrégations. Puis il rejoint l'École spéciale militaire, dans les Yvelines, pour deux ans, et le 33e régiment d'infanterie basé à Arras, qui sera sa première affectation. Charles de Gaulle est à l'évidence prêt au commandement et désormais dépositaire d'une autorité qui contraste avec la pudeur et la discrétion dont il fait preuve par ailleurs. Peu prompt à extérioriser ses sentiments ou à mettre en avant ses convictions chrétiennes, il ne s'en éloigne pas pour autant… Un livre de référence n'est jamais loin, qu'il s'agisse d'une bible ou de *L'Imitation de Jésus-Christ*. Il va à la messe, prie, se confesse. Et les contacts avec les aumôniers aux armées seront toujours marqués par une cordialité et un respect dont la complicité semble cependant absente. De Gaulle ne pratique la familiarité avec personne, fût-elle vicaire de Dieu. L'idée de prosélytisme, quant à elle, est parfaitement étrangère à l'officier de commandement. La foi est affaire privée. Elle ne cessera d'ailleurs jamais de l'être. Pour cet homme dont la guerre de 1914, écrira-t-il, a laminé l'âme, la foi sera un rempart, une défense. Comme un arrière-plan fixe, un bouclier indestructible, un mur de soutènement qui lui permet d'accepter ou de supporter ce qu'il vit et de ne jamais désespérer. D'aucuns voient aujourd'hui dans ses aptitudes, évidentes, au commandement, ainsi que dans son sens du dépassement la signature des jésuites. D'autres relèvent surtout l'originalité de ce militaire qui, au fil des années, semble avoir développé pour la chose politique une curiosité qui n'est guère fréquente à cette époque dans les rangs de l'armée. Et ne l'est d'ailleurs toujours pas. Ce chrétien convaincu ne saurait donc être l'objet d'une sanctification trop prompte. Il est aussi un homme ambitieux – sans doute l'est-il d'abord pour la France avant de l'être pour lui-même –, un soldat curieux de toute pensée pourvu qu'elle soit inspirée, cohérente, un officier avide de faire partager ses idées, théories et conceptions en matière stratégique et militaire. L'entre-deux-guerres en apporte la preuve. Officier à l'état-major, puis plus tard au secrétariat général de la Défense, il est chargé de conférences à l'École militaire, publie dans de nombreuses revues, rédige *Le Fil de l'épée* puis *L'Armée de métier*, et même s'il est envoyé en poste à l'étranger, en Pologne puis au Liban, il réussit durant cette période à se faire connaître de nombre de responsables politiques, de confessions et d'horizons différents.

Il n'est donc pas abusif d'affirmer que le seul événement religieux notable de cette période fut pour Charles de

Gaulle son mariage avec Yvonne Vendroux, le 7 avril 1921 en l'église Notre-Dame de Calais. Une chrétienne pratiquante, dotée d'une conscience sociale aiguë. Loin de la caricature, comme on l'a dit, qu'en feront les humoristes quarante ans plus tard. « C'était une femme profondément bienveillante et bonne, confie Laurent de Gaulle. Quand il m'est arrivé de la rencontrer, j'ai été frappé par sa gentillesse, sa disponibilité, son écoute de l'autre. Même si à l'évidence elle avait également son éducation, une certaine rigueur morale. Elle avait aussi ses têtes... Le général et elle éprouvaient une vraie proximité spirituelle, mon père me l'a souvent dit. C'était une personne discrète et profondément charitable. »

Pour qui a l'éducation, le caractère, le sens moral de Charles de Gaulle, la défense de la patrie a nécessairement une dimension religieuse. La France du général prend alors les traits d'une mère. Non pas la sienne, si pieuse et si patriote, encore que des psychologues auraient peut-être un mot à dire sur ce point, mais de la Vierge Marie. La mère de ce Christ qui au passage semble étrangement absent des écrits du général. Les expressions « Notre-Dame » ou « Mère » – « Mère, nous sommes là pour vous servir » –, appliquées à la patrie, apparaissent plus fréquentes à compter du second conflit mondial, jusqu'à devenir « Notre-Dame la France ».

Le 24 décembre 1941, elle apparaît dans ce message de Noël adressé depuis Londres par le général aux enfants de France et dont est ici reproduit l'essentiel : « Quel bonheur, mes enfants, de vous parler ce soir de Noël. Oh ! Je sais que tout n'est pas gai, aujourd'hui, pour les enfants de France. Mais je veux, cependant, vous dire des choses de fierté, de gloire, d'espérance. Il y avait une fois la France ! Les nations, vous savez, sont comme des dames, plus ou moins belles, bonnes et braves. Eh bien, parmi mesdames les nations, aucune n'a jamais été plus belle, meilleure, ni plus brave que Notre-Dame la France ! [...] Mes chers enfants de France, vous avez faim, parce que l'ennemi mange notre pain et notre viande. Vous avez froid, parce que l'ennemi vole notre bois et notre charbon, vous souffrez, parce que l'ennemi vous dit et vous fait dire que vous êtes des fils et des filles de vaincus. Eh bien moi, je vais vous faire une promesse, une promesse de Noël. Chers enfants de France, vous recevrez bientôt une visite, la visite de la Victoire. Ah ! Comme elle sera belle, vous verrez ! »

La Victoire en majuscule, la France en majesté, toutes deux semblent chez le général se présenter sous les traits d'une femme… De Gaulle a de fait une très grande proximité avec la Vierge. Et ce depuis son enfance. Sa mère et sa grand-mère vénéraient la Vierge. Elles faisaient le détour, dans une église, pour venir déposer une fleur, allumer un cierge ou simplement prier devant l'autel qui lui était réservé. Charles de Gaulle a appris très tôt les prières qui sont consacrées à Marie. Et il n'hésitera jamais à la célébrer, à sa manière, qui parfois peut surprendre… En faisant chanter le chant de la Vierge, le *Magnificat*, à chaque occasion heureuse, à chaque bataille gagnée. À Londres après la victoire de Bir-Hakeim, à Notre-Dame de Paris à la Libération.

Une autre femme d'influence, mi-soldat, mi-divinité, inspire également le général : Jeanne d'Arc. « De Gaulle et Jeanne d'Arc, explique Gérard Bardy[1], c'est une grande histoire d'amour. Dès l'enfance, Charles de Gaulle, dans les récits qu'il produit seul dans son coin déjà à l'âge de 14 ou 15 ans, fait référence à Jeanne d'Arc. Elle est la bonne chrétienne, la bonne Française, la sainte française par excellence. Et il a avec elle une sorte de mimétisme. Il la cite très fréquemment alors qu'il n'est encore qu'élève officier. À la tête de la France libre, il considérera son action comme une croisade, dans le sillon tracé par Jeanne d'Arc. Comme elle, il est seul pour sauver

---

1. Gérard Bardy est l'auteur de *Charles le Catholique*, Plon, 2011.

la France de l'ennemi[1]. » Charles de Gaulle ne rate en effet jamais une occasion de lui rendre hommage, le plus souvent dans les messages qu'il adresse aux Français. Il la montre alors en exemple. Et se réclame de sa mémoire. Le mot de croisade n'est d'ailleurs pas anodin. D'aucuns ont à propos du général volontiers parlé de la foi du centurion, ce qui n'a guère de sens sur le plan religieux eu égard aux croyances qui étaient celles des armées romaines. La foi du croisé convient sans doute mieux au général. D'autant que l'arbre généalogique de la famille semble faire état d'un lointain ascendant dont la qualité et le titre d'écuyer de Philippe Auguste prennent le sens d'une véritable bénédiction ou la marque d'une évidente prédestination. La lutte contre les nazis, assez aisément assimilables aux barbares et aux incroyants de jadis, peut en effet fort bien évoquer l'idée d'une croisade religieuse. Il semble parfaitement possible que le général l'ait d'ailleurs envisagé ainsi. Les circonstances dans lesquelles se crée l'ordre de la Libération en novembre 1940 apparaissent à cet égard aussi étonnantes que révélatrices.

L'idée du général en ce triste automne est tout à la fois d'honorer le courage et l'abnégation de ceux qui l'ont déjà rejoint dans la grande entreprise de la France libre et de faire naître de nouvelles vocations. Il ne dispose guère de moyens, la Légion d'honneur restant à la discrétion du maréchal Pétain et du gouvernement de Vichy. Il lui vient alors l'idée de créer un ordre. « Et c'est là où son christianisme apparaît de manière flagrante, explique Gérard Bardy. Il veut en effet alors créer un ordre dans l'esprit d'un ordre de chevalerie. Il parle d'abord d'un ordre de la Délivrance. Puis annonce ensuite sa volonté de faire de ces hommes et de ces femmes engagés dans la France libre des… croisés de la libération. Au moment où

1. Entretien avec l'auteur. Sauf indication contraire, toutes les citations sont issues d'entretiens avec l'auteur.

il prononce ces mots, il y a autour de lui deux personnes, l'amiral Thierry d'Argenlieu, premier religieux à avoir rejoint la France libre. Et René Cassin. Ce dernier dit alors à de Gaulle : « Mais mon général, on ne peut pas appeler "croisés de la Libération" les musulmans qui se sont déjà engagés, nombreux, dans la France libre, des juifs comme moi mon général, moi René Cassin. Vous ne pouvez pas faire de ces gens-là des croisés. Il vaudrait mieux par exemple les appeler "les compagnons". » De Gaulle réfléchit quelques instants puis répond : « Vous avez raison, Cassin, nous allons les appeler "les compagnons". » Ainsi sont nés les Compagnons de la Libération, et l'ordre de la Libération lui-même. Si sa première inspiration est volontiers chrétienne, l'esprit de rassemblement du général peut le convaincre d'en suivre une deuxième, qui l'est souvent moins. Ce ne sera pas la seule ou la dernière fois.

Sur les mille trente-six Compagnons de la Libération, quinze seront des religieux, simples moines, aumôniers, missionnaires distingués par un général qui avait sans doute une affection toute particulière pour eux, étant à la fois des hommes de Dieu et des patriotes. « Il y avait, ajoute Gérard Bardy, du de Gaulle en eux et il y avait de ces religieux-là en de Gaulle. L'amour de la patrie et la fidélité au Christ. Et ils se sont retrouvés. » Parmi ces quinze hommes, deux méritent sans doute une notation particulière : Mgr Jules Saliège, archevêque de Toulouse, qui, outre sa distinction dans l'ordre de la Libération pour son active participation à la Résistance et sa dénonciation du régime de Vichy, sera par ailleurs distingué Juste parmi les nations pour avoir sauvé la vie de nombreux hommes, femmes et enfants juifs. Et Thierry d'Argenlieu, dont le profil et le parcours ont de quoi surprendre. Sorti de l'École navale à la fin des années 1900, ordonné prêtre vingt-cinq ans plus tard, il devient provincial des Carmes de Paris et sera, de fait, le premier religieux à rejoindre de Gaulle à Londres. Le chef d'état-major des Forces navales françaises libres deviendra également le premier chancelier de l'ordre de la Libération. Le général lui attribue dans ses écrits la paternité du choix de la croix de Lorraine comme emblème de la France libre, mais une autre version le contredit. Le mérite en reviendrait plutôt, selon les tenants de cette thèse, à l'amiral Muselier, premier officier général à rejoindre de Gaulle en 1940. Un de ces points d'histoire toujours sujets à discussion... même si la seconde thèse, plus cohérente, semble d'évidence l'emporter. Pour au moins deux raisons : les racines lorraines d'Émile Muselier, et le simple fait que Thierry d'Argenlieu n'ait jamais revendiqué cette paternité. C'est bien le général de Gaulle qui semble le faire pour lui, marquant au passage sa préférence pour d'Argenlieu aux dépens d'un Muselier à la vie moins monastique, plus fantasque et nécessairement moins admirable aux yeux du général.

En tout état de cause, c'est une croix chrétienne qui défiera la croix gammée nazie sur tous les terrains de bataille, jusqu'à la Libération. La Croix du Golgotha, barrée d'une seconde traverse, plus petite, rappelant l'écriteau placé par les romains au-dessus de la tête du Christ à la demande de Ponce Pilate et portant l'inscription « Jésus le Nazaréen, roi des juifs ». Présente au XIIe siècle sur les armoiries du roi de Hongrie Béla III, après avoir figuré sur l'étendard d'un empereur byzantin, elle prend bonne place sur le blason des ducs d'Anjou puis, au gré des mariages et des batailles, intégrera la famille des ducs de Lorraine. Emblème de combativité, symbole de protection, parfois de remède, on la trouve dans sa version plus religieuse sur la robe des premiers chevaliers templiers. Elle est associée étroitement à l'idée de croisade, qu'elle soit guerrière ou pacifique. Et il ne sera pas rare de la voir associée à Jeanne d'Arc sur des médailles, des images ou des peintures. Comme si la boucle était bouclée, la croix de Lorraine la plus célèbre de France domine aujourd'hui le mémorial Charles de Gaulle et la plaine de Champagne. À proximité de Colombey-les-Deux-Églises et de la Boisserie, propriété acquise par Charles de Gaulle en 1934. À quelques dizaines de kilomètres seulement de Domrémy, le village natal de Jeanne la Pucelle…

Le chevaleresque associé au spirituel, le souffle à l'inspiration, la Résistance à l'œuvre et la reconquête progressive du pays vont peu à peu changer le regard que portent les Français sur ce grand général éloquent et parfois mystique, qui leur semble porter haut les couleurs du pays et dire sa volonté de bientôt libérer les Français. Pour d'autres, plus circonspects, il n'est qu'un opportuniste se donnant des airs de chevalier croisé à la tête d'un pouvoir dissident voire insurrectionnel, un militaire diviseur que peut un jour tenter le pouvoir absolu et dont il faut circonvenir l'influence. Cette méfiance, on la trouve précisément et assez paradoxalement, compte tenu des états de service du général – au sens religieux du terme –, dans les rangs de la hiérarchie catholique, ainsi qu'au Vatican où règne le pape Pie XII. Nombre d'ecclésiastiques sont ainsi restés fidèles au régime de Vichy, se retrouvant sans doute mieux dans la personnalité pieuse et conservatrice du maréchal que dans l'action plus aventureuse et donc incertaine de Charles de Gaulle. La volonté de Dieu à les en croire s'exprimerait davantage par la bouche de Pierre Laval que par celle de Charles de Gaulle. Ainsi peut-on croiser dans les rues du centre-ville de Vichy, ou près de l'Hôtel du Parc, nombre de soutanes, de mosettes et de cols romains. Ils seront moins nombreux à rejoindre la France libre. Les comptes vont se régler à la Libération. D'aucuns découvriront alors que le général n'est pas aussi prompt qu'ils pouvaient l'espérer à pratiquer le pardon des offenses. Car offense il y a eu. À la patrie avant toute autre. Dieu n'est pas aussi directement concerné. Mais ses représentants, oui. Charles de Gaulle a même déjà fait dresser la liste de ceux qui ont manqué, failli, collaboré. C'est dès lors une partie de bras de fer qui va s'entamer avec Pie XII. Partie à la faveur de laquelle, l'histoire ne s'arrêtant jamais, un nouvel acteur va entrer en scène : Mgr Guiseppe Roncalli, futur pape Jean XXIII.

Quand le général arrive à Paris en libérateur, le 25 août 1944, cinquante jours après le débarquement en Normandie, le climat est donc plutôt à la défiance entre les autorités catholiques et ce nouvel homme fort qui s'annonce, pourtant auréolé des lauriers de la victoire. L'épiscopat français, à quelques rares exceptions, nourrit intuitivement des craintes qui vont s'amplifier au fil des mois. Ce gouvernement provisoire de la République française ne leur dit pas grand-chose qui vaille. Trop d'inconnues, trop d'ennemis potentiels ou déjà déclarés. Trop de socialistes, trop de radicaux, des prétendus chrétiens démocrates ou sociaux à l'égard de qui il est convenu de prendre des distances. Et surtout trop de communistes, associés sous prétexte d'union nationale au nouveau gouvernement de la France libérée, sous la présidence de ce général qui aux yeux de certains prélats installés prendrait presque figure de diable. Le général, c'est surtout l'inconnu. Qui, dans le contexte fragile d'une France qui vient de recouvrer sa liberté, peut à tout moment confisquer le pouvoir à des fins personnelles, ou précipiter le pays dans l'aventure révolutionnaire. Le fait qu'il soit un chrétien convaincu et un fervent pratiquant ne ferait presque qu'ajouter à leur inquiétude. L'inquiétude de ceux que l'imprévisible dérange et que le désordre de la période présente rend nerveux, comparé à la précédente qui, sous Vichy, avait ses avantages et nourrit parfois la nostalgie.

À certains égards, comme l'avenir le montrera, cette intuition n'était pas nécessairement infondée. Le général va en effet très rapidement imposer sa marque, son exigence et incarner l'autorité retrouvée de l'État. Hisser les couleurs. Qui n'ont rien à voir avec la pourpre cardinalice ou l'or du Vatican mais tout à voir avec celles de la République. Cette République qui, en dépit des efforts du pape Léon XIII à la fin du siècle précédent, n'a jamais véritablement convaincu les éléments les plus conservateurs de l'Église. Lesquels regarderont donc sans compréhension les premières réformes du GPRF, Gouvernement provisoire de la République française, à commencer par ce droit de vote donné aux femmes, qui marquera le début de leur émancipation. Fait aggravant : la volonté de Charles de Gaulle de régler quelques comptes avec ceux qui, selon lui, se sont compromis avec le régime de Vichy, dont le gouvernement provisoire annulera tous les actes dès 1944, et celle, a priori inflexible, de châtier ces prélats qui se sont montrés trop compréhensifs avec le pouvoir incarné par le maréchal Pétain. Un interventionnisme qui ne sera guère du goût de Pie XII, qu'il rencontre dès cette année-là. L'entrevue ne se déroule pas aussi cordialement que le discours officiel a pu le laisser croire. Et la suite ne fera que confirmer les soupçons du Vatican concernant cet homme à l'intransigeance décidément fort dérangeante, lorsque, dans un premier temps, il exige le remplacement sine die du nonce apostolique. Trop proche de l'ex-autorité vichyssoise selon le général, qui ne veut surtout pas que cet ambassadeur lui présente ses vœux au nom du corps diplomatique, comme la tradition l'a établi au fil des ans, le 1er janvier suivant. Contraint et forcé par la volonté gaullienne, le pape s'exécute et nomme un nouveau représentant à Paris. De Gaulle enverra même un avion officiel pour chercher en Turquie celui que Pie XII a finalement désigné et qui exerce alors à Ankara les fonctions de délégué apostolique, afin qu'il soit à Paris dans les temps, c'est-à-dire pour le Nouvel An 1945.

Le nouveau venu se nomme Angelo Guiseppe Roncalli. Il serait très exagéré d'affirmer qu'il est un proche de Pie XII. Les spécialistes de la curie romaine semblent surtout s'entendre pour dire que le pape, sans doute irrité par les exigences du général de Gaulle, n'a pas envoyé auprès de ce dernier celui de ses cardinaux pour lequel il a le plus d'estime. Péché d'orgueil. Ou de colère. Dont l'histoire va finalement se moquer en rebattant les cartes. Le général et le cardinal vont en effet s'entendre suffisamment bien pour que les principaux sujets de tension entre la France libérée et le Vatican s'estompent peu à peu. Parmi ces sujets de tension, la volonté sans doute excessive du général de voir le personnel épiscopal remanié en profondeur.

Au lendemain de la Libération, Charles de Gaulle ne fait pas dans la dentelle religieuse. Les listes sont prêtes, on l'a dit : celles des cardinaux, des archevêques et des évêques dont il souhaite le départ, et celles des hommes dont il veut à l'inverse favoriser la promotion. Vingt-quatre dans le premier cas et vingt-huit dans le second, si l'on tient compte des vingt-deux prêtres dont le général préconise l'élection à un siège épiscopal ! Un peu comme si Charles de Gaulle, en officier général dépositaire de l'autorité, s'arrogeait le droit de dégrader, de muter, de décorer et de gérer l'avancement des soldats et des officiers d'une armée qui n'est pas la sienne. Il reviendra vite à de plus sages considérations. Ses conseillers vont l'inciter à davantage de retenue, le nonce apostolique, quant à lui, faisant œuvre d'un art consommé de la diplomatie que Pie XII n'avait peut-être pas imaginé chez lui, au moment de le nommer. Au bout du compte, l'« épuration » imaginée au départ, prendra plus modestement la forme d'un remaniement de principe qui permettra au général de sembler marquer sa nouvelle autorité d'homme d'État, et à Pie XII de ne point perdre la face. De fait, le souverain pontife n'acceptera de ne sanctionner véritablement que trois évêques. Une note écrite par André Latreille, conseiller religieux et directeur des cultes du gouvernement provisoire à son ministre de tutelle, le ministre de l'Intérieur, Adrien Tixier (SFIO), consacre d'ailleurs cette réalité : « Il est certain que l'opération décidée est extrêmement limitée. Probablement l'est-elle trop du point de vue de l'autorité morale de l'Église en France. En tout cas, du point de vue de l'État, qui obtient satisfaction sur l'essentiel, elle peut paraître suffisante, d'autant qu'elle est achevée avant l'ouverture d'une période électorale, où l'incertitude dans ce domaine aurait pu être un élément de trouble[1]. » Entre le général et le pape, la question sera donc supposée réglée. Charles de Gaulle a intégré des considérations de politique intérieure, pris en compte le déchirement possible d'une unité nationale toujours fragile, tandis que le Vatican va progressivement se rassurer des développements de la vie politique française. La modération et le compromis l'ont emporté.

Il n'en reste pas moins que l'interventionnisme et le volontarisme du général auront marqué les esprits. Une méfiance prudente mais sans plus d'hostilité continuera à être de mise entre le monde catholique et le général, qui vont un peu se regarder en chiens de faïence, au moins jusqu'aux débuts de la Ve République. Pour une raison somme toute assez simple : le général ne souhaite pas entendre parler d'une politique religieuse à laquelle une partie de son entourage l'incite pourtant. Charles de Gaulle aurait-il de la retenue en la matière ? Sa réflexion sur la question des congrégations par exemple ne semble pas aisée. Sans doute l'influence de cette éducation chrétienne qu'il a reçue des jésuites – et parfois en exil – joue-t-elle. Toujours est-il qu'une certaine forme de statu quo semble s'imposer en cette période de l'immédiat après-guerre. Le délit de congrégation n'est donc pas rétabli. De Gaulle ne peut ignorer qu'il valide ainsi des dispositions prises par le régime honni de Vichy. Au risque de provoquer un clivage dans la société. Le général prend ce risque, mais sans doute le prend-il animé là encore plus par la réflexion de l'homme d'État que par la conviction du chrétien. Il est assez bien placé pour savoir ce qu'ont provoqué les lois de 1901 et 1904 sur les associations et congrégations. Il ne lui semble pas opportun de

1. André Latreille, *De Gaulle, la Libération et l'Église catholique*, Cerf, 1978.

faire bégayer l'histoire. Le retour vers le passé n'est pas une option qu'il retient. Il répugne même à évoquer ces questions en public, devant l'auditoire – trop mêlé, fera-t-il un jour remarquer – du Conseil des ministres. Il ne semblera guère plus à l'aise sur la question de l'école. S'il ne souhaite pas de politique religieuse, la définition d'une véritable politique scolaire ne l'obsède pas davantage. Las d'une certaine forme de sectarisme qu'il sent encore tout autant du côté catholique que du côté des tenants d'une laïcité républicaine sans nuances et sans partage, il choisit de laisser sa majorité parlementaire prendre ses responsabilités. Comme si le général renvoyait à plus tard le débat ou le dialogue entre l'État et l'Église.

Durant ces années qui vont de la Libération à la naissance de la Ve République, c'est l'homme politique en devenir qui retient l'attention : fondation du RPF, discours de Bayeux, opposition à la IVe République et à ce régime « exclusif » des partis, qu'il condamne, quelques victoires et défaites électorales... Des heures de solitude également passées à écrire, à réfléchir, à méditer. Au début des années cinquante. Le désert que de Gaulle traverse, suivant l'expression consacrée, n'a cependant rien de spirituel. Le chrétien est toujours là, vivant, inspiré, pratiquant, derrière l'image publique de l'homme en réserve de la République. Déjà davantage homme d'État mais pas moins chrétien. Retiré à Colombey, il vient passer généralement un ou deux jours dans la semaine à Paris où il donne ses rendez-vous. Dans un hôtel où il loue un appartement, un établissement situé tout près de la place de l'Étoile, rue Lapérouse. C'est là qu'en juillet 1950, il reçoit son neveu François, missionnaire de 28 ans. Le jeune homme vient d'être ordonné prêtre et appartient à la société de vie apostolique des Pères blancs. François de Gaulle vient ce jour-là prendre congé de son oncle. Il part quelques jours plus tard en Haute-Volta, actuel Burkina Faso, conformément à son souhait. Lequel a été exaucé. Le désert, donc, pour lui aussi. Les deux hommes parlent de la famille, évoquent la Haute-Volta et au moment de se séparer le jeune homme vit une situation que jamais il n'oubliera : « Au moment où j'allais partir, témoigne François de Gaulle, il s'est mis à genoux et, le front baissé, les mains jointes, m'a demandé ma bénédiction… Vous pensez comme j'ai été surpris ! Mais comme il me le demandait, j'ai fait de mon mieux. En demandant au Seigneur de le bénir. Voilà. » Moment émouvant qu'évoque le père François de Gaulle dont le général approuvait la vocation. « Il était heureux, je pense, d'avoir un homme d'Église dans la famille. Il a toujours été d'une famille catholique pratiquante, et lui-même l'était. Mais quand il était président il voulait être le président de tous les Français. Il évitait de croire que sa façon de penser puisse être la seule bonne. » Quelques phrases brèves qui résument beaucoup et sont sans aucun doute la meilleure introduction à la période qui s'annonce, celle de l'arrivée de Charles de Gaulle à la tête d'une nouvelle République.

8 janvier 1959. Le grand livre de la Ve République est ouvert depuis seulement deux mois, et la France s'apprête à investir le président qu'elle s'est donné. Ou à qui elle s'est donnée le 21 décembre précédent. Après que la nouvelle Constitution a été adoptée par référendum en septembre. Charles de Gaulle tient en fait les rênes du pays, comme dernier président du Conseil de la IVe République, depuis le mois de mai, appelé par René Coty. Il va bien sûr s'atteler à régler la crise algérienne qui s'est déclarée en 1954. Mais en catholique fervent et en politique avisé, il va dans le même temps suivre attentivement le conclave qui s'est ouvert dans la cité du Vatican au mois d'octobre. Conclave supposé donner au défunt Pie XII et à la chrétienté tout entière un successeur sur le trône de saint Pierre. À Pie XII, le général avait écrit dès juin 1958 une lettre où, en toute piété, il appelait le soutien spirituel du souverain pontife et lui demandait de

bénir la France. Mais à compter de la disparition de ce dernier, c'est le chef d'État volontiers interventionniste, dès lors que l'intérêt de la France est en jeu, qui va discrètement agir. L'intérêt du pays, pense-t-il, est de voir s'installer au Saint-Siège un pape modéré. Dans de bonnes dispositions vis-à-vis de la fille aînée de l'Église, expression qu'il n'a jamais prise à la légère. Il aimerait idéalement que le prochain souverain pontife partage avec lui les ambitions qu'il nourrit pour la France et qu'un véritable dialogue soit donc possible. Ou à tout le moins envisageable. Sur nombre de thèmes que le général porte en lui à l'aube de son mandat. Qu'il s'agisse de la paix, du développement, de la politique internationale marquée à cette époque par la guerre froide ou des questions plus nationales, celles ayant trait à l'école privée ou à l'organisation de l'Église de France. C'est l'intérêt du pays que Charles de Gaulle prend donc en considération et aucunement son propre attachement à la foi catholique. C'est en président et non en chrétien qu'il va s'efforcer de peser sur le choix du conclave, fait pour le moins inédit que certaines représentations étrangères vont évidemment noter pour s'en étonner, voire s'en offusquer, mais qu'elles ne sauront empêcher. Le candidat de Charles de Gaulle a toutes les qualités requises à ses yeux. Il s'agit de Mgr Roncalli, ex-nonce apostolique qu'il a pratiqué à Paris et dont il a appris à apprécier la bonhommie tranquille ainsi que la diplomatie calme et efficace, juste après la Libération. Il sait qu'avec ce pape-là, il pourrait s'entendre et le fait savoir à Roland de Margerie, l'ambassadeur de France près le Saint-Siège, qu'il a fait mander en urgence après l'annonce du décès de Pie XII. Et c'est lui qui va recevoir pour mission, avec quelques autres relais, de discrètement pousser la candidature de Mgr Roncalli, devenu entre-temps patriarche de Venise. « Il va, explique Gérard Bardy, se servir des prélats français, s'appuyer sur quelques évêques et archevêques, au premier rang desquels Mgr Tisserant, doyen du

Sacré Collège, le collège des cardinaux, et membre influent de la curie romaine. » Les sympathies du cardinal Tisserant sont connues. Ses combats contre Vichy, le nazisme puis le communisme le sont pareillement. Il avait été déjà à plusieurs reprises un intermédiaire précieux entre Pie XII, qu'il n'aimait guère, et ce général avec qui la relation était devenue bien plus chaleureuse. Ce dernier va donc pouvoir compter sur l'entregent et le dévouement du précieux cardinal, ainsi que sur l'efficacité de ses réseaux qui, à s'y méprendre, ressemblent fort à des services de renseignement.

Par l'intermédiaire de ces derniers, auquel viendra s'ajouter l'action des réseaux diplomatiques français, le général va ainsi peser sur le vote de plusieurs cardinaux, notamment sud-américains. Le 28 octobre, une fumée blanche apparaît. Enfin. Onze tours de scrutin ont été nécessaires. Le conclave a fini par se mettre d'accord sur un pape. Solution d'attente pour certains. Pape de transition pour d'autres. Il se nomme Mgr Roncalli. Et va prendre le nom de Jean XXIII. De Gaulle a gagné ses galons de faiseur de pape. Et fort de cette expérience réussie, n'hésitera pas à rééditer l'exploit avec le même bonheur en 1963, usant de l'assistance à nouveau fort efficace de Mgr Tisserant, au profit cette fois de Mgr Giovanni Battista Montini, qui deviendra le successeur de Jean XXIII sous le nom de Paul VI.

Il s'en trouvera pour s'autoriser à penser que Jean XXIII est donc le pape du général. Un pape gaulliste en quelque sorte. La formule peut paraître séduisante, comme le sont volontiers les raccourcis. La réalité est différente. Si Charles de Gaulle fait corps avec la religion, si elle fait partie intégrante de sa personne profonde, si une connivence existe de fait entre lui et ce souverain pontife dont il a voulu et sans doute facilité l'élection, ce n'est certainement pas pour créer une forme d'osmose entre l'État français et celui du Vatican mais plus certainement pour s'assurer d'une certaine indépendance à l'égard de ce dernier et garantir les conditions d'une séparation intelligemment gérée entre l'Église et l'État français pour le plus grand bien de ce dernier. De Gaulle respecte le caractère laïc de la République qu'il préside. Et la relation respectueuse qu'il entretient comme croyant avec le Saint-Siège va surtout lui permettre de mettre en place un dialogue constructif mais sans concession avec le chef de la chrétienté. À chaque fois que l'Église tentera à ses yeux de s'ingérer dans les affaires de la France, le président de la Vᵉ République saura toujours mettre un point d'arrêt. Ce qui n'empêche aucunement Charles de Gaulle d'éprouver pour Jean XXIII une véritable admiration. De s'agenouiller devant lui lors de sa première visite officielle au Vatican, le 27 juin 1959. Et d'accepter la plus haute distinction pontificale, la médaille de l'Ordre du Christ, réservée traditionnellement aux chefs d'États catholiques, distinction qu'il portera à nouveau lors de sa visite à Paul VI, le 31 mai 1967. Charles de Gaulle a une évidente affection pour Jean XXIII, dont il n'a pas oublié l'intelligence de l'action dans les mois qui ont suivi la Libération. Jean XXIII est également un prélat comme il les aime. Simple. Sans prétention aucune. « Un brave curé de campagne qui en fit plus pour l'Église que nombre de prélats qui en sont les grands princes », dira-t-il en Conseil des ministres après l'annonce de son décès. Et quand on sait l'admiration qu'avait le général pour ces curés anonymes et humbles dont il put mesurer le courage dans la Résistance, le compliment n'est pas mince. Dans une lettre au chanoine Jean Thary, vice-président du tribunal rogatorial chargé de commencer l'enquête en béatification de Jean XXIII, le général témoignera, le 6 octobre 1970, en ces termes : « Les rapports personnels que j'ai eus avec Sa Sainteté le pape Jean XXIII, tant au cours de sa mission comme nonce à Paris que lors de son pontificat, m'ont laissé l'impression très forte et très édifiante d'une âme aussi élevée que possible dans la vertu et la religion. Je sentais qu'il traitait des affaires humaines, moralement éclairé par une lumière qui n'était pas de ce monde[1]... » Le général aura pour le successeur de Jean XXIII le même type de respectueuse affection. « Il faut avoir bien conscience, nous confie Laurent de Gaulle, que Paul VI a œuvré en faveur d'un changement aussi radical que Jean-Paul II à notre époque. Il était un pape missionnaire, le pape de la réconciliation avec les orthodoxes ; il a lancé énormément de choses qui étaient gaulliennes, d'un certain point de vue. Il avait ce côté voyageur, en Afrique, en Terre sainte, la volonté de s'ouvrir au monde, de mettre de l'ordre, de faire avancer... Et de Gaulle aimait faire ça, mettre de l'ordre pour faire avancer. Et pour que l'Église puisse évoluer dans les règles de la République. »

Homme d'État, mais en aucun cas chef religieux. Charles de Gaulle président est un homme qui met un point d'honneur à bien séparer ce qui concerne le salut de son âme et ce qui intéresse celui du pays. À telle enseigne que bien des années plus tard, certains socialistes très engagés dans la défense de la laïcité dressent volontiers de lui le portrait d'un responsable exemplaire en la matière. À l'image de Jean Glavany, ex-chef de cabinet de François Mitterrand et ancien secrétaire national du Parti socialiste chargé de la laïcité : « De Gaulle, n'hésite-t-il pas à dire, fut probablement de tous les présidents de la Ve République à la fois le plus croyant et probablement le plus laïc. Celui qui faisait bien la séparation entre sa croyance comme une affaire privée et son rôle de président comme une affaire publique. Charles de Gaulle disait d'ailleurs bien à son neveu, quand il arrivait à ce dernier de venir dire la messe au palais de l'Élysée : "Tu dis la messe à l'Élysée, mais tu ne dis pas la messe au président de la République." Je dis cela comme socialiste et mitterrandiste, et je sais que cela peut paraître paradoxal mais j'ai toujours porté un regard très

---

1. Charles de Gaulle, *Lettres, Notes et Carnets,* t. XII, Plon, 1988.

respectueux sur cette dimension-là du personnage. » Ce que le père François de Gaulle, son neveu devant qui le général s'était agenouillé pour lui demander sa bénédiction en 1950, confirme d'ailleurs sans l'ombre d'une hésitation. « À plusieurs reprises, effectivement, mon oncle me l'a dit et répété avec force : tu n'es pas l'aumônier de l'Élysée. » François de Gaulle se souvient par ailleurs de cet oratoire que le général avait fait installer dans une toute petite pièce de l'aile gauche du palais. Une pièce qui servait aux chauffeurs de l'Élysée dans un temps plus reculé, celui du président Félix Faure. L'endroit ne deviendra pas une chapelle, à proprement parler. Mais un lieu de prière simple, voire austère, où un office pouvait être célébré le dimanche quand le général ne se trouvait ni à Colombey-les-Deux-Églises ni en voyage à l'étranger, mais retenu à Paris par les nécessités de sa charge. Est-il besoin de préciser que les services de sécurité de la présidence de la République avaient approuvé cette solution ? Sécuriser l'église de la Madeleine, dont dépend l'Élysée sur le plan paroissial, ne les enthousiasmait guère. Une messe pouvait donc avoir lieu à l'Élysée. « On avait installé dans cette pièce, témoigne le père François de Gaulle, un autel dos au mur, avec une marche. Quelques chaises et prie-Dieu, quatre ou cinq peut-être, pour des invités ou de la famille de passage, une armoire dans laquelle étaient rangés les ornements, ainsi qu'une plaque de bronze représentant la Vierge qui avait été offerte au général par le primat de Pologne, le cardinal Stefan Wyszyński[1]. » C'est le père de Gaulle qui, une ou deux fois par mois, venait ainsi célébrer l'office. En 1960, nommé économe provincial en France pour les Pères blancs, il était revenu s'installer à Paris. Ce qui n'avait pas échappé à Charles de Gaulle. « Un officier d'ordonnance téléphonait alors aux Pères blancs pour demander si un prêtre pouvait venir, explique François de

1. *Ibid.*

Gaulle. J'avais évidemment la priorité. Je célébrais et puis généralement je déjeunais ensuite avec le général et son épouse. Mais je le répète, il n'y a jamais eu de confusion : c'était strictement privé. »

Le général de Gaulle ne mélange pas les genres. Sauf quand il le décide. La règle est qu'il ne communie pas, s'il est en représentation officielle. Règle qu'il respectera scrupuleusement lors de la messe à laquelle il assiste le 8 juillet 1962 dans la magnifique cathédrale de Reims en compagnie du chancelier très chrétien de la République fédérale d'Allemagne, Konrad Adenauer. Messe destinée à sceller symboliquement la réconciliation franco-allemande. À la différence du chancelier, Charles de Gaulle ne communie pas, par souci de neutralité, mais également parce que ce jour-là, il est – symboliquement parlant dans cette cathédrale qui a vu le baptême de Clovis – l'héritier des rois de France, fidèle aux racines chrétiennes de son pays et aux valeurs de la civilisation occidentale. Et cela suffit sans doute à son bonheur. Du moins en a-t-il décidé ainsi, comme il décidera parfois de déroger à la règle qu'il s'est lui-même fixée quand il s'agit par la communion d'exprimer une solidarité vis-à-vis d'une Église opprimée ou d'affirmer une tradition chrétienne dans un pays qui pourrait avoir tendance à l'oublier. Il le fera ainsi à Gdansk, dans une Pologne sous influence soviétique, pour signifier à ces fervents catholiques que sont les Polonais, le soutien d'une France sœur. Il le fera à Istanbul en mémoire de l'Empire romain d'Orient, tout en ayant préalablement rendu hommage à Mustafa Kemal à Ankara, ou au Québec pour rendre hommage aux missionnaires de la Belle Province. Il le fera également en 1966, à l'occasion d'un voyage officiel en Russie à Leningrad – actuelle Saint-Petersbourg –, dans l'église Notre-Dame-de-Lourdes, où il a tenu à assister à la messe. Avait-il ce jour-là décidé de communier pour manifester sa solidarité à l'égard de l'Église russe ? Le doute subsiste selon certains historiens. Son fils

Philippe, témoin des faits, l'assure. L'abbé de Notre-Dame-de-Lourdes, lui, le paiera cher. Sans que le rapport soit directement établi entre la messe célébrée en présence du général et les sept ans de travaux forcés auxquels les autorités russes condamneront le religieux un an plus tard, il serait naïf de n'y voir qu'une pure coïncidence.

Se demander aujourd'hui si de Gaulle était un homme d'État chrétien ou, en plaçant bien la virgule, un chrétien, homme d'État n'a donc nulle pertinence. Le général n'aurait d'ailleurs jamais accepté la première de ces formules. Sa nièce, Geneviève de Gaulle-Anthonioz, en avait l'assurance. Et pour la majorité des gaullistes historiques, cela ne fera pas plus de doute. Le partage s'effectue naturellement chez le général entre la conviction de l'être humain et la responsabilité du président. Responsabilité multiple : celle de l'unité des Français, celle de l'intérêt national, du bien commun, celle de l'image de la France. Ce sont ces raisons qui sous-tendent son action en permanence, y compris lorsqu'il s'intéresse de près aux questions touchant aux nominations d'évêques ou aux élections pontificales. La relation avec l'Église en général et le pape en particulier revêt dans l'esprit de Charles de Gaulle une dimension éminemment politique. Ainsi qu'une dimension de pouvoir. Ainsi sera-t-il courroucé, voire déçu, comme le confiera son fils Philippe, que Paul VI ne l'informe pas du choix qu'il vient de faire en 1967 du nouvel archevêque de Paris. Choix qui se porte sur Mgr Claude Marty dont le général ne pense pas du bien car il le considère trop perméable aux idées de gauche, avis que partage pareillement le Premier ministre, Georges Pompidou. Question d'autorité donc aux yeux du général. Sans penser nécessairement qu'il en allait peut-être de même pour le souverain pontife...

Sa façon d'aborder l'épineuse question scolaire illustrera également assez bien cette différenciation que semble faire naturellement Charles de Gaulle entre ce qui est du domaine de sa conviction propre et ce qui est de l'intérêt du pays. L'élève des jésuites aurait parfaitement pu se faire le porte-parole ou le défenseur, même discret, de l'enseignement privé. Le scénario sera tout autre. Le président, d'abord motivé par le souci de ne point réactiver une énième querelle en ce domaine, va contraindre chacune des deux parties à faire un peu de chemin vers l'autre. À ne plus s'ignorer. Voire à partager. Michel Debré sera à la manœuvre. Et de Gaulle à son poste de commandement, mais également à la vigie afin que nul écueil ne vienne barrer la route qu'il a fixée. Toute tentative d'influence du Saint-Siège sur la question est impensable. C'est un premier principe. Et ce, quelles que soient les relations entretenues avec le pape Jean XXIII. L'éducation est nationale. Elle ne se négocie pas avec un État étranger. Deuxième principe : celui d'une loi. Donc d'un acte politique. Ce sera la loi Debré. Troisième principe : qu'il n'y ait ni vainqueur, ni vaincu. Quatrième principe : celui de la prééminence de l'enseignement public, même si un statut d'association à l'État se verra proposé aux établissements privés. Cinquième principe : la subvention d'État laisse la place à l'aide de l'État. Conditionnée. Ce qui au passage permettra de pousser l'enseignement privé à se réformer quelque peu, au sens politique, non religieux, du terme, bien sûr. Comme sur nombre d'autres sujets, Charles de Gaulle se laisse donc conduire par son pragmatisme. Et son pragmatisme lui commande de ne point inspirer une quelconque politique chrétienne, sur ce sujet comme sur tous les autres.

De Gaulle privilégie ce qui unit les Français sur ce qui les désunit. Le désir de rassembler est chez lui un moteur puissant. Eût-il été pape, sans doute aurait-il agi de même avec la chrétienté. C'est d'ailleurs ce qui le poussera à regarder Paul VI avec plus de bienveillance encore que Jean XXIII. « Il regrettait profondément les divisions intervenues entre chrétiens, confie son neveu, le père François de Gaulle. Pour lui, il eût été hautement souhaitable, désirable, de refaire l'unité des chrétiens, très certainement. Cette division avec les orthodoxes d'une part, avec les protestants de l'autre, lui semblait à tous points de vue contraire à la volonté du Seigneur. » Laurent de Gaulle va même plus loin en invitant d'autres religions dans la démonstration : « Charles de Gaulle a eu une femme musulmane dans son gouvernement[1], des protestants, comme Couve de Murville, et des orthodoxes. Il avait une ouverture d'esprit qui autorisait ce mouvement dans lequel il se sentait bien. Il ne faut enfin pas oublier qu'il a vécu en Angleterre. Et qu'il porte tout l'héritage du cardinal Désiré-Joseph Mercier, primat de Belgique, archevêque de Malines, qui a travaillé, en tant que théologien, au rapprochement avec les anglicans. Charles de Gaulle était en fait marqué par l'esprit des pionniers de l'œcuménisme. » Un œcuménisme qu'il approuve mais qu'il s'interdit de commenter comme responsable public. Il est président d'une république laïque et le restera. Sans interférences majeures ni points de friction prononcés avec les confessions représentées sur le territoire national. Sauf en 1967, où lors d'une conférence de presse il va embarrasser, voire consterner l'une d'entre elles : la communauté juive. L'affaire est-elle religieuse ? Assurément pas. Politique : évidemment. Ses ressorts sont-ils humains ? Sans doute.

Il est peut-être bon de rapporter ici les termes qui, en cette après-midi du lundi 27 novembre 1967, sont prononcés par le président de la République en réponse à une question portant sur l'évolution de la situation au Moyen-Orient après la guerre des Six-Jours. Ces termes ou plutôt une expression, une affirmation sous forme d'incidente, une qualification au détour d'une phrase appliquée à ces juifs « jusqu'alors dispersés mais restés ce qu'ils ont été de tout temps, c'est-à-dire un

1. Nafissa Sid Cara, secrétaire d'État auprès du Premier ministre, Michel Debré, de 1959 à 1962, chargée des questions sociales en Algérie.

peuple d'élite, sûr de lui-même et dominateur ». La phrase surprendra, choquera... Et suscitera nombre de commentaires et de rappels historiques. À commencer par ceux des défenseurs du général qui appellent à la rescousse la mémoire d'Alfred Dreyfus. Henri de Gaulle, père de Charles, ne s'était-il pas dit convaincu en son temps de l'innocence du capitaine, et humilié par sa condamnation ? Il en est d'autres pour remettre en mémoire l'attitude constante du chef de la France libre, sa dénonciation de toutes les mesures antijuives du gouvernement de Vichy, pour évoquer ces nombreux juifs qui ont rejoint la France libre aux premières heures, auxquels le général était d'ailleurs fort reconnaissant, et rappeler que les détracteurs de cette France libre, basée à l'étranger, la décrivaient volontiers comme un regroupement hétéroclite de juifs et de cagoulards... D'aucuns, à juste titre au demeurant, affirmeront simplement qu'aucune illustration ne peut être donnée, jamais, d'un quelconque propos antijuif dans l'expression du général de Gaulle. De la même façon que le général en 1958 avait déclaré ne pas avoir, à 67 ans, l'intention de commencer une carrière de dictateur, il n'était donc pas question pour lui, moins de dix ans plus tard, à 76 ans, d'en commencer une d'antisémite. Le général ne regrettera cependant jamais cette phrase. D'autant qu'elle ressemblait selon lui davantage à un hommage adressé à un peuple auquel il reconnaissait des qualités éminentes. À l'évidence, l'argument aurait pu faire mouche mais sans ce terme de dominateur qui reste et restera l'une des principales accusations auxquelles les juifs français et étrangers seront en permanence, et encore aujourd'hui, confrontés. En vérité, au-delà du choix des mots, des procès d'intention ou des défenses inspirées, deux types de considération semblent déterminantes et n'ont que peu à voir avec la dimension religieuse que certains voudront donner à l'affaire. Première considération à intégrer : le faible cas fait de la déportation juive dans l'immédiat après-guerre. « Il ne faut pas oublier, souligne Maurice

Szafran, ce fait majeur qu'il y a eu à la Libération un accord entre de Gaulle et les communistes. Cet accord insistait sur l'héroïsme des déportés politiques résistants et créait cette mythologie d'une France tout entière résistante. Ça a été un vrai accord de fond entre de Gaulle et les communistes. La déportation juive dans ce contexte n'avait quasiment pas de place donc il a ignoré dans le fonds ce qu'était le judaïsme et ce qu'était la situation des juifs français jusqu'à la guerre des Six-Jours. » Pas spécialiste de la religion juive, Charles de Gaulle ? Sans doute pas. De la déportation, de l'extermination des juifs ? Il en parle à peine dans les *Mémoires de guerre*. Mais il en sait forcément davantage quand il visite le camp d'extermination d'Auschwitz, lors d'un voyage officiel en Pologne, en septembre 1967, c'est-à-dire six semaines avant la fameuse conférence de presse. Le dessinateur Tim résumera la situation à sa manière dans le journal *Le Monde* début décembre 1967, représentant un homme cadavérique, semblant défier l'humanité d'un coup de menton, l'étoile juive en évidence sur sa tenue de déporté, dans une posture napoléonienne, le pied fièrement posé sur une haie de fil de fer barbelé, sous le titre « Sûr de lui-même et dominateur ». Dessin qui fera le tour du monde. La deuxième considération est d'ordre plus psychologique. Le général ne supporte en fait pas qu'on lui tienne tête dès lors qu'il estime avoir raison. Il avait prévenu les Israéliens de son hostilité à un déclenchement des hostilités, de son désaccord total à toute idée de guerre préventive. Les Israéliens en avaient décidé autrement. Le général l'avait donc pris comme un affront personnel. Les propos que Charles de Gaulle tient au grand rabbin Kaplan quelques semaines plus tard sont à cet égard assez évocateurs. « De Gaulle antisémite ! Monsieur le rabbin, vous y croyez ? » lancera d'abord le chef de l'État au représentant de la communauté lors de la traditionnelle cérémonie des vœux au palais de l'Élysée. Avant de lui dire le fond de sa pensée un peu plus tard, courant janvier. Échange dont témoignera Philippe de Gaulle dans l'ouvrage d'entretiens avec Michel Tauriac[1] : « Cette autre éminence religieuse, aurait ainsi dit le général à propos du rabbin Kaplan, est toujours prête à imaginer des intentions de nuire, à nous créer des problèmes. J'ai tenu à mettre les choses au point. Je n'ai pas mâché mes mots. Je lui ai déclaré : "Notre sympathie pour les juifs est indiscutable, mais faudrait-il encore que certains ne se sentent pas plus israéliens que français. Leur prise de position en faveur de l'État d'Israël est inadmissible." Il m'a alors répondu que cela ne signifiait pas de leur part une double allégeance, qu'ils ne se sentaient pas moins absolument français, mais j'avoue que j'ai peine à le croire. »

Il en est ainsi de certains mots prononcés sous le coup de l'humeur. Leur violence traduit parfois davantage la déception ou l'orgueil froissé qu'une hostilité véritable. De Gaulle n'avait guère l'habitude de ne point peser ses mots. Ceux-là avaient donc un objectif. Et cet objectif était avant tout de répondre à un État qui avait à ses yeux donné raison à la guerre, en avait pris l'initiative au risque de déstabiliser l'ensemble de la région, signant par là même un acte d'autonomie. De Gaulle ne pouvait dès lors le considérer autrement que comme un crime de lèse-majesté. Quelle qu'en fût l'interprétation, cette affaire laissera des traces et entachera les relations entre les deux pays. Même la relation pourtant cordiale entre Charles de Gaulle et David Ben Gourion, fondateur de l'État d'Israël, s'en trouvera affaiblie. Les deux grands hommes garderont néanmoins l'un pour l'autre une estime réciproque, mais plus rien ne sera jamais pareil. Le général se sera-t-il rendu compte de l'existence d'une communauté juive qu'il convient de prendre en considération à partir de cette date ? La réponse ne paraît pas assurée. « Ce n'est pas son histoire, argumente Maurice

1. *De Gaulle, mon père*, Plon, 2003.

Szafran, ce n'est pas sa réalité, ce n'est pas sa construction de la France du tout, du tout, du tout. Pour lui, la France, c'est un pays réellement catholique qui a certes des minorités, mais y a-t-il une place spécifique du judaïsme français dans l'histoire de cette république ? Je crois qu'il n'y est pas sensible du tout. » Pas plus que la France de cette époque-là ne l'est. Une France traditionnelle. La question de la place des juifs dans la société française, c'est dans les années soixante-dix que le pays se la posera, peut-être inspiré par un petit livre paru en janvier 1968, *De Gaulle, Israël et les Juifs*[1] signé par un ancien compagnon de route du RPF, un déçu du général et un juif désormais en harmonie avec sa confession, le philosophe Raymond Aron.

Le cas de l'islam est d'une tout autre nature. Si de Gaulle n'apparaît pas comme un familier du judaïsme, il l'est encore moins de la religion musulmane. À supposer même qu'il ait un jour feuilleté un exemplaire du Coran. En la matière, le général a essentiellement une intuition politique. Il sent l'incompatibilité culturelle, mais passe à côté de la dimension spirituelle. Le nationalisme arabe, en revanche, il en pressent l'influence. L'expansion démographique des pays d'Afrique du Nord, il la sent monter. « Immédiatement après la guerre, rappelle Gérard Bardy, de Gaulle avait demandé à ses ministres de favoriser l'immigration des pays d'Europe du Nord par rapport à celle des pays du sud de la Méditerranée et de l'Orient, dont il disait que leurs mœurs n'étaient pas tout à fait compatibles avec notre civilisation chrétienne. Souvenez-vous des mots qu'on lui prête et que Peyrefitte a consignés : "Qu'on ne se raconte pas d'histoires ! Les musulmans, vous êtes allés les voir ? Vous les avez regardés avec leurs turbans et leurs djellabas ? Vous voyez bien que ce ne sont pas des Français. Ceux

1. Plon.

qui prônent l'intégration ont une cervelle de colibri, même s'ils sont très savants. Essayez d'intégrer de l'huile à du vinaigre. Agitez la bouteille. Au bout d'un moment, ils se sépareront de nouveau. Les Arabes sont des Arabes, les Français sont des Français. Vous croyez que le corps français peut absorber dix millions de musulmans, qui demain seront vingt millions et après-demain quarante ? Si nous faisions l'intégration, si tous les Arabes et les Berbères d'Algérie étaient considérés comme français, comment les empêcheriez-vous de venir s'installer en métropole, alors que le niveau de vie y est tellement plus élevé ? Mon village ne s'appellerait plus Colombey-les-Deux-Églises, mais Colombey-les-Deux-Mosquées[1]..." De Gaulle, poursuit Gérard Bardy, craint ce développement de l'islam, qu'il juge incompatible avec notre société, notre civilisation. Il pense qu'il y a avec l'islam une civilisation conquérante et une population musulmane prolifique. Je crois que l'on peut dire que ça a pesé dans le règlement de l'affaire algérienne. » Si de Gaulle accède à la demande d'indépendance de l'Algérie, ce sera donc aussi pour ces raisons. Parce qu'il pensait que le développement très rapide de la population de l'Algérie et le ralentissement de la natalité en France feraient que les populations musulmanes viendraient de plus en plus nombreuses s'installer en France et que se présenteraient alors de graves difficultés. Sans doute cela a-t-il joué. Charles de Gaulle, sans être visionnaire, avait à l'évidence imaginé l'expansionnisme de la religion musulmane, lequel s'est à bien des égards factuellement produit. En ce sens, il se sera voulu dans ses choix le protecteur d'une certaine idée de la France. Les Français sont avant tout un peuple européen de race blanche, de cultures grecque, latine et de religion chrétienne, c'était bien sa conviction profonde. Une pensée qui s'ouvrait cependant à toutes les races, pourvu qu'elles restent, en France, une minorité.

1. Alain Peyrefitte, *C'était de Gaulle,* Gallimard, 2002.

Plus d'un demi-siècle après la guerre d'Algérie, la cicatrice reste cependant ouverte. Certains considéreront toujours que le général fut un piètre chrétien et un traître à sa foi en abandonnant l'Algérie française et tous ceux qui s'étaient battus pour elle, d'autres continueront de penser qu'il fut un grand chrétien, doublé d'un homme d'État inspiré en laissant les Algériens aller vers leur indépendance. Si l'on y ajoute ceux qui rappellent volontiers la relation parfois trouble entre une minorité d'ecclésiastiques français et les nationalistes du FLN, et ont pour conviction que le conflit algérien fut avant tout une guerre de religions, la démonstration semble définitivement indiquer l'impossibilité d'une réponse unique et distanciée sur le sujet. Tout juste peut-on affirmer sans crainte d'être démenti que le général ne se prit jamais pour un chevalier croisé dans sa façon d'aborder le dossier de l'Algérie.

Ce ne sera d'ailleurs jamais un rôle que se donnera Charles de Gaulle ou qu'il interprétera dans l'exercice de ce pouvoir que lui ont confié les Français. Des Français certes en majorité catholiques mais une société sécularisée, une République laïque, une nation, terme qui pour Charles de Gaulle est une référence. Et donc autant de garde-fous. Charles de Gaulle n'a pas en tout état de cause de guide spirituel pour l'aider dans sa tâche sur terre. Il a en revanche une inspiration, fruit de son éducation religieuse. « La constante chez de Gaulle est d'opérer perpétuellement une transformation temporelle de ses intuitions spirituelles », affirme Laurent de Gaulle. Mgr André Vingt-Trois, archevêque de Paris, osera pour sa part évoquer « l'apparent gallicanisme du général de Gaulle dans sa manière de gérer les choses et de les vivre, en même temps qu'il vivait et montrait une relation très réelle et très intense avec l'Église à laquelle il appartenait. Mais jamais, poursuit-il, il ne pouvait imaginer que cette relation avec une Église aurait pu changer quelque chose à l'indépendance d'un pays. Et donc, gallican sur la politique, il pouvait être romain dans la foi, sans que sa foi romaine se transforme en romanisation de sa politique française[1]. » On ne saurait mieux dire, même si le général aurait vraisemblablement nié toute référence gallicane. Il n'en reste pas moins qu'une grande part de la complexité ou finalement de la simplicité gaullienne se trouve là. Dans une séparation qui est la règle du républicain, dans une osmose qui est celle de l'humaniste chrétien. Que Charles de Gaulle ait toute sa vie été inspiré par ce qu'on a appelé le christianisme social en est une illustration.

Aucun Français n'avait ainsi sans doute songé à lui faire un procès en sorcellerie ou en religiosité quand il avait énoncé très tôt, et avant même d'accéder au pouvoir, l'idée de participation. De Gaulle est sensible au travail, au sort des ouvriers, des travailleurs, il ne nie pas le concept de lutte des classes mais rejette la façon marxiste d'y répondre. Il cherche entre le libéralisme et le collectivisme cette voie qui prendra la forme d'un contrat d'association dans un premier temps puis de la participation dans un second. Que les ouvriers puissent être reconnus comme des partenaires et associés à la vie de leur entreprise est une idée naturelle pour Charles de Gaulle. Elle s'accompagne chez le général d'une véritable méfiance vis-à-vis de l'argent et d'un rejet des formes les plus brutales de capitalisme. Méfiance qui trouve ses origines dans ce monde du catholicisme social, que son père Henri fréquentait assidûment. Jamais le général ne sera l'homme de la grande bourgeoisie. Jamais il ne se revendiquera chrétien de gauche même s'il fréquentera certains cercles proches de cette mouvance ou de la démocratie chrétienne. Mais toujours il fera référence au christianisme social de la fin XIXe que Marc Sangnier incarne entre autres. Il puisera matière à réflexion dans l'exemple de

1. Colloque du Collège des Bernardins, 13 et 14 novembre 2009.

Léon Harmel, cet industriel proche du pape Léon XIII qui dans les années 1880 mettra en place dans ses usines les premiers comités d'entreprises. Ou dans les encycliques papales, dont celle intitulée *Rerum novarum*, signée de Léon XIII et qui fondera la doctrine sociale de l'Église. Entre bourgeoisie et libéralisme, il y aura donc quelques années plus tard... le gaullisme. À l'humanisme social viendra vite s'ajouter la réflexion sur la coopération, les droits de l'homme, le tout dans un accord presque parfait avec les options de l'Église de France. Ce qui ne veut pas dire qu'elle les a inspirés. La politique de la France sous le général de Gaulle ne se fait ni à la corbeille ni au Vatican. Mais à l'Élysée. Quant à l'Église, elle doit être selon lui auprès des pauvres, respecter la dignité des individus, réagir lorsque l'argent prive l'homme de liberté ou des capacités de faire vivre dignement sa famille. Une part de la pensée du gaullisme chrétien se trouve là. Dans la place attribuée à l'homme, question autrement plus importante que celle de la puissance du capital. Et dans la conception qu'il se fait de l'homme d'État. Charles de Gaulle ne sera effectivement jamais à cet égard un président sous influence, ni l'homme de quiconque. Il n'est propriétaire de rien. Seule sa conscience lui appartient. Une conscience qui relève du domaine privé mais qu'il lui faudra pourtant interroger dans l'exercice de ses fonctions publiques.

La question de la mort, puisqu'il s'agit d'elle, Charles de Gaulle se la pose en premier lieu comme soldat. Mais quand il s'engage dans le métier des armes, il le fait en pleine conscience des risques courus, en chrétien engagé, en catholique convaincu et pratiquant. Il compte alors le plus simplement du monde sur la protection de son Dieu. Le don de sa vie au service de la patrie va de soi. La mort, il n'en parle guère, ni ne théorise à son sujet.

La question de la grâce présidentielle est d'une tout autre nature. Elle se posera aussi bien comme président du GPRF après la Libération que comme président de la Ve République quelques années plus tard. Sur la question, Charles de Gaulle ne se sent en premier lieu tenu par aucune interdiction théologique. « Tu ne tueras point » figure certes parmi les commandements de l'Église, mais dans le catéchisme de cette dernière, du moins dans celui qui a cours à l'époque du général, la peine de mort est explicitement prévue, acceptée et justifiée. Comme l'est la légitime défense de la société, corollaire envisageable de cette tolérance. Ces dispositions existent d'ailleurs toujours, même si elles ont pu évoluer avec le temps. « L'enseignement traditionnel de l'Église, est-il précisé dans le catéchisme catholique, n'exclut pas, quand l'identité et la responsabilité du coupable sont pleinement vérifiées, le recours à la peine de mort si celle-ci est l'unique moyen praticable pour protéger efficacement de l'injuste agresseur la vie des êtres humains. Mais si des moyens non sanglants suffisent à défendre et à protéger la sécurité des personnes contre l'agresseur, l'autorité s'en tiendra à ces moyens, parce que ceux-ci correspondent mieux aux conditions concrètes du bien commun et sont plus conformes à la dignité de la personne humaine. Aujourd'hui, en effet, étant donné les possibilités dont l'État dispose pour réprimer efficacement les crimes en rendant incapable de nuire celui qui l'a commis, sans lui enlever définitivement la possibilité de repentir, les cas d'absolue nécessité de supprimer les coupables sont désormais assez rares, sinon même pratiquement inexistants. »

Charles de Gaulle, qui considère par ailleurs que la possibilité du recours à la peine de mort est une nécessité pour un chef d'État, agira au moment où il est en devoir de le faire, en fonction de règles qu'il s'est lui-même fixées. Il épargnera de nombreuses vies à la Libération. Sur 2 071 recours, il graciera plus de 1 300 condamnés. Le père François de Gaulle le confirme : « Ce fut évidemment un choix très difficile. Dans la très grande majorité des cas, mon oncle a choisi de ne pas faire appliquer la peine de mort. Dans d'autres cas, oui. Mais il faut se demander, vu les circonstances dans lesquelles il s'est trouvé, avec un nombre considérable de gens qui avaient commis les pires crimes, s'il y avait moyen de faire autrement. Il est évident qu'à certains moments... un certain nombre de gens ne comprennent pas grand-chose d'autre... » Avant de se faire une intime conviction, le président du GPRF étudiera les dossiers à fond, écoutera les avis des experts du ministère de la Justice. Les règles que se donne le général sont somme toute assez simples : sont graciés les mineurs, les femmes et ceux qui n'ont pas de sang français sur les mains. Et c'est en homme d'État plus qu'en chrétien qu'il prend alors ses responsabilités. Président de la République, il adoptera la même façon d'agir et de penser. C'est un meurtrier et violeur d'enfants qu'il laissera partir à la guillotine en mars 1969. Et lorsqu'il s'agira d'attentats contre sa personne, comme au Petit-Clamart, c'est bien davantage l'homme accusé d'avoir mis en péril la vie de sa femme que menacé la sienne propre qu'il condamnera à mort. Le général ne pardonnera pas à l'organisateur de cet attentat, peut-être également l'instigateur de celui de Pont-sur-Seine un an plus tôt. Jean-Marie Bastien-Thiry sera fusillé le 11 mars 1963 au fort d'Ivry.

Le couple présidentiel qu'auront visé les terroristes de l'OAS par deux fois aurait-il été protégé par la main de Dieu ? Yvonne de Gaulle en était persuadée, le croira toute sa vie et s'en ouvrira fort discrètement au père François de Gaulle. Ce dernier en fera état dans le livre qu'il publiera en 2011[1]. Tout part d'une vision. Celle de la sœur augustine Yvonne-Aimée de Malestroit qui en 1928, dix-sept ans avant que le

1. François de Gaulle, *J'ai vu se lever l'Église d'Afrique*, Desclée de Brouwer, 2011.

général lui remette la Légion d'honneur en 1945 pour faits de résistance, « voit » précisément la scène de cette remise de décoration et la relate dans son journal. Une biographie de la sœur de Malestroit, décédée en 1951, fera à nouveau état de cet épisode en 1955. Et reproduira alors les mots de cette sœur visionnaire, dont de nombreux phénomènes mystiques ont ensuite marqué la vie, phénomènes de bilocation, de stigmatisation, de guérison entre autres faits pour le moins mystérieux. Dans les mots de la sœur, qui semblent concerner le général, Yvonne de Gaulle sent comme une protection dont aurait pu bénéficier le grand officier dont Yvonne-Aimée de Malestroit anticipe la venue dans ses écrits. Grand officier qui n'est autre que son mari, Yvonne de Gaulle n'en doute pas un instant. Elle possède d'ailleurs une photo de cette remise de décoration que la sœur de Malestroit avait « vue » en 1927 et qui aura bien lieu en 1945. À Vannes. Une photo qui n'a, écrira-t-elle à François de Gaulle, jamais quitté son sac et qui y était lors des attentats de 1961 et 1962. « Dieu sait faire dévier la balle qui tue », écrivait notamment la sœur Yvonne-Aimée en 1928. La très croyante Yvonne de Gaulle le pensera jusqu'au bout : le général était sous la protection de Dieu.

Dans la famille de Gaulle, l'histoire est connue. Relativisée, rarement rapportée. François de Gaulle le fera dans ses Mémoires, Laurent de Gaulle en parle avec retenue : « Quand on a une foi aussi solide, explique-t-il, on croit vraiment que les miracles sont possibles, on croit vraiment que les choses passent aussi par des signes donc on fait attention aux signes. Ces signes sont tellement impressionnants dans le cas des attentats que ce n'est plus vraiment de la superstition. Charles de Gaulle et sa femme pensaient tous les deux qu'il n'y avait pas de hasard. »

De tous ses actes, de toutes ses décisions, même les plus difficiles, Charles de Gaulle assumera la responsabilité. En homme d'État. Pour le reste, il en rendra compte à Dieu, assurera-t-il, le jour venu. Sans crainte. Il n'a d'ailleurs jamais théorisé sur la mort. Le soldat ne la craignait pas, le patriote la sublimait, le chrétien l'acceptait. Tout juste espère-t-il qu'elle viendra suffisamment tard pour lui permettre de finir ses Mémoires. Elle devancera l'appel, le 9 novembre 1970. Et s'invitera à la Boisserie, maligne et sournoise, alors que le général, installé à la table de bridge, termine une réussite. Le général s'effondre. Le médecin arrivera quelques minutes plus tard, suivi du curé de Colombey. Mais de Gaulle n'est plus. Sur son lit de mort, Yvonne de Gaulle lui glisse entre les doigts un chapelet qui leur avait été donné à tous deux par le pape Paul VI au cours de leur dernière visite au Vatican. Au sortir de la messe célébrée dans la petite église de Colombey, où une petite croix de Lorraine dorée marque désormais la place qu'occupait le général, André Malraux dira : « Ses obsèques ont été celles d'un chevalier… » Un officiant ajoutera : « De Gaulle est au ciel, sa vraie patrie. »

2

GEORGES POMPIDOU

Georges Pompidou aurait pu devenir un sympathisant, voire un militant socialiste, si les options politiques étaient transmissibles du simple fait de l'hérédité. Et elles ne le sont pas. Il terminera sa vie après avoir, dans la solitude froide du fort de Brégançon, ancienne forteresse médiévale devenue depuis janvier 1968 la résidence d'été des présidents de la Ve République, couché par testament au chapitre de ses dernières volontés celle d'une messe en latin accompagnée de chants grégoriens. Cela pourrait apparaître comme le paradoxe d'une vie, alors qu'il ne faut sans doute voir dans cette apparente contradiction que l'expression d'une fidélité à l'émotion qu'aura provoquée, chez Georges Pompidou sa vie durant, le miracle de la beauté, mêlé à l'amour de l'histoire, au goût de l'art et à une certaine forme de pulsion esthético-mystique pour la modernité et la culture. L'hérédité aurait pu imposer Jaurès. Elle accouchera de la « cathédrale de Beaubourg et de l'unisson des moines de l'abbaye de Solesmes ».

Les fées qui se penchent sur le berceau de Georges Pompidou à sa naissance entonnent plus volontiers *L'Internationale* que le *Magnificat*, et la tradition familiale se nourrit davantage de la République de Delacroix que de *L'Angélus* de Millet. Un milieu où Marianne a les traits d'une divinité, où Jean Jaurès prend figure de prophète inspiré sur ces terres radicales socialistes du Cantal qui ont déjà donné un président de gauche, en la personne d'un certain Paul Doumer sous la IIIe République. Sur ces terres du haut pays d'Auvergne, le catholique de droite n'est pas une référence ou alors celle de l'adversaire de classe. Les grands-parents de Georges Pompidou sont des paysans, ses parents, Léon et Marie-Louise, instituteurs, et évidemment, le père milite à la SFIO (Section française de l'Internationale ouvrière). Pourtant, dans cet environnement, la pratique religieuse ne brille pas totalement par son absence. En respect de certaines conventions, par souci prudent de ne point insulter un ciel auquel elle ne croit pourtant pas vraiment, par conformisme social ou simplement parce qu'une église se respecte par principe dans ces régions où la tradition est vivace, la famille Pompidou élève le jeune Georges dans l'esprit de tolérance, y compris vis-à-vis des représentants du culte. Baptême, messe, communion solennelle, Georges Pompidou fera cet apprentissage sans heurt ni révolte. Peut-être y puisera-t-il plus tard l'énergie de ces élans qui le conduiront consciemment ou inconsciemment vers certains sites à haute valeur spirituelle ajoutée.

De son éducation religieuse, il n'en retirera donc que le minimum nécessaire. Un minimum appelé à grandir et à embellir, à se transformer en un goût prononcé pour le sacré. Les études de Georges Pompidou favoriseront cette lente évolution. À l'instar de son glorieux prédécesseur Paul Doumer, précédemment cité, qui fut parmi d'autres un exemple du bon fonctionnement de ce qu'on appellera bien des années plus tard l'ascenseur social, le jeune garçon entame sa scolarité à Albi. Féru de civilisation grecque, passion qui l'habitera toute sa vie, il décroche le premier prix de version grecque au concours général en 1927. Puis, fort de ces promesses, il « monte » à Toulouse pour intégrer la classe d'hypokhâgne dans l'établissement le plus réputé de la région, qui prendra en 1957 le nom de Paul de Fermat – Fermat, comme on dit aujourd'hui simplement dans la Ville rose –, magistrat mathématicien pétri de culture latine et hellène, proche des minimes et des jésuites de son époque. L'histoire s'offre décidemment des élégances. Se fait volontiers facétieuse, et s'autorise quelques clins d'œil. Dans cet établissement qui jouxte le couvent des Jacobins est passé en éclaireur quelques années plus tôt un certain Gaston Monnerville, futur ardent promoteur de l'action du général de Gaulle, premier président du Sénat de la Ve République et accessoirement président du Conseil général du Lot entre 1951 et 1970. On reste entre « pays ». Un pays où notre héros ne s'attarde guère. Le prestigieux lycée Louis-le-Grand lui ouvre ses portes. Une voie royale se présente qui le conduira de Normale sup à l'agrégation de lettres qu'il décrochera avec rang de cacique, en 1934. Hormis cet intérêt marqué pour l'Antiquité, ses dieux, déesses, ses poètes et leurs muses, le jeune homme ne manifeste alors pour la religion que cette forme de détachement respectueux qui sied à ceux qui ont connu les cours de catéchisme mais n'ont pas l'obsession du salut de leur âme. De fait, l'âme de Georges Pompidou reste durant ces années d'études vendue au diable. Un démon révolutionnaire dont les diablotins de gauche militent au sein de la Ligue d'action universitaire républicaine et socialiste (Laurs), filiale étudiante de la Ligue des droits de l'homme, et règlent volontiers leur compte aux militants de l'Action française qu'ils trouvent sur leur chemin, pavé de bonnes et de mauvaises intentions. Avec la bénédiction du président fondateur de cette ligue, un dénommé Pierre Mendès France… Comme mu par l'hérédité, à moins qu'il ne s'agisse d'une forme politique de piété filiale, Georges Pompidou se rapproche des mouvements trotskystes et de la SFIO. Il y fait rentrer dans la foulée le jeune Léopold Sédar Senghor, ami entre tous, futur chantre de la négritude et disciple d'Aimé Césaire.

Cette crise d'adolescence n'aura qu'un temps et quelques printemps. En 1935, Albert Lebrun, président très catholique, se prépare à composer avec le Front populaire du socialiste Léon Blum. Georges Pompidou, lui, se marie à l'église, reproduisant ainsi ce schéma de libre-pensée qu'il avait vu dessiner par ses propres parents. Il se marie devant Dieu, plus par désir de faire plaisir à sa jeune épouse, Claude Cahour, que par conviction personnelle, avoue volontiers aujourd'hui Alain Pompidou, le fils qu'ils adopteront quelques années plus tard. Claude Cahour est une enfant… de l'école confessionnelle, plus précisément une élève, brillante, formée par les ursulines de Château-Gontier, ville de la Mayenne où son père exerce la profession de médecin. Une scolarité qui ne semble pas l'avoir excessivement marquée. Sa personnalité semble plutôt s'être forgée en opposition à l'enseignement qui lui a été dispensé. Elle s'en affranchira d'ailleurs très vite au contact de Georges Pompidou, rencontré à Paris au hasard des sorties qu'elle s'autorise, et affirmera une indépendance d'esprit et un goût pour une pensée libre de toute référence religieuse. Un profil qui ne peut que séduire le jeune normalien sur lequel elle jette très vite son dévolu, car sensible au charme et à l'intelligence d'un homme qui lui parle le même langage, l'initie aux délices de cette poésie qu'il affectionne et lui fait découvrir un nouveau monde, différent de celui, trop étriqué et si peu épanouissant, des sœurs chez qui elle loge alors dans le VIe arrondissement parisien. Ce nouveau monde est celui d'un intellectuel promis à l'enseignement, d'un élégant homme de lettres qui croque à pleines dents les délices que lui offre la ville capitale, se veut curieux de tout et, avec cette appétence qui le caractérise pour tout ce que le futur dessine, complète en permanence, dans les musées et les expositions ainsi qu'au contact des artistes de son époque, son érudition naissante et ce goût pour l'art contemporain qui ne le quittera jamais. Rien de contradictoire avec ce pour quoi a pu militer Georges Pompidou quelques années auparavant. Les biographes de Jaurès diront plus tard que le socialiste emblématique avait su faire de l'art un « terrain de réflexion et d'engagement », révélant au passage l'intérêt qu'il portait aux civilisations antiques et grecque en particulier. Georges Pompidou se situe sans doute lui aussi dans une telle perspective.

Claude est séduite, tant par l'homme qu'elle découvre chaque jour que par cette ouverture à l'avenir et à la modernité qu'il semble si bien incarner. Lui la sent disponible et elle l'est. Elle voit en lui le guide avec qui elle peut partager le désir d'une liberté enfin possible. Mais si Dieu n'est pas omniprésent dans leur vie de couple, loin s'en faut à cette époque encore pudibonde et réfractaire au relâchement des mœurs, il n'en demeurera pas moins cette référence qu'ils ont tous deux eu à connaître dans leur enfance. Un Dieu sans image pieuse ni statue de commandeur mais un mystère dont jamais ils ne nieront l'hypothèse.

Nommé au lycée Saint-Charles de Marseille, Georges Pompidou y fait son apprentissage d'enseignant. L'ex-lycée des Frères de la doctrine chrétienne, expulsés en 1902, trois ans avant la loi de séparation de l'Église et de l'État, devient une annexe du lycée Thiers en 1909 puis acquiert ensuite son autonomie. Y enseigneront le radical Édouard Daladier, l'écrivain Marcel Pagnol puis en 1935, Georges Pompidou. Toujours ces facéties de l'histoire qui donnent à penser qu'une fois encore le futur président se trouve non loin d'un point de croisement entre la religion et la République… Marseille ne sera pour Georges et Claude qu'une douce parenthèse, faite encore et toujours de ces rencontres entre la tradition et la modernité, les chefs-d'œuvre de l'art sacré d'un côté, les abbayes, les chapelles qu'ils trouvent sur le chemin de leurs randonnées d'amoureux, l'art contemporain de l'autre, et ces galeries dont ils sont tous deux friands et qu'ils écument avec un enthousiasme et une curiosité qui ne les quittera jamais. Une abbaye cistercienne ou une église romane fait naître en eux le même type de dialogue intérieur que leur procure la vision d'une toile de Braque ou de Matisse accrochée aux cimaises de la galerie qu'Aimé Maeght ouvre précisément en 1936 à Cannes, ville natale de Marguerite, sa femme. Les deux couples n'imaginent pas encore que quarante ans plus tard ces artistes qu'Aimé expose alors feront l'objet de rétrospectives dans une cathédrale de la culture contemporaine, un monument futuriste bâti à l'initiative du président Pompidou au cœur du quartier parisien de Beaubourg. Les moines cisterciens dialoguent chez les Pompidou avec les peintres avant-gardistes... sur fond de musique sacrée. Ou à tout le moins à consonance religieuse. Celle de Jean-Sébastien Bach, de Palestrina ou ces messes de Mozart qui accompagneront souvent par la suite, dans la Maison blanche d'Orvilliers ou dans la vieille demeure de Cajarc, les travaux et lectures du couple devenu présidentiel. Le goût prononcé de son père pour cette musique, Alain Pompidou, fils adoptif de l'ancien président, l'explique à sa façon en évoquant un pont jeté entre une femme qui n'a pas totalement coupé tout lien avec son éducation religieuse et un homme ouvert à l'idée de transcendance.

Cette intuition, puis très vite cette conscience qu'a Georges Pompidou d'un dépassement possible, d'un franchissement au-delà de la perception est une des clés qui permettent de mieux saisir l'appétit de Georges Pompidou, très jeune, pour la peinture, la musique et la poésie. « Dès 17 ans, explique Alain Pompidou, beaucoup d'évidences s'imposent à mon père : sa passion pour l'Antiquité va lui donner le sens du sacré. Et il était au fond, dès cette époque-là, habité par une forme de culte de la divinité. La transcendance, il va commencer à en avoir l'intuition environ deux ans plus tard. Il achète avec son argent de poche, sur le boulevard Saint-Michel, un livre écrit en 1929 par l'un des membres les plus éminents du mouvement surréaliste, Max Ernst : *La Femme 100 têtes.* » Un livre, ou plus exactement un roman-collage que l'auteur lui dédicacera trente ans plus tard. Qui est cette femme ? D'aucuns croiront trouver dans les collages du maître une relation à la Vierge Marie, tant les références religieuses y sont fréquentes, d'autres à la pensée freudienne. En tout état de cause l'ouvrage aura sur le jeune intellectuel une influence marquante sur sa pensée déjà féconde. Une pensée influencée par un troisième élément. « À peu près à la même période, raconte Alain Pompidou, mon père, alors en terminale au lycée d'Albi, envoie une carte postale à son ami d'enfance Robert Pujol. Y est représenté un monument aux morts et au dos de la carte postale, ces mots : "Voilà ce que je vois tous les matins en me réveillant. Tu vois comment j'ai été élevé. Dans le culte de la patrie." Pour Georges Pompidou, une des valeurs essentielles, c'était le culte de la patrie, poursuit Alain Pompidou, le culte de la France à laquelle il appartenait. Le deuxième aspect qui montre bien la complexité du personnage, c'est que, si vous allez à Murat où ses parents, tous les deux instituteurs, se sont rencontrés, il y a à la mairie une sorte d'épitaphe, en fait une citation de Georges Pompidou : "À Murat, la ville ou j'ai été promis à la vie." C'est à la fois poétique et plein de convictions. Ce n'est pas une phrase neutre, d'un côté un grand patriote élevé dans le sens du culte de la patrie, de l'autre le mystère de la vie traduit par le fait que Murat n'était pas la ville où ses parents l'avaient conçu, mais la ville où il avait été promis à la vie. C'est quasiment de la poésie. Le culte des morts d'une part, une révélation poétique d'autre part. » Le futur président est, comme on le voit, un personnage complexe, pratiquant l'introspection, un intellectuel sensible à sa manière aux mystères de la vie et de la mort.

Le culte exige un Dieu. Pompidou, sans doute lassé de celui des morts, se verrait volontiers en trouver un vivant. Il est donc à de nombreux égards dans les meilleures dispositions en ce jour d'août 1944 où les Français fêtent la libération de Paris et voient se profiler la fin de la guerre. « Mon père était à ce moment-là véritablement prêt intellectuellement et spirituellement à s'identifier à un personnage référent. Il était avec ma mère sur les Champs-Élysées, ils ont vu le général de Gaulle passer devant eux. Et mon père s'est dit alors que c'était cet homme-là qui allait reconstruire la France, que de Gaulle finalement avait ce quelque chose de transcendantal auquel il aspirait lui-même. » D'une certaine manière, il y avait donc comme une cohérence entre l'homme que fascinaient les dieux de l'Antiquité et celui qui regardait ce jour-là passer Charles de Gaulle.

C'est au lendemain de cette prise de conscience, très précisément dix-sept jours plus tard, que Georges Pompidou écrit à son ami René Brouillet, normalien comme lui, directeur adjoint du cabinet du général de Gaulle, la lettre restée célèbre dans laquelle il fait très directement acte de candidature, arguant de sa volonté d'être utile. Et d'une certaine impatience née d'une lassitude à décliner Rosa « la rose ». Pompidou sait à qui il s'adresse. René Brouillet est un homme de confiance du général. Un homme dont le profil est loin d'être anodin dès lors qu'il est question des relations qu'entretiennent et entretiendront le général de Gaulle et le Vatican. René Brouillet a été premier conseiller à l'ambassade de France près le Saint-Siège entre 1953 et 1958. Il sera par la suite nommé ambassadeur entre 1964 et 1974, et à ce titre un lien précieux entre de Gaulle, puis Pompidou plus tard, et le Vatican. René Brouillet est un croyant, faut-il le préciser, de ceux qui auront une action décisive au service de l'État gaullien mais également pompidolien dans leur rapport respectif avec la papauté. C'est lui qui organisera enfin pour le compte de Georges Pompidou la visite privée que fait en janvier 1969 à Rome l'ex-Premier ministre, bientôt candidat à la succession du général. Parenthèse fermée.

René Brouillet fait donc rentrer Georges Pompidou au cabinet de Charles de Gaulle. L'histoire retiendra que c'est un croyant, un homme de foi qui permit à Georges Pompidou de travailler pour son « Dieu ». Mais il ne s'agit là que d'une coïncidence.

Les années qui suivront seront d'ailleurs bien davantage marquées par le travail que par la quête de spiritualité. Ce sont les débuts auprès du « libérateur », la confiance mutuelle qui s'installe, le départ du général en 1946 de la présidence du gouvernement provisoire, le Conseil d'État pour Georges Pompidou, puis la direction du cabinet du général à partir de 1948 jusqu'en 1954. Cette année-là s'annoncent les premières étendues et contreforts d'un désert dont le général s'impose la traversée et dans lequel il va puiser, à l'instar du Père de Foucauld cinquante ans plus tôt, force et convictions nouvelles. À l'inverse s'ouvrent pour Georges Pompidou, dans le même temps que les portes de la banque Rothschild, celles d'une vie d'épicurien où l'argent n'est plus un souci et où l'art peut s'inviter à toute heure dans un univers devenu celui d'esthètes mondains et élitistes que les Pompidou fréquentent dès lors avec une assiduité gourmande et débridée. Tout en passant désormais nombre de week-ends à Orvilliers, dans le département des Yvelines, où le couple a fait l'acquisition, grâce au frère de Claude Pompidou, Alfred Houssaye, d'un ancien relais de postes, la Yoyette, rebaptisé la Maison blanche. Une propriété qui sera fréquemment le théâtre de soirées littéraires et philosophiques ou plus simplement de réunions de famille. « Le dimanche, nous allions à la messe, se souvient Alain Pompidou, à Richebourg ou à Orvilliers », confirmant ainsi que son père n'a jamais abandonné la pratique religieuse même s'il s'en est parfois éloigné pour des raisons qui tenaient aux charges qui étaient les siennes. Quand le couple Pompidou se trouve à Orvilliers, en vacances en Bretagne ou à Cajarc, il est ainsi fréquent de le voir assister à la messe et de serrer quelques mains à la sortie de l'office dominical. Et il en sera de même quand il viendra séjourner au fort de Brégançon, lieu de villégiature des présidents de la République française. La petite église Saint-Trophime de Bormes-les-Mimosas l'y verra passer plus d'une fois. Il n'est d'ailleurs pas anodin que le parvis de l'église porte son nom puisque c'est lui qui l'offrira à la paroisse ainsi d'ailleurs que le cadran solaire ornant désormais la façade de l'édifice. Ce ne sera pas la seule fois qu'il aura de telles attentions. Toujours sur ses fonds privés, Georges Pompidou participera en effet dans les années soixante-dix aux travaux de rénovation des églises Saint-Georges de Richebourg et Saint-Martin d'Orvilliers, et notamment à la restauration des boiseries et d'un retable du XVIIe siècle dans la première citée. L'homme est ainsi fait : un mélange d'attention et d'indifférence, de proximité et de distance dès lors qu'il s'agit de la religion.

Sa pratique n'est pas assidue. Car sa vie n'est pas gouvernée par un quelconque catéchisme de référence. Mais il n'en conserve pas moins, et cela peut paraître à certains égards surprenant, un respect pour une tradition dont certains croyants plus fervents s'affranchiront au fil des années. « Je n'ai jamais vu mon père communier, témoigne ainsi son fils Alain. J'ai vu ma mère le faire, je le faisais pour ma part, mais mon père jamais. Je ne l'ai pas davantage vu prier. J'ai vu en revanche mon père se signer et s'incliner devant l'autel, mais seulement quand le saint sacrement était dans l'église… Peut-être que par habitude, il mettait sa main dans le bénitier pour transmettre quelques gouttelettes d'eau à ma mère de façon à se sanctifier mais c'était plus par habitude. Je ne l'ai jamais vu s'incliner ne serait-ce que de la tête dans une église où le saint sacrement n'était pas présent… » Attitude que d'aucuns considéreraient plus conforme à celle d'un vrai catholique. « Aujourd'hui, poursuit Alain Pompidou, tout le monde communie, on ne se confesse plus nécessairement, c'est sans doute l'effet de

Vatican II. Mon père considérait justifié ce besoin de réforme qui a débouché sur le concile Vatican II entre 1962 et 1965. Mais pas de n'importe quelle réforme. Le reproche qu'il a pu faire à l'Église catholique, c'est d'avoir été à ses yeux trop loin dans ce réformisme. » S'il est vrai que le chrétien Georges Pompidou est très attaché au beau parler français, et il n'y a aucun doute sur ce point, il restera en effet toujours partisan de la messe en latin.

Personnalité décidemment complexe que celle de cet homme. Complexité qui en fait un être sans cesse partagé entre la pulsion moderniste, réformatrice, et une forme de nostalgie ou d'affirmation traditionnaliste. Cette complexité, à moins qu'il ne s'agisse d'une de ces contradictions inhérentes à chacun de nous, se retrouvera dans nombre d'autres secteurs de la vie lorsque Georges Pompidou, nous le verrons, sera confronté comme président à certaines questions sensibles touchant à l'évolution de la société. En matière religieuse, cette complexité particulière lui fait privilégier la dimension sacrée de la messe en latin, tout en acceptant une certaine désacralisation du décorum. « Il aurait sans doute volontiers dépouillé la liturgie à la façon des bénédictins, note Alain Pompidou. Il était par ailleurs tout à fait favorable à l'habit de clergyman pour les prêtres, voire d'un simple costume et d'une petite croix. Il considérait pareillement que la liturgie devait être modernisée, que les habits des enfants de chœur, les plissés de certaines tenues d'officiants appartenaient à une autre époque. Dans le même temps, il désapprouvait le statut de prêtres-ouvriers et en voulait un peu à Jean XXIII pour son excès de réformisme. Traditionnaliste, précise le fils de l'ancien président, il l'était, dans le sens où il considérait que certaines choses devaient ne pas changer, mais au contraire se transmettre, se répéter. Un peu comme ces prières ou ces litanies que psalmodient certains moines ou ermites pendant de longues heures. Cette répétition, mon père en était persuadé, avait une action… nourrissante. Elle permettait selon lui à l'être de s'élever, d'élever son âme. Car nous avons nécessairement quelque chose au-dessus de nous, il en était pareillement convaincu. » C'est sans doute la marque de Georges Pompidou : cet homme pétri de modernité apparaît également comme celui qui lui fixe certaines limites. Comme s'il fallait canaliser, freiner parfois, protéger des excès une société dont il sent bien qu'elle peut à l'occasion s'emballer et briser des tabous qui lui semblent autant de protections nécessaires pour assurer l'équilibre. Georges Pompidou aimait conduire vite la Porsche de sa femme. Mais dans sa manière de se conduire comme de conduire l'État, il aura pu donner l'impression d'avoir en permanence le pied droit sur l'accélérateur et le gauche sur le frein.

Durant toute sa carrière politique, a fortiori durant son court mandat présidentiel, il respectera la séparation très nette qui s'impose selon lui entre les affaires de l'Église et celles de l'État. Ce qui n'empêche nullement l'introspection, la méditation, ni cette forme très personnelle de contemplation que lui inspire l'art sacré dont il est à l'occasion fort curieux. Et dont il peut, comme cela vient d'être écrit, s'improviser le protecteur. L'art sacré : un goût qu'il partagera, entre autres, avec un de ces hommes remarquables dont il fait la connaissance au milieu des années quarante dans l'entourage de Charles de Gaulle : André Malraux. Est-il nécessaire de décrire le potentiel que recèle cette rencontre entre l'homme de *La Condition humaine*, de *L'Espoir*, de *La Voie royale*, et le jeune agrégé de lettres, que seulement dix ans séparent en dehors du prestige. Malraux a déjà un passé riche en la matière et Pompidou seulement un avenir prometteur. L'aîné aime l'aventure, son cadet n'en a guère le goût, mais l'art les réunit dans une même vénération. Leurs conversations seront riches, le sacré ne leur est pas indifférent, même si Malraux se dit agnostique. Si leurs approches diffèrent, tous deux parlent le même langage avec des références communes. L'Antiquité est l'une d'entre elles. Pour Georges Pompidou elle est même essentielle. « Mon père a découvert le sens de la divinité à travers l'Antiquité, à travers les textes grecs, surtout les textes grecs. Car les divinités grecques étaient les grandes divinités et elles le fascinaient. Je me souviens d'un voyage que j'ai fait avec lui lorsque j'avais 16 ans, il venait d'entrer à la banque Rothschild, nous sommes partis en Grèce, un guide nous accompagnait. Généralement, avant même qu'il n'ait ouvert la bouche, mon père nous avait déjà fait un cours. Sur Olympie ou sur le Parthénon. L'art de l'Antiquité, il en était totalement imprégné. Il lui a donné le sens du divin. C'est Malraux qui fera se développer en parallèle chez lui le sens du sacré. André Malraux avait le talent de faire se télescoper les périodes de l'art. Son fil rouge, c'était le sacré. » André Malraux suscitera ainsi chez Georges Pompidou le besoin d'approfondir sa propre expertise du sacré. À travers l'évolution de l'art. De *La Métamorphose des dieux*, dont Malraux publie la première partie en 1957, Georges Pompidou et lui seront capables de parler des heures. Alain Pompidou se souvient d'une semaine d'été passée à Ciboure, près de Saint-Jean-de-Luz, dans une propriété qu'avait louée André Malraux et où ses parents et lui-même avaient été invités : « Mon père et Malraux parlaient du matin au soir sans arrêt. Et moi j'écoutais, j'avais 12 ou 13 ans donc j'étais à même de comprendre ce qui se disait. J'ai souvenir de raccourcis sur l'art qui étaient absolument extraordinaires. Lascaux, Angkor, Soulages, tout était matière à réflexions, échanges et débats entre eux. Le soir, avant de me coucher, je m'entends encore me plaindre à mes parents d'avoir comme des turbines dans la tête. Je me souviens également qu'André Malraux m'a donné un de ses livres, c'était justement *La Métamorphose des dieux*. J'ai gardé en tête l'une des phrases de ce livre. “Et l'accent des sculpteurs oublié depuis des millénaires est aussi invulnérable à la succession des empires que l'accent de l'amour maternel." »

Les deux couples sont devenus proches. Intimes. Georges publie en 1955 un recueil de textes d'André Malraux. Lui, de son côté, fait connaître à son ami certains de ceux qui comptent à ses yeux. En particulier, le père Couturier, qui à bien des égards a tout pour éveiller la curiosité et l'intérêt de Georges Pompidou. On ne sait trop distinguer en effet chez ce dominicain la part de ce qui appartient à l'ecclésiastique et celle dont se nourrit l'artiste. Un homme de foi, à la figure d'ascète, mais également un peintre de talent, auteur de fresques remarquables et ami des peintres de son temps. Non conformiste par nature, ouvert aux mondes de ceux qui ne prient pas, Marie-Alain Couturier codirigera longtemps la revue *L'Art sacré*. Un art dont il ne cessera de défendre la cause. Le père fait partie de ces hommes prompts à marier la foi et l'expression artistique. Une église, pense-t-il, se doit même d'être l'écrin naturel des œuvres spirituelles de son époque. Fussent-elles nées de mains profanes. Inutile de dire qu'une telle conception sera loin de faire l'unanimité et sera même l'objet d'une controverse très officielle. Dans laquelle Georges Pompidou n'aura guère de difficultés à se situer. Il ne peut qu'approuver et partager les termes d'un article que le père publie en 1950 dans sa revue. Article dans lequel il regrette à nouveau la frilosité de l'Église en matière artistique, et l'indifférence qu'elle manifeste vis-à-vis des grands artistes et architectes français. Il vaut mieux, ajoutera-t-il, et cette phrase le résume plus justement que de longues homélies, s'adresser à des hommes de génie sans la foi qu'à des croyants sans talent[1]. Georges Pompidou se retrouve dans les aspirations

---

1. Cité dans Dominique de Ménil et Pie Duployé, *Art sacré. M. A. Couturier*, Herscher, 1983, p. 34.

de cet homme-là... même si la foi du fondé de pouvoir de la banque Rothschild souffre singulièrement à cette époque-là de la comparaison avec celle qui anime l'homme d'Église. Peu importe. Car ces conversations qu'ils improvisent parfois à trois, Malraux, Couturier et Pompidou, ne sont pas centrées sur l'analyse du fait religieux à proprement parler mais plutôt sur l'analyse des conceptions du sacré que véhiculent les différentes religions dans le monde. André Malraux se passionne pour le sujet. Pompidou et le père Couturier lui fournissent matière à inspiration pour des livres encore à venir. Georges Pompidou se sent là comme dans son élément. Il reconnaît la mécanique de ressorts qui jouent en lui dans ce surprenant dominicain qui, entre autres missions qu'il s'est données, parviendra à mobiliser le ban et l'arrière-ban du monde de l'art contemporain, les plus grands artistes de la première partie du XXe siècle au cœur du diocèse d'Annecy. Sur le plateau d'Assy où vient d'être érigée, face au Mont-Blanc, l'église Notre-Dame-de-Toute-Grâce. Proche du chanoine en charge de ce chantier, le père fera venir les plus grands, ses amis et, conformément à sa philosophie, croyants comme non croyants : Rouault, Matisse, Léger, Chagall, Bonnard, Lurçat, Braque. Ils vont marquer de leur empreinte ce lieu qui consacre de façon choquante pour les plus traditionnalistes, enthousiasmante pour les autres – dont Georges Pompidou – la rencontre du culte millénaire et de l'art contemporain. Un mélange qui inspire naturellement Georges Pompidou, poète à l'écoute du chant de la terre, dès que lui en parviennent les vibrations originelles et parfois mystérieuses.

De façon assez inattendue, les sites mégalithiques sont ainsi pour lui depuis toujours un théâtre propice aux interrogations intimes. Lieux de culte, sépultures, lieux sacrificiels ou druidiques orientés vers des constellations lointaines. « Georges Pompidou, analyse son fils, se sentait attiré par ces endroits ou des hommes avaient non pas cherché, mais eu l'occasion de toucher au divin et vivre, qui sait, une forme de transcendance. À Carnac bien sûr mais également dans le Lot. Dans le pays bigouden également. La chapelle du Languidou le subjuguait. Comme le calvaire de Tronoën, le plus vieux calvaire breton. Le seul calvaire en Europe et dans le monde où l'on peut voir la Vierge allongée, seins nus, entourés de symboles de fécondité. Mon père était transporté par ce calvaire ! » De Tronoën à Notre-Dame-de-Toute-Grâce, en passant par ces églises romanes dont il connaissait parfaitement la carte de France, Georges Pompidou n'aura cessé d'interroger le ciel.

C'est indirectement grâce à André Malraux que va se tisser la relation entre le couple Pompidou et un autre représentant de la grande famille des dominicains. Le ministre de la Culture est en cette fin mai 1959 l'invité du gouvernement grec pour la première illumination de l'Acropole. Claude Pompidou figure sur la liste des invités du ministre et en profite, loin de ces mondanités dont elle ne raffole guère, pour faire un peu de tourisme du côté de Delphes et des monastères byzantins de Daphnie et d'Osios Loukas. Un guide sera mis à sa disposition : un Français qui vit alors à Athènes et qui accepte avec joie de piloter Mme Pompidou ainsi que Gauthier, le fils aîné de Malraux. Il est prêtre et se nomme Raymond Léopold Bruckberger. Un personnage, à tout le moins, guère conforme à ce que dans un trait d'humour on pourrait appeler le prêtre étalon. Ce modèle-là n'est pas déposé au Pavillon de Breteuil... Proche du général à la Libération, prédicateur, résistant, journaliste, ami du « Tout-Paris qui fait si peur », réalisateur et scénariste de films – qui ne se souvient du *Dialogue des Carmélites* ? –, homme et électron dont la liberté est attestée, dirait le juriste, par la présence... de plusieurs maîtresses. Amoureux de l'Antiquité, de ses dieux et déesses, ce qui à l'évidence constitue un bon passeport pour la Pompidolie. Les origines auvergnates de Bruck, ainsi que l'appellent ses amis, compléteront le tableau : il est originaire de Murat, la ville où les parents de Pompidou exerçaient leur profession d'instituteurs, ce qui crée des liens, l'instituteur et le curé ayant de tout temps eu des choses à se dire. Georges Pompidou fera la connaissance de Bruck quelques mois plus tard. Et l'amitié s'installe. Si le père Bruckberger vient parfois déjeuner avec Claude Pompidou quai de Béthune, il n'est pas rare que le Premier ministre l'invite de son côté à discrètement déjeuner en tête à tête. Du moins l'écrira-t-il. Les deux hommes y parlent de tout et de rien. Librement, de leurs racines communes, de l'évolution de la société. De religion, peu. De politique, jamais. Ou de façon très distante. Comme en 1968, où Pompidou, qui vient d'enterrer son père et que de Gaulle vient de se mettre en réserve de la République, lui dit en confidence : « Dans la même semaine, j'ai perdu deux fois mon père[1]. » De Gaulle, « le père »... À ceux qui douteraient encore de la représentation quasi mystique que se faisait Georges Pompidou du général, un élément de réponse semble donné dans les mots employés ce jour-là par celui qui à cet instant précis de sa vie politique se sent comme abandonné... par « son père ».

Les deux hommes se reverront plus tard. Mais plus rarement. Dans les derniers mois de sa vie, le président, qui se sait alors gravement atteint par la maladie, se replie peu à peu sur lui-même, dans cet Élysée que le père Bruckberger a rebaptisé son « Carmel doré ». « Je sentais, écrira-t-il dans ses Mémoires, que ce fils de la "laïque" glissait au fond de l'abîme de la prière. Car la prière n'est pas toujours ce qu'on croit, ce peut être un précipice affreux, comme le suicide, seul refuge d'une âme traquée. En aparté parfois, il y faisait quelque allusion,

1. *À l'heure où les ombres s'allongent*, R. L. Bruckberger, Albin Michel, 1989.

en me disant au revoir, avec son bon sourire, se moquant de lui-même par pudeur : “Bruck, priez quand même pour moi, de loin en loin, si vous y pensez !”[1] » Plus tard, le sulfureux dominicain n’hésitera pas à s’attribuer quelques titres de gloire. Celui en particulier d’avoir remis Georges Pompidou sur le chemin de la foi. Ce que la famille contestera.

La relation qu’entretient Georges Pompidou avec le monde de la religion ou le royaume de Dieu est faite d’allers et de retours, de croisements, de lignes brisées. Mais jamais de sens uniques. Il aime la compagnie des hommes qui doutent comme celle de ceux qui croient. Pourvu que l’art, l’histoire, la poésie ne soient jamais trop loin. André Malraux, agnostique mais nostalgique de Dieu à tel point qu’il semblera souvent dans ses écrits en souhaiter le retour, le père Couturier, apôtre de l’art sacré, le père Bruckberger, amoureux comme lui du Panthéon de la Grèce antique, ou encore un certain Jean-Marie Lustiger, jeune aumônier de la Sorbonne qu’il reçoit à l’occasion à Matignon. « Le Premier ministre aimait sa compagnie », témoigne Henri Tincq dans la biographie qu’il consacre en 2012 au cardinal archevêque de Paris. « Il aimait notamment l’interroger sur l’état d’esprit des étudiants[2]. » L’échange ne se limite d’ailleurs pas au champ de l’actualité. Comme plus tard avec François Mitterrand, la relation entre Pompidou et Lustiger est celle de deux brillants intellectuels qui abordent volontiers des sujets moins temporels. L’art en fait partie. Et le père Lustiger est loin d’être indifférent au génie de l’homme en cette matière.

La campagne présidentielle de 1969 sera courte. Un mois tout juste entre l’annonce du départ du général le 28 avril et le 1er tour fixé au 1er juin. Dans le camp de la droite, en

1. *Ibid*, p. 148-149.
2. Henri Tincq, *Jean-Marie Lustiger, le cardinal prophète*, Grasset, 2012.

position de challenger face à Pompidou, Alain Poher. Un centriste venu du MRP, chrétien de souche, européen dans l'âme. Est-ce par tactique politique ou par conviction, toujours est-il que certains observateurs croiront pouvoir déceler de la part de Georges Pompidou un regain d'intérêt pour la messe du dimanche. Les politiques en campagne savent ratisser large, il est vrai, et il ne leur est pas interdit de faire preuve d'opportunisme mais il semble que l'analyse ne soit pas totalement fondée.

C'est en effet à Orvilliers, à compter du milieu des années cinquante, que Georges Pompidou renoue avec une pratique religieuse plus régulière. Comme si l'énergie dépensée auprès du général avait rendu nécessaire une pause, une introspection, une mise au point. Après avoir commencé son initiation aux délices et aux poisons de la politique, commencé à identifier les petites ambitions qui n'ont pas tardé à s'exprimer dans l'entourage du grand homme lors de la courte aventure du RPF, et alors même qu'il mène désormais à la banque Rothschild une vie facile et gratifiante, tant sur le plan intellectuel que financier, Georges Pompidou éprouve un manque et donc un besoin, et il l'écrit : « Celui de pouvoir aider largement autour de soi et de faire un peu de bien. [...] Il faut bien que ce que je gagne serve[1]. » « De même qu'il avait été promis à la vie à Murat, ajoute Alain Pompidou, de même qu'il avait été élevé dans l'image du monument aux morts, petit à petit il s'est mis à rentrer dans une pratique religieuse faite tout à la fois de mécénat et de générosité. » Il aide matériellement les prêtres du diocèse, contribue à des œuvres sociales. Celles de Suzanne, la femme de son ami Pujol. Redécouvre peu à peu les bonheurs simples de la famille. Trois générations se retrouvent à la Maison blanche, grands-parents, grand-tantes,

1. Lettre à son ami Robert Pujol, janvier 1959, citée dans Alain Pompidou, *Georges Pompidou. Lettres, notes et portraits,* Robert Laffont, 2012.

parents, Alain et ses cousines. « Le creuset familial, explique Alain. On allait tous ensemble à la messe, en meute, comme des bons bourgeois, et mon père accompagnait ma mère. Il est ainsi rentré progressivement dans la pratique religieuse. Du jour où il n'y a plus eu la meute familiale, il a continué à aller à la messe. [...] Il en ira de même à Cajarc où il assistait à l'office. Il ne priait pas. Il assistait à l'office. »

Dans les Yvelines, il fréquente indifféremment les églises d'Orvilliers et de Richebourg. Indifféremment mais, à partir du moment où l'OAS fera peser une menace sur le général comme sur son entourage, c'est sur les conseils de ses services de sécurité qu'il le fera, tout en changeant les itinéraires qui lui sont habituels. Bien lui en prit. Par deux fois, les agents chargés de sa protection trouveront des armes cachées dans l'église, dont une fois dans un confessionnal. Un militant de l'OAS, selon Alain Pompidou, sera même arrêté en possession d'un pistolet-mitrailleur.

Georges Pompidou ne changera guère ses habitudes au cours des années qui suivront. Il lui prend même parfois l'envie d'une pensée très chrétienne à l'occasion d'un discours ou d'une préface. Les mots qu'il prononce à l'occasion du cinquième centenaire de la cathédrale Saint-Pierre de Saint-Flour dans ce Cantal dont il fut l'enfant et le député, apparaissent ainsi comme ceux d'un vrai croyant. « Une cathédrale qui atteste, selon ses termes, au cœur même de la France, la vocation permanente de notre patrie : la prière au service de la liberté[1]. » Les offices auxquels Georges Pompidou assistera durant la campagne présidentielle de mai 1969 n'auront donc rien à voir avec un électoralisme déplacé mais tout à voir avec un choix personnel. Sa visite au pape Paul VI au mois de

1. Texte de Georges Pompidou cité en avant-propos du livre de Joël Fouilheron consacré à la cathédrale de Saint-Flour.

janvier précédent, pas davantage. Qu'en revanche, interrogé sur son avenir par des journalistes suisses en février à Genève, le futur candidat réponde en ces termes : « J'aurai, si Dieu le veut, un destin national », a sans doute une signification plus profonde. Que précise encore une correspondance avec François Mauriac en juillet 1968. Georges Pompidou, donnant raison à l'illustre homme de lettres, écrit à propos des événements des mois précédents : « Comme vous le dites, quand on cherche à aller au fond des choses, c'est bien du désarroi d'un monde sans Dieu que nous avons été témoins[1]. »

Georges Pompidou peut ainsi avouer, quelques semaines seulement après avoir pris la mesure de l'une des plus grosses crises de bipolarité jamais connues en France, comme une nostalgie de Dieu. Cette société qui vient de vivre l'une de ses plus grosses fièvres de vie, de liberté, qui vient de faire sauter quelques soupapes de sécurité et de faire péter quelques durites, cette société-là est à cent lieues du monde de Pompidou. Pas ce monde qu'il a continué de fréquenter, Premier ministre, lui pour qui les portes de l'art sont ouvertes en permanence comme celles de ses porte-étendards les plus prometteurs. Non, pas ce monde-là. Mais plutôt celui, plus profond, de la France dite de toujours dans laquelle le Premier ministre – encore pour quelques semaines – se promène avec autant de plaisir que dans ses galeries parisiennes. Toujours ce même constat chez Georges Pompidou, toujours cette même proximité, toujours peut-être cette même contradiction entre ce vers quoi les modernes l'attirent et ce pour quoi les anciens le retiennent. Il cherche avec Claude les racines de ce mal ou de ce bien que disent les manifestants de la rue Gay-Lussac ou les envahisseurs de la Sorbonne. Cherche-t-il un Dieu dans ce désordre ? Rien n'est exclu. D'autant que

---

1. Alain Pompidou, *Georges Pompidou. Lettres, notes et portraits*, *op. cit.*

son Dieu terrestre a donné comme un signe de faiblesse, en jouant les Arlésiennes... quelques heures à Baden-Baden. La succession, discrètement, s'ouvre.

Pompidou président n'aspire pas à devenir le dieu des Français. En aucun cas. Son ego se contente de beaucoup moins. Et sa conception des relations entre l'Église et l'État l'en dissuaderait encore si d'aventure il faiblissait. Sur ce point, s'il se situe dans la droite ligne de celle que s'était imposée le général, quelques détails vont changer. La chapelle privée que de Gaulle avait fait installer dans une petite pièce d'une aile de l'Élysée n'accueillera plus ces offices du dimanche que venait célébrer un père missionnaire, le propre neveu de Charles de Gaulle parfois, quand le général se voyait contraint de rester le week-end à Paris. « J'avais un ami, raconte le fils de Georges Pompidou, qui était vicaire de la cathédrale de Laval. Un grand ami puisque je l'ai rencontré quand j'avais 10 ans en vacances et je le voyais fréquemment, pratiquement tous les jours après l'élection de mon père. Ce vicaire me dit un jour : “Il faut un aumônier à l'Élysée.” J'ai été en parler à mon père et je lui ai dit qu'un abbé de ma connaissance serait très content de devenir aumônier à l'Élysée. Je garde en mémoire la réponse que mon père m'a faite alors : “Un aumônier à l'Élysée ? Mais il n'en est absolument pas question. Le service de l'État doit en toutes circonstances être distingué des convictions profondes, lesquelles sont indépendantes de la politique.” » Un autre candidat tentera l'aventure... après s'être recommandé de l'archevêché de Paris. Sans plus de succès. La chapelle sera, quant à elle, entretenue. Mais ne servira plus.

Indépendant des autorités religieuses, Georges Pompidou mettra un point d'honneur à l'être. L'Auvergnat ombrageux, jaloux de son pouvoir temporel, fera là encore passer en toute occasion le sens de l'État avant toute autre considération, a fortiori personnelle et confessionnelle. Les relations qu'entretiendra le président Georges Pompidou avec l'épiscopat et la papauté ne seront donc pas nécessairement un chemin jonché de lys et d'arums. Le fait que certains prélats se soient comme sentis portés par l'esprit de Mai 1968 ne fera que favoriser la réaction épidermique d'un président que n'a pas touché cette grâce-là, très loin s'en faut. Ainsi ne donnera-t-il pas suite quand Mgr Marty, archevêque de Paris, lui demandera d'intervenir en faveur de quelques militants de la gauche prolétarienne, soutenus par Jean-Luc Godard et Jean-Paul Sartre, condamnés lourdement par la justice après avoir investi début 1973 la basilique du Sacré-Cœur à Paris. Pour en être délogés manu militari par les forces de l'ordre quelques heures après. Georges Pompidou ne fait pas mystère des sentiments que lui inspire Mgr Marty, soupçonné d'une forme de gauchisme ecclésiastique par le président. Mgr Marty a beau être d'origine aveyronnaise, aucune solidarité ne semble devoir jouer. Le prélat demande alors à être reçu « en homme d'Église » par le chef de l'État. La réplique ne tardera pas : « Que Mgr Marty vienne à l'Élysée en homme d'Église. Il y sera reçu comme un homme d'Église par un président qui essaie d'être un homme d'État... » L'affaire s'arrêtera là.

Ce ne sera pas le seul épisode du genre. Les essais nucléaires français, dans les atolls de Mururoa et de Fangataufa, constitueront une nouvelle pomme de discorde. Les évêques français ont déjà eu l'occasion de manifester, sans que le pape y trouve d'ailleurs à redire, leur désaccord. Cette année-là, la commission Justice et Paix de la Conférence épiscopale avait, en effet, pris position contre la course aux armements. Le président avait en réponse fait valoir quelques arguments en commençant par citer Victor Hugo : « Prêtres, je sais cela, mais la patrie existe. Un argument paraîtra peut-être inattendu dont il me semble qu'il a sa valeur. Parmi les pays concernés, il y a, si j'ose dire, quatre religions : catholique, protestante, juive et marxiste. Il se trouve que les principaux États à direction protestante, que les États à direction marxiste et que l'État juif sont surarmés. Faut-il donc empêcher le moins sous-armé des États catholiques de poursuivre cet effort[1]. » Mais un communiqué de l'évêque d'Orléans, Mgr Guy-Marie-Joseph Riobé, va mettre le feu aux poudres quelques semaines plus tard, dans sa déclaration parue dans *La Vie diocésaine* du mois de juillet 1973, intitulée « Non aux armes nucléaires » : « Au moment où un grand nombre de peuples sont atteints de découragement et de révolte devant la perspective d'un nouveau développement des armes nucléaires, je me dois, dans ma conscience d'homme, de chrétien et d'évêque, en plein accord avec de multiples et fortes déclarations de l'Église, de dire non aux armes nucléaires, et cela indépendamment de toute considération d'ordre international. Aucun intérêt politique et économique d'aucun peuple ne saurait justifier l'emploi de la bombe atomique. Prétendre que c'est une force de dissuasion, c'est supposer qu'on a l'intention de s'en servir si l'on est attaqué. On n'a pas le droit de nourrir pareil projet. La France serait si grande si elle affirmait à la face du monde : "J'ai le pouvoir de faire des expériences nucléaires, et de posséder la bombe atomique : j'y renonce pour le bien de la paix." Il faut croire à la puissance des valeurs morales, à la force de la non-violence. Tout Français soucieux d'un avenir pacifique se doit de manifester de manière efficace sa désapprobation la plus énergique en regard de toute politique d'escalade atomique. »

1. Extrait de la lettre à Mgr Ménager du 8 mai 1973. Alain Pompidou, *Georges Pompidou. Lettres, notes et portraits*, *op. cit.*

Des propos qui susciteront à la veille du traditionnel défilé militaire du 14 juillet 1973 une réplique cinglante du chef d'état-major de la marine en personne, l'amiral Marc de Joybert. Réplique dont personne ne doute qu'elle ait reçu l'aval du président de la République. Le militaire, après avoir précisé être lui-même croyant, engagera ce jour-là « ces messieurs de la prêtrise » à « s'occuper de leurs oignons », c'est-à-dire de ce qui les regarde au nom d'une séparation bien comprise de l'Église et de l'État. Et ce qui les regarde et dont ils ont la charge, c'est d'« enseigner la foi et de répandre la charité ». Fermez le ban. Le tout devant les caméras de la télévision française. Une mise au point qui, si elle est appréciée à sa juste valeur dans les couloirs de l'exécutif, sera en revanche fort mal prise par l'archevêque de Paris, lequel décidera à compter de cette date de ne plus être présent dans la tribune réservée aux grands corps d'État, lors des cérémonies militaires, le jour de la fête nationale.

Le président Pompidou nourrit à l'époque plus que de simples préventions vis-à-vis de la hiérarchie religieuse, instruit en cela par l'évolution de cette dernière durant la période récente où il était encore le Premier ministre du général. En observateur averti et curieux de l'évolution de l'Église, Georges Pompidou avait intégré dans son logiciel personnel l'attractivité exercée par les mouvements protestataires qui s'étaient exprimés durant les années soixante, ainsi que la volonté de nombre de responsables religieux de ne pas s'en tenir à l'écart quand il ne s'agissait pas de l'épouser plus ou moins officiellement. Il avait, par ailleurs, noté cette crise de vocations qui préoccupait l'Église depuis le début de la décennie soixante et en bon politique, il avait établi un lien entre cette crise existentielle et les aspirations nouvelles exprimées par quelques dignitaires religieux. Des dignitaires nouvellement apparus sur le devant de la scène et Mgr Marty, nommé en 1969 par Paul VI, en faisaient partie. Il avait pareillement noté, durant ces années Matignon, le rapprochement qui s'était fait presque naturellement entre les mouvements de gauche et le clergé. Et l'avait analysé comme l'une des conséquences de ce concile Vatican II dont il n'avait, en chrétien finalement assez traditionnaliste, pas véritablement approuvé les conclusions ni l'esprit de réforme. Il ne goûtera pas davantage, on le sait, la modernisation excessive de la liturgie, et encore moins l'apparition durant cette période de la théologie de la libération, véritable passerelle entre chrétiens et marxistes, dont la Jeunesse étudiante chrétienne sera l'une des premières têtes de pont. Les œillades prononcées du Parti communiste en direction des chrétiens français achèveront de le convaincre qu'une alliance contre nature se prépare sur le thème de la lutte des classes. Georges Pompidou, s'il ne renie rien de ses origines populaires, des options jaurésiennes qui furent celles de sa famille, et des premiers engagements qui furent ceux de son adolescence, nourrit en revanche une hostilité déclarée vis-à-vis des communistes. Il assiste donc à cette tentative de débauche des chrétiens, qui plus est avec l'assentiment de certains d'entre eux, sans la moindre compréhension. Même s'il peut encore comprendre que cette jeunesse nombreuse et bouillante issue de l'après-guerre puisse vouloir s'affranchir de vingt ans d'un régime gaulliste que l'usure semble avoir frappé – en 1971, à Carcassonne, des prêtres iront jusqu'à refuser de célébrer une messe anniversaire pour le général, décédé un an plus tôt[1] –, il en fait une question d'autorité de l'État. D'autant que cet État, il le représente désormais. Et que son élection, il la doit aussi à un électorat chrétien sans doute conservateur qui ne lui a pas fait défaut dans les urnes de 1969.

1. Marcel Albert, *L'Église catholique en France sous la IVe et la Ve République*, Éditions du Cerf, 2004.

Si, en bon Auvergnat, Georges Pompidou n'efface pas de sa mémoire cette période de troubles qui vient de marquer durablement et profondément le pays, le président qu'il est devenu tente néanmoins, avec le bon sens terrien qui le caractérise et ce sens de la mesure hérité tant du prêtre que de l'instituteur de son enfance, de se faire l'apôtre d'une forme de coexistence pacifique. Fondée, il n'en démordra jamais, sur une conception stricte de la séparation de l'Église et de l'État, conforme pour l'essentiel à l'esprit des rédacteurs de la loi de 1905. « Dans un pays de vieille tradition chrétienne et libérale comme le nôtre, écrit-il en 1971, à l'évêque de Strasbourg, Mgr Elchinger, il ne doit y avoir entre ces deux institutions que respect mutuel et considération réciproque, dès lors que chacune demeure fidèle à elle-même. » Version adaptée de la morale d'un fabuliste du XVIe siècle, Jean-Pierre Claris de Florian : « Chacun son métier et les vaches seront bien gardées. » Ce qui ne surprendra pas de la part de l'agrégé de lettres et du député du Cantal.

Il n'en reste pas moins que l'évolution de cette société le contrarie et le gêne, en conscience. Celle d'un homme que son éducation n'a pas préparé à un tel bouleversement. Le mouvement hippie, la génération *Peace and Love* qu'accompagnent les nouvelles idoles de Woodstock, les idées révolutionnaires, contestataires et libertaires dont de nouveaux magazines comme *Actuel* ou quotidiens comme *Libération* font la promotion, le cannabis qui fait son apparition ainsi que d'autres drogues plus dures, tout cela n'a décidément rien à voir avec son monde d'ordre, d'art et de poésie. Comme toujours chez cet homme deux aspirations contradictoires se font face. « Souvent je me suis demandé, affirme son fils Alain, comment modernité et tradition pouvaient non seulement coexister, mais s'interpénétrer dans l'esprit et l'action de Georges Pompidou[1]. » Une

1. Alain Pompidou, *Georges Pompidou. Lettres, notes et portraits*, *op. cit.*

interrogation qui ne sera jamais levée. Sur la question de l'évolution des mœurs, sur l'égalité des sexes, sur l'avortement, sur la contraception, autant de questions qui lui seront posées durant son mandat, c'est la tradition qui a priori l'emporte instinctivement sur la modernité. Son esthétisme ne s'accorde pas avec l'image que cette société lui renvoie. L'homme du centre Beaubourg ne ressemble pas à celui qui va devoir faire face au procès de Bobigny, aux manifestations du MLF, au manifeste dit des 343 salopes, que publie le magazine *Le Nouvel Observateur* en avril 1971. Dans ses Mémoires, il écrira : « De nos jours, le recul de la foi, la libération de la femme et le progrès scientifique réunis conduisent à une liberté des mœurs et à une négation des valeurs morales traditionnelles qui font disparaître toute entrave sans rien mettre à la place. [...] Il est clair que, pour ceux qui se donnent la peine de penser et aussi pour une grande partie de la jeunesse, le matérialisme de la société d'abondance ne satisfait pas les aspirations de l'homme et ne donne pas un sens suffisant à sa vie[1]. » Le président fait le diagnostic, tout en avouant une répulsion manifeste à y apporter un traitement. En contradiction là encore avec ce penchant qu'il avoue par ailleurs et qui devrait le pousser à accorder la première place aux problèmes humains et psychologiques. Faut-il en tirer comme conclusion que les aspirations de la société française ne sont pour lui, en ce milieu de siècle, ni suffisamment humaines ni suffisamment psychologiques ? Faut-il imaginer que cette société revendique et manifeste pour seulement tromper son ennui et son mal-être ? Avec le recul que donnent les années, le raisonnement paraît un peu faible. Georges Pompidou n'aurait-il pas plutôt souffert du syndrome qui touche ceux qui président aux destinées d'un pays lorsque ce dernier se trouve à un de ces moments clés où s'impose le désir d'une vie différente ? Sans doute. Les questions nouvelles

1. *Ibid.*

qui lui sont posées vont dès lors le dépasser comme elles avaient d'ailleurs commencé à le faire sous de Gaulle. Le débat sur la contraception féminine avait commencé sous le général. Il se poursuit sous Pompidou. Comme continuent de se poser les questions de l'égalité des sexes, du divorce par consentement mutuel ou de l'avortement thérapeutique. C'est plus globalement d'une mise en cause de schémas discriminants qu'il s'agit. Seulement voilà, Georges Pompidou n'y est pas prêt. Sur la même ligne que le Vatican sur la contraception et aussi réfractaire à l'idée même d'une interruption volontaire de grossesse. Sans doute des questions très personnelles ont-elles joué de surcroît. Quel regard porte un couple ayant dû recourir à l'adoption sur une femme qui désire avorter ? Se poser la question, c'est avoir déjà la réponse. Interrogé au cours d'une conférence de presse sur ces sujets, le président Pompidou concédera certes la nécessité d'une mission chargée d'auditionner toutes les parties prenantes afin de faire avancer la réflexion commune mais aura quelques longues secondes d'hésitation avant de se résigner, contraint et forcé, parce qu'il avouera y répugner, à prononcer le mot même d'avortement.

La société s'est lentement éloignée des préceptes de l'Église comme souvent dans les périodes économiquement fastes, mettant en porte à faux ceux qui campent sur leurs certitudes, ne retenant de l'évolution que ce qui les arrange ou leur paraît acceptable et rejetant le reste. C'est en partie le problème de Georges Pompidou.

Libéral quand il s'agit de considérer que l'amour avant le mariage n'est aucunement un péché ou dès lors qu'il s'agit de considérer normale l'indépendance d'esprit et la liberté d'action de son épouse Claude, mais très vite conservateur dès lors qu'il s'agit d'égalité des sexes. « La complexité de Georges Pompidou, confie Alain Pompidou, est liée aussi à un certain nombre de tabous sociaux. Tout ce qui était sexuel était quasiment tabou dans la famille. On n'en parlait pas ! Que ce soit l'adoption, qui est une forme de substitut à la sexualité, que ce soit la sexualité par elle-même, que ce soit la jouissance physique, sexuelle, par elle-même, jamais je n'en ai entendu parler ! Je me suis d'ailleurs formé tout seul ! Jamais on n'en a parlé. Je n'ai jamais dans la famille entendu un quelconque jugement de valeur sur la sexualité. Pas plus sur l'homosexualité. Je crois que c'était lié en particulier à la façon dont ma mère et ma tante avaient été éduquées par un père médecin certes, mais dans une petite ville de Mayenne. Dans cette France et à cette époque-là, on ne parlait pas de ces choses-là. On ne parlait pas des faiseuses d'anges. On ne parlait pas d'interruption de grossesse. On ne parlait pas d'adoption, on ne parlait pas de la sexualité. Il régnait une pudeur générale. » Pas davantage de dialogue dans le couple sur ces questions décidément trop intimes. Pompidou le moderne est à cet égard d'un classicisme achevé. Du fait de cette pudeur naturelle profondément inscrite dans ses gênes, il délaissera donc instinctivement ces questions que se posent pourtant les Français. Les aborder lui demanderait sans doute de trop se montrer, presque de se dévoiler et il ne peut s'y résoudre. À des questions trop personnelles il ne sait répondre qu'à sa manière, laquelle est d'ailleurs plus le signe d'une sensibilité à fleur de peau que la preuve d'une quelconque indifférence. Quand il est par exemple interrogé le 22 septembre 1969 sur l'affaire Gabrielle Russier lors d'une conférence de presse, il préfère répondre en citant Paul Éluard. « Il allait au-delà de cette compassion que pratiquent les religieux. Il s'agissait d'une enseignante, comme il l'avait été, explique Alain Pompidou. Elle était tombée amoureuse d'un de ses élèves, avait eu une aventure avec lui, elle avait été sanctionnée de façon sans doute injuste par l'inspecteur d'académie et le rectorat. Elle s'était suicidée. Il aurait pu citer un texte sacré. Eût-il été de confession juive, il aurait pu citer des phrases du Talmud.

Eût-il été protestant, il aurait sans doute cité la Bible et il finit par choisir Éluard. Ce qui était sans doute à ses yeux l'expression la plus sacrée, celle qui correspondait le plus à cette compassion pudique qu'il ressentait au tréfonds de lui-même. » Une compassion que la charge de l'État lui impose de mesurer néanmoins en permanence.

L'une de ses charges, la plus lourde, confiera-t-il à un journaliste qui l'interroge en cours de mandat sur les ombres et lumières de la fonction présidentielle, est sans hésitation aucune l'exercice des grâces. Georges Pompidou n'a rien d'un théoricien de la peine de mort. Mais tout d'un humaniste. Sa conviction : l'être humain ne peut pas décider de la destinée d'un de ses semblables. À ce titre il aurait sans doute pu, intellectuellement, devenir le promoteur inspiré de l'abolition de la peine capitale. Il ne le sera pas. Car comme le général, mais sans référence aucune pour sa part à un catéchisme universel qui évoque la légitime défense de la société – Pompidou écrira un jour n'avoir jamais conçu le monde en fonction du catéchisme –, il considère que des exceptions se justifient. Dans le cas des meurtriers de personnes âgées, de femmes, d'enfants. La décision de laisser la justice suivre son cours et le bourreau faire son office dans le dossier Buffet et Bontems fin 1972 – comme en mai 1973 s'agissant du meurtrier d'un enfant – illustre cette règle qu'il n'applique cependant que contraint et forcé par une discipline et une forme de pragmatisme qui s'imposent à lui. La politique n'y est peut-être pas non plus étrangère dans un pays encore attaché à la peine capitale et qui s'apprête à voter… aux élections législatives quelques mois plus tard. Possible. Il n'en reste pas moins qu'au lendemain de cette double exécution, ceux qui approchent le président trouveront un homme profondément affecté, miné, comme défait. « Nous avons souvent parlé de la peine de mort ensemble, confie Alain Pompidou. Des discussions courtes mais denses. Il m'a toujours dit qu'il serait intraitable dans les cas de violences sur les plus faibles. Mais ce sont assurément les décisions les plus difficiles qu'il lui ait été donné de prendre. À chaque fois qu'il l'avait pu, il avait choisi la grâce. Il s'était même opposé, alors Premier ministre, au général de Gaulle quand celui-ci avait voulu faire fusiller le général Jouhaud. Il avait même mis alors sa démission dans la balance et de Gaulle s'était finalement rendu à ses arguments. Dans le même ordre d'idées, il s'en est toujours voulu de ne pas avoir obtenu la grâce de Robert Brasillach. » Buffet et Bontems, c'est un crime d'une tout autre nature. Rien à voir avec la trahison supposée d'un militaire en disgrâce ni avec l'exécution d'un écrivain d'extrême droite, figure de la collaboration. Il s'agit d'un crime horrible, après une prise d'otages dans un centre pénitencier, un crime de sang qui méritait la peine de mort. Georges Pompidou fera le choix de ne pas interrompre le cours de la justice des hommes. « En vérité, précise Alain Pompidou, il en a sans doute voulu à ce système de l'avoir amené, lui et lui seul, à se substituer en quelque sorte à celui qui était au-dessus de lui, que ce soit un Créateur, que ce soit Dieu, que ce soit… peu importe celui qu'on vénère. Il était trop humble pour supporter une telle responsabilité sans états d'âme. » Dans une note qu'il écrira le 16 novembre 1972, après avoir reçu les avocats des deux condamnés à mort, Georges Pompidou évoque d'ailleurs précisément et comme souvent brillamment la complexité du droit de grâce : « Finalement le problème est aussi métaphysique, écrit-il. On me dit que Dieu seul a le droit de tuer, pas les hommes. "Tu ne tueras pas", mais alors est-ce Dieu qui a armé Buffet et qui nous interdit de le supprimer ? Si on ne croit pas en Dieu, je ne vois que trois philosophies possibles : l'anarchie naturelle et optimiste de Rousseau, dont j'imagine que personne n'aspire qu'elle puisse s'installer ni survivre. La dictature des aristocrates à qui tout est permis pour le plaisir (Sade). La dictature des partis, des politiques, des tyrans, à qui tout est permis pour l'image qu'ils se font d'eux et leur soif de pouvoir. Si l'on croit en autre chose, à "ailleurs", la peine de mort est un acte comme un autre qui s'apprécie en raisons terrestres politiques, et laisse libre le champ de Dieu. Mais il faut croire. Est-ce que je crois ? Ma réponse la plus vraie, c'est celle de Chatov dans Dostoïevski : "Je croirai en Dieu."[1] » C'est sans nul doute dans ces lignes qu'apparaît de la façon la plus troublante la vérité de Georges Pompidou face à la religion. La vérité que marque, comme souvent chez cet homme, la coexistence de deux possibles et le rejet d'aucun. Si on ne croit pas en Dieu, trois philosophies sont possibles, mais Georges Pompidou les rejette aussitôt. Il croit donc en Dieu. Sa réponse la plus vraie, écrit-il, est celle d'un des personnages des *Possédés* de Dostoïevski : « Je croirai en Dieu. » Donc il n'y croit pas encore totalement mais semble un jour espérer y croire. Je ne sais pas si je crois, dira vingt ans plus tard un autre président, socialiste celui-là. François Mitterrand et Georges Pompidou auraient eu des conversations passionnantes sur ce thème. Au-delà du simple fait que l'un abolira la peine de mort alors que l'autre aurait sans doute aimé pouvoir le faire.

La grâce, il l'accordera, en revanche, en 1971... à Paul Touvier, ancien chef de la Milice dans le Rhône, responsable de la mort de nombreux juifs, condamné à mort en 1947, condamnation prescrite vingt ans plus tard. Vingt ans pendant lesquels Paul Touvier aura été en cavale, trouvant souvent asile et protection chez des prêtres catholiques de ses amis. Dans cette affaire, il ne s'agit donc plus de condamner Paul Touvier, les règles sont établies, mais de rappeler une mesure que prendra Georges Pompidou visant à lever les peines accessoires ou subsidiaires pesant encore sur l'ex-milicien. Cette

1. *Ibid.*

clémence, le président s'en justifiera par la suite, était essentiellement supposée bénéficier indirectement à la femme et aux enfants de Paul Touvier et n'avait à l'évidence aucune autre visée. Subsidiaire ou pas, cette grâce déclenchera polémiques, protestations, mises en cause. Les résistants apostrophent le président. Les juifs ne comprennent pas. Georges Pompidou s'en expliquera en 1972 et exhortera les Français à cesser d'éternellement s'entre-déchirer. Tous ne seront pas convaincus. Une partie de la communauté juive de France notamment. Déjà solidaire des manifestants qui, quelques mois plus tôt, en février 1970, lors du premier déplacement officiel de Georges Pompidou aux États-Unis, ont fait savoir au chef de l'État français tout le mal que leur inspirait sa politique étrangère. De quoi s'agissait-il ? Du feu vert donné par la France à la vente d'avions de chasse à la Libye. Israël proteste, sa presse s'enflamme. Aux États-Unis, sur certains campus, apparaissent des slogans hostiles à la France dont « les parfums, à lire certains, sentiraient de plus en plus le pétrole ». C'est dans ce contexte que quelques milliers d'étudiants juifs américains vont décider de jouer les comités d'accueil à l'entrée de l'hôtel de Chicago où un dîner officiel est prévu le 28 février au soir. La manifestation tourne mal. Des jeunes juifs crachent sur le président et sa femme. Les agents de sécurité doivent intervenir. L'incident diplomatique est évité de justesse. Richard Nixon saura retenir Georges Pompidou alors même que ce dernier menace de faire ses valises et de rentrer en France. Malgré tout, la relation avec les juifs de France s'en ressentira. Une incompréhension croissante face à une communauté devenue sans doute plus militante du fait de l'arrivée des juifs d'Afrique du Nord. Le début de controverse autour du film de Max Ophuls, *Le Chagrin et la Pitié*, interdit sur les antennes de l'ORTF, en avait déjà alerté certains. Mais Simone Veil, qui siégeait alors au conseil d'administration de ladite ORTF, n'était à l'évidence pas plus favorable à sa diffusion que le président de la République. Il est donc permis avec le recul de s'interroger sur l'impact réel de cette interdiction. « Je n'en ai jamais entendu parler, avoue Alain Pompidou. Mon père n'a d'ailleurs jamais manifesté la moindre hostilité vis-à-vis de la communauté juive. Il n'existe pas à ma connaissance de photo de mon père avec une kippa, ou lors d'une célébration juive. Ce n'était pas sa culture mais il la respectait. Comme les autres. Et puis, vous savez, il n'avait guère besoin de se justifier sur ce point : la communauté savait fort bien quels étaient les liens d'amitié entre mes parents et la famille de Rothschild, avec le couple Lazareff ou avec Marcel Bleustein-Blanchet. »

Georges Pompidou aura, toute son existence, tenté de prendre la mesure des choses, des hommes, de Dieu. Quitte à parfois donner l'impression d'essayer de faire s'épouser les contraires. La hauteur de vue du non-croyant face à l'espérance irrationnelle du croyant. Il quittera ce monde sans croire au paradis. Ni d'ailleurs à l'enfer. « L'enfer de Dante, oui, ça lui évoquait quelque chose, s'amuse Alain Pompidou, mais sinon… La rédemption, l'enfer, le paradis, je pense que tous ces éléments, pour mon père, étaient en fait des fioritures d'ordre liturgique. Il y voyait surtout des catalyseurs pour la foi. Des images d'Épinal supposées illustrer la récompense ou la sanction finale et marquer les esprits. Pour lui, c'était accessoire par rapport à l'essentiel. L'essentiel, c'était l'émanation du sacré, l'essentiel, c'était ce qui permettait à l'être humain de se surpasser lui-même, d'exprimer talent, créativité, de se transcender et de permettre enfin la réalisation d'une œuvre d'art exceptionnelle. Qu'il s'agisse de musique, de peinture, d'architecture, qu'il s'agisse de cette poésie, qui représentait véritablement pour lui le sommet de la création artistique. »

Georges Pompidou ne s'est pas vu partir. Quelques heures avant sa mort, il croit encore que les médecins auront raison du mal et sauront calmer sa souffrance comme ils le font depuis des mois. Il n'ignore rien de la maladie dont il souffre. Il sait que son évolution peut être lente... ou plus rapide. Ce qui explique qu'il décide la rédaction d'un testament, dès 1972. Un testament dont l'histoire a surtout retenu la volonté d'une messe en latin et des chants grégoriens.

La foi de Georges Pompidou est sans doute logée là, inscrite dans la véritable vénération qu'il a pour l'histoire de la culture occidentale. Peut-être cette foi abritait-elle à certains moments un dialogue intime avec un Dieu transcendant. Il n'en a jamais fait état. Sa foi était surtout celle qu'il fondait en ce génie créateur susceptible, comme nous le définira Denis Tillinac, de produire un vers de Racine, un arc-boutant gothique, un christ de Rouault, un vers de La Fontaine, un oiseau de Braque, une église du Corbusier ou un grand calvaire breton. Le jour de ses obsèques, des chants grégoriens seront interprétés par des moines de l'abbaye de Solesmes. Dans le cimetière d'Orvilliers une pierre tombale, d'une extrême simplicité, dont le calcaire, hasard de la vie comme de la mort, provient des environs de Colombey-les-Deux-Églises. Une croix est gravée sur la pierre grise. Georges Pompidou ne l'avait pas mentionnée dans son testament. Son fils en prendra l'initiative. Dernières illustrations du lien décidément complexe qu'entretenait ce président avec Dieu.

3
VALÉRY GISCARD D'ESTAING

Rouen, 22 février 2013.

En ce vendredi hivernal, Valéry Giscard d'Estaing fait son entrée dans l'étrange et néanmoins superbe église de Sainte-Jeanne-d'Arc de Rouen. Étrange par ses courbes, ses contre-courbes, sa voute en bois qui s'apparente à une immense cage thoracique donnant l'impression au visiteur d'avoir été, tel Jonas, avalé par une baleine, ou par un cachalot d'ardoise noire, un plésiosaure remonté d'une fosse abyssale et fossilisé dans le schiste au cœur de la ville aux cent clochers. Étrange par ses ruptures de perspectives, l'anachronisme de la présence des treize verrières du XVIe siècle qui contrastent singulièrement avec le style délibérément moderne choisi par l'architecte Louis Arretche. L'ensemble est supposé évoquer l'eau et le feu, la mer et les flammes, la Seine qui va vers son estuaire et Jeanne vers son bûcher. Le 27 mai 1979, soit trente-quatre ans plus tôt, c'est en président de la République en exercice que Valéry Giscard d'Estaing était venu inaugurer ce vaisseau de symboles, geste d'amitié à l'égard du premier édile de la ville, Jean Lecanuet, compagnon de route, inspirateur de l'UDF, philosophe en politique et grand chrétien devant l'Éternel. Il fallait également y voir le signe ou la preuve de cet attachement tout particulier que dit avoir Valéry Giscard d'Estaing pour Jeanne d'Arc. En ce 22 février 2013, c'est de cette double fidélité à l'homme et à la sainte qu'il veut témoigner. La sainte, il n'oubliera pas d'en parler dans les interviews. Mais c'est d'abord en mémoire de son ami Jean Lecanuet, décédé vingt ans plus tôt, qu'il est présent dans l'église où ont déjà pris place les quelques responsables politiques qui ont tenu à faire eux aussi le déplacement à Rouen. Jacques Barrot, François Bayrou, Antoine Rufenacht. Trois chrétiens : deux catholiques, un protestant. Qui écouteront donc avec toute l'attention et le recul requis l'ancien président lire un extrait de la première épître de saint Pierre, chapitre V versets 1 à 4 très précisément, texte que l'on aurait pu croire choisi par son lecteur et qui vaut d'être précisément regardé à cette lumière : « J'exhorte les anciens qui sont parmi vous, moi, ancien comme eux, témoin des souffrances du Christ, et qui prendrai part avec eux à la gloire qui doit être manifestée : paissez le troupeau de Dieu qui vous est confié, veillant sur lui, non par contrainte, mais de bon gré ; non dans un intérêt sordide mais par dévouement ; non en dominateur des Églises, mais en devenant les modèles du troupeau. Et quand le Prince des pasteurs paraîtra, vous recevrez la couronne de gloire qui ne se flétrit jamais. De même vous qui êtes plus jeunes, soyez soumis aux anciens ; tous, les uns à l'égard des autres, revêtez-vous d'humilité, car "Dieu résiste aux orgueilleux et donne sa grâce aux humbles". Humiliez-vous donc sous la puissante main de Dieu, afin qu'il vous élève au temps marqué ; déchargez-vous sur lui de toutes vos sollicitudes, car lui-même prend soin de vous. Soyez sobres, veillez ; votre adversaire le diable, comme un lion rugissant, rôde autour de vous, cherchant qui dévorer. Résistez-lui, fermes dans la foi, sachant que vos frères dispersés dans le monde endurent les mêmes souffrances que vous. Le Dieu de toutes grâces, qui vous a appelés à sa gloire éternelle dans le Christ, après quelques souffrances, achèvera lui-même son œuvre, vous affermira, vous fortifiera et vous rendra inébranlables.

À lui soit la gloire et la puissance aux siècles des siècles ! Amen. »

Après avoir ainsi rappelé l'importance de la sagesse des plus anciens et la nécessaire humilité des plus jeunes, Giscard d'Estaing regagnera son banc. Sans peut-être avoir une seule minute songé qu'il venait de s'identifier à Pierre, ou en l'ayant au contraire fortement imaginé. À François Bayrou, il avouera d'ailleurs quelques minutes plus tard être bien plus inspiré par Pierre que par d'autres. Le patron du Modem témoigne : « Vous comprenez, m'a-t-il alors confié, saint Pierre, c'est passionnant, il a les pieds sur terre. Pas comme saint Jean. Vous ne trouvez pas que saint Jean est étrange, comment dire, moins équilibré, plus désorientant, trop hors normes ? » François Bayrou est un croyant, un vrai. Il va à la messe, ce qui n'est pas si courant dans le milieu politique français. Et Giscard sait donc pertinemment à qui il s'adresse quand il lui fait partager son appréciation sur les mérites comparés de Pierre et de Jean. Ce type d'échange entre eux n'est d'ailleurs pas inhabituel. Ils ont eu maintes fois dans le passé l'occasion de parler de ces sujets : « Il m'a souvent semblé que Giscard, note François Bayrou, s'était investi personnellement, au moins à un moment de sa vie, dans la lecture des Écritures. Il a lu et réfléchi, avec sa sensibilité personnelle. C'est un investissement qui n'est pas fréquent dans le monde politique. Au-delà du rôle de la religion dans l'ordre du monde, Giscard entretient une espèce de rapport personnel avec ces interlocuteurs que sont pour lui les apôtres, les évangélistes. Comme s'il s'agissait d'un rapport d'égal à égal. C'est assez sympathique, en fait. » Voilà pour ceux qui ne sont pas de ses amis et se seraient volontiers contentés d'un portrait de Giscard en aristocrate blasé et à la foi limitée au minimum syndical. Il ne faudrait pas pour autant le transformer en grenouille de bénitier. Si, comme semble le dire François Bayrou, Valéry Giscard d'Estaing traite avec les évangélistes ou les apôtres sur un pied d'égalité, cela ne dénote pas chez lui le sentiment d'humilité que Pierre appelle de ses vœux dans ses Épîtres. S'il préfère ceux qui raisonnent à ceux qui rêvent, cela n'est-il pas davantage le signe de tendances à l'évidence plus matérialistes que mystiques ? Si Dieu occupe une place dans le monde ordonné de Valéry Giscard d'Estaing, son évocation ne sera en fait que fort rare, pour ne pas dire presque totalement absente de son discours ou de son action à l'Élysée. Et la providence à laquelle il confiera la France à son départ du 55, rue du Faubourg-Saint-Honoré, en 1981 sera écrite avec un *p* minuscule.

Le président distingue en revanche dans les références religieuses celles qui ont figure de symbole utilisable par et pour le politique. Jeanne d'Arc l'illustre à merveille. D'autres depuis, en particulier à l'extrême droite, ont largement exploité le filon, ce qui l'a rendu suspect voire infréquentable aux yeux de quelques-uns, mais en 1979, année où VGE inaugure cette fameuse église, ce n'est pas encore le cas. Et Giscard pourra donc laisser libre cours en cette occasion à un hommage vibrant à la Pucelle. Sans pour autant improviser. Il lira ce jour-là intégralement un texte que son conseiller technique et *speech writer* chargé des questions religieuses lui a préparé, le très fidèle Alain Lamassoure, chrétien pratiquant, futur ministre délégué aux Affaires européennes du gouvernement Balladur entre 1993 et 1995, au Budget, dans le gouvernement Juppé de 1995 et député européen depuis lors. « J'avais beaucoup travaillé sur ce texte, se souvient-il. J'avais relu les historiens du Moyen Âge et notamment Régine Pernoud. J'étais plutôt content car le président n'avait pas apporté de corrections à mon texte. » Ce jour-là, dans son discours de maire, Jean Lecanuet avait commencé par honorer l'héroïne du dépassement, l'exemple du courage au service de la liberté. Le président, lui, préférera exalter la Jeanne symbole de la jeunesse. « Jeanne a 17 ans quand elle délivre Orléans, 19 quand elle fait sacrer roi le dauphin et sauve le royaume. L'invraisemblable s'est réalisé. Peut-être fallait-il que Jeanne soit toute jeune. La jeunesse n'a pas de haine, mais elle a faim de justice… » Toujours ce même talent giscardien à ramener ce qui peut l'être à ce qui lui importe, en l'occurrence l'un des thèmes majeurs de son septennat : la jeunesse et la modernité. Et Jeanne d'Arc est une héroïne jeune et moderne. Pour qui, ce jour-là, il va prier. Le président aime aussi à puiser ses références, fort naturellement d'ailleurs, dans ses propres racines. « Il avait été, il me l'a ensuite confié, dit Alain Lamassoure, fort impressionné par le prêche du prêtre qui avait fait le sermon. C'était du Massillon, m'avait-il dit avec admiration. Je ne savais pas trop de qui il parlait mais je me suis informé par la suite. Il s'agissait d'un homme d'Église de la fin du XVIe siècle, début du XVIIe, célèbre pour ses prédications et ses oraisons funèbres, que Louis XIV avait même appréciées, et dont le talent fut même parfois comparé à celui de Bossuet. » Pour compléter le tableau, Jean-Baptiste Massillon fut également évêque de Clermont en Auvergne puis académicien français.

On a dit Jean Lecanuet proche de l'Opus Dei, et sans doute n'en était-il pas éloigné. Peut-être l'un de ses membres. Il n'y aurait ni erreur ni contresens sur la personne vu l'engagement chrétien et les options politiques de l'intéressé. Mais ce n'est pas ici le propos. L'ombre et l'action de l'Œuvre, créée en 1928 par l'abbé espagnol Escrivá de Balaguer, seront, il faut simplement le rappeler, souvent évoquées dans la vie politique de la deuxième moitié du XXe siècle. Et les noms de gaullistes historiques comme ceux de futurs proches de Valéry Giscard d'Estaing seront souvent cités comme sympathisants de ce qui pour certains est une secte influente et interventionniste, pour d'autres un lobby chrétien, simplement plus puissant que d'autres. Jean

Foyer, René Capitant, Maurice Schuman, Antoine Pinay, Raymond Barre, Jean de Broglie, Jean Lecanuet figurent parmi les plus cités. Il y en eut d'autres. Le nom du père de Valéry Giscard d'Estaing, Edmond, le sera également pour s'être, en affaires, rapproché dans les années soixante d'une banque espagnole supposée proche de l'Opus Dei. De là à en faire une sorte de conseiller économique de l'ordre, il n'y avait qu'un pas. Il fut parfois franchi allègrement sans que bien sûr nul ne puisse, dans ce cas comme dans d'autres, apporter de véritables preuves. On ne peut donc que se limiter à la simple observation d'une évidence. Celle d'une proximité intellectuelle et spirituelle entre certains milieux politiques et économiques français de la droite chrétienne et l'Opus Dei. C'est dans ce milieu précisément que naît Valéry Giscard d'Estaing sans que lui-même ne soit par la suite personnellement associé à l'Œuvre. Sa politique n'aura d'ailleurs jamais favorisé un tel rapprochement. Sans doute l'a-t-elle même carrément dissuadé.

Il n'en reste pas moins que le jeune Valéry est l'enfant d'un monde financièrement aisé, marqué à droite, l'héritier d'une famille de la haute bourgeoisie conservatrice, dont la promotion interne de l'élite est la règle, la défense du conservatisme la tendance et la recherche du profit la vocation, la pratique religieuse relevant plus dans ce contexte de la figure imposée que d'une quelconque recherche de spiritualité échevelée. Ce qui expliquera sans doute plus tard la préférence giscardienne pour saint Pierre et le peu d'enthousiasme que lui inspire saint Jean. L'éducation du futur président sera à cet égard d'un classicisme absolu. L'objectif est davantage de préserver un rang que de s'ouvrir à Dieu. Ce qui explique sans peine le sens du concret et du comptable qui très tôt se manifestera chez un jeune homme qui plus est à la tête bien faite et à l'intelligence affûtée.

Dans un premier temps, et pour cause de santé mal assurée, le jeune « Valy », comme il sera très vite surnommé, est pris en main par sa mère. Elle jouera les préceptrices jusqu'à son entrée en sixième. À compter de cette période, inutile de trop chercher dans ses études la trace de l'empreinte qu'auraient pu y laisser les bons pères ou les curés. Même s'il est bien sûr hors de question pour les parents de Valéry Giscard d'Estaing de faire l'impasse sur l'éducation religieuse de leur fils. Celle-ci sera assurée à Gerson à partir de 1935, un établissement privé catholique sous contrat qui n'a cependant rien d'un internat jésuite comme en ont connu et en connaîtront d'autres futurs chefs d'État français. Une école pour la couche « gratinée » de la société parisienne plus qu'une annexe de l'archevêché. Les prières y sont apprises, ainsi que la morale chrétienne et les Évangiles, mais en externat, sans soutanes excessives, le corps enseignant étant essentiellement civil. Gerson apparaît surtout comme un établissement où les enfants des meilleures familles se retrouvent, rue de la Pompe à Paris, non loin du 101 de la rue Henri-Martin où demeurent les Giscard d'Estaing. À deux pas de Gerson, c'est au lycée Janson-de-Sailly que Valéry Giscard d'Estaing poursuivra ses études. Un établissement dont la réputation n'est déjà plus à faire à cette époque ; l'élite, là encore, en a fait son incubateur de talents et nombreux seront ses anciens élèves à se faire un nom et une carrière au service du pays dans la génération de VGE, à commencer par sa propre personne. Gerson, Janson, un peu d'enseignement catholique associé au meilleur de l'enseignement public, voilà un cocktail savamment dosé pour ce fils de famille qui compte par ailleurs dans son arbre généalogique un ministre de l'Instruction, des Cultes et des Beaux-Arts – mélange surprenant –, en 1877 sous la IIIe République, et un roi très chrétien, en la personne de Louis XV si on en croit l'histoire ou la légende familiale. Janson sera le véritable révélateur des qualités et des facilités intellectuelles du jeune homme. Un peu de scoutisme pour faire bonne mesure dans une troupe qui, comme le notera dans son livre Jean Bothorel[1], a la particularité de ne dépendre d'aucune paroisse... mais où le triptyque des rites religieux est néanmoins respecté : prière, confession, communion. Une interruption entre 1939 et 1940, pour cause de début de guerre, au lycée Blaise-Pascal, à Clermont-Ferrand, puis retour à Janson-de-Sailly en 1940. Dès lors c'est un véritable parcours sans faute pour le jeune garçon : bac maths élem et philo puis maths sup, prépa Polytechnique à Louis-le-Grand au lendemain de la Libération, puis entrée à l'X en 1946 et à l'ENA dans la foulée en 1949. L'inspection des Finances enfin, comme son père Edmond. Le parcours de Valéry Giscard d'Estaing commence véritablement là. Sa vocation sera la politique. Il n'en a d'ailleurs pas manifesté d'autres plus spirituelles. Depuis longtemps déjà, les comptes de la France et le service de l'État l'intéressent davantage que le denier du culte et le service de la messe.

Valéry Giscard d'Estaing continuera bien sûr de pratiquer, cela fait partie de son éducation, de sa culture, et il y restera attaché. Baptisé à Saint-Amand-Tallende, petite commune du Puy-de-Dôme, communiant à Saint-Philippe-du-Roule, pratiquant à Saint-Honoré-d'Eylau ou dans les églises voisines de ses endroits de villégiature ou de ses terres d'élection, à Authon, Chamalières ou Chanonat. Valéry Giscard d'Estaing sait par ailleurs parfaitement le poids de la religion sur le pays, la part de convention et de conformisme qui s'y attache. L'homme politique en devenir sait instinctivement que cette France dont la pratique religieuse continue pourtant de décliner reste attachée aux signes, surtout quand ils viennent de ceux qui prétendent la gouverner. Et dans cette

1. Jean Bothorel, *Un si jeune président*, Grasset, 1995.

droite qu'il incarnera, plus orléaniste que bonapartiste, la pratique religieuse est gage d'assurance, garantie de normalité, de proximité et d'honnêteté. Elle ne sera jamais absente des campagnes électorales de Valéry Giscard d'Estaing, elle ne le sera pas davantage de celles de ses amis ou concurrents de droite. Question d'image plus que de conviction parfois. Il est de bon ton de s'afficher à la messe, de participer à la quête, d'y accompagner l'épouse, de suivre le rituel d'une majorité de la population. « Le fait d'aller à la messe, le fait de s'afficher "comme", cet aspect-là m'a toujours un peu dérangé », avoue François Léotard, un proche de VGE dont la foi personnelle ne peut être mise en doute, puisqu'elle le conduira même au seuil d'un engagement au service de Dieu, au milieu des années soixante, mais que mettront toujours mal à l'aise ces figures imposées dont le seul objectif est d'afficher la respectabilité spirituelle, facteur de bonne réputation, de conformité, de bonne moralité supposée. L'Église fait partie de ces lieux qui favorisent la reconnaissance. Elle n'est pas sans incidence sur les choix électoraux. Les hommes politiques de la droite française le savent. Ils connaissent la musique et ne dédaignent pas le fait qu'elle soit à l'occasion sacrée. Valéry Giscard d'Estaing est ce chrétien-là. Dont la foi s'accorde naturellement à l'ambition. Il sait les gestes, les prières, son catéchisme, il peut lire les Écritures sacrées et aime à montrer qu'il sait le faire, comme il adorera montrer fin des années quatre-vingt qu'il s'est mis à l'apprentissage du mandarin en enclenchant une cassette de chinois à bord de sa voiture. Il sera ce président un peu moqueur vis-à-vis de son épouse quand il évoque les séjours au fort de Brégançon et la traditionnelle messe de onze heures à Bormes-les-Mimosas, « Anne-Aymone, comptant sur l'assiduité liturgique pour assurer, faute de mieux, le salut de mon âme[1]... » Le

1. Valéry Giscard d'Estaing, *Le Pouvoir et la Vie*, Compagnie 12, 1988.

décor et l'architecture des églises ne l'indiffèrent pas. Il y est même attentif. Cette église de Bormes, par exemple, il en aime l'autel Louis XIV, suffisamment pour le mentionner dans ses Mémoires et s'il aime la fête de Pentecôte, c'est autant pour l'évocation du Saint-Esprit que pour la couleur rouge des ornements d'église... Surprenant personnage qui aime le vert pour les voitures, le rouge pour les églises et se pique par ailleurs de curiosité pour l'astrologie. « Bizarre, reconnaît-il lui-même, pour quelqu'un qui est tout à la fois de conviction chrétienne et de culture scientifique... mais c'est tout simplement parce que je crois qu'il y a beaucoup de choses que nous ne savons pas et que nous découvrons lentement. [...] Il y a des cycles que nous ne connaissons pas, que nous identifions mal et qui peuvent avoir de l'influence sur nous[1]. » Bizarre en effet pour un croyant !

Giscard n'aurait-il pas dit l'essentiel en se définissant de la sorte ? Un homme de conviction chrétienne et de culture scientifique. Sans doute. Il est même envisageable que parfois la seconde ait pu prendre le pas sur la première. Nombreux sont ceux qui peuvent témoigner de cet esprit matheux, concret, extraordinairement ordonné. Ordre, dans lequel l'Église est supposée, elle aussi, se ranger. « Il y a là quelque chose de tout à fait particulier chez Giscard, note François Bayrou. Il considère, mon père était d'ailleurs comme ça, que le monde est mieux ordonné s'il y a une religion que s'il n'y en a pas. Giscard a la nostalgie du monde ordonné et la religion participe à l'ordre d'une société. Pas à l'ordre du monde mais bien à celui d'une société. Et donc il va à la messe lorsqu'il faut aller à la messe. » Esprit rationnel mais également disciple de saint Thomas à l'occasion. « C'est un homme de tradition catholique qui se pose parfois des

1. Valéry Giscard d'Estaing, *Entretien*, Flammarion, 2001.

questions difficiles, observe son collègue en « immortalité » Mgr Claude Dagens, évêque d'Angoulême, aumônier des académiciens, élu sous la coupole en avril 2008 au fauteuil de René Rémond. « Il y a maintenant quelques mois, M. Giscard d'Estaing m'a dit, de manière très grave d'ailleurs et en me regardant dans les yeux : “Monseigneur, la seule question qui compte n'est-elle pas de savoir comment Dieu agit dans le monde ?” Et je suis resté, je dois le dire, silencieux. Nous avons cheminé ensemble, je suis resté silencieux, parce que c'est une question vitale. Dieu agit-il dans le monde ? Comment est-il possible de découvrir les signes à travers lesquels Dieu agit dans le monde ? » Question à laquelle Descartes et Leibniz ont pourtant répondu depuis longtemps. Il n'est cependant pas anodin qu'en avançant dans l'âge, l'ancien président se la pose à nouveau et en ces termes. Mais comme l'aurait dit Brassens, l'âge ne fait en vérité rien à l'affaire. Giscard a en effet été très tôt programmé pour demander en permanence une vérification scientifique des choses. Son côté polytechnicien. Peut-être est-ce d'ailleurs parce qu'il n'a pas trouvé de preuves de l'existence de Dieu qu'il continuera à chercher. Alors que d'autres ont abandonné pour moins que cela. Lui, non. Parfois éloigné, paradoxal mais jamais indifférent au sujet religieux. Et de façon générale toujours en recherche d'explication dès lors qu'une question le concerne. « Il y a chez Giscard une sorte de sécheresse mécanique, ça, c'est Polytechnique, confirme François Léotard. La formation joue un rôle énorme, c'est un très bon matheux, c'était quelqu'un qui longtemps après sa défaite m'invitait dans son château à Authon avec un *paper-board* pour essayer de savoir pourquoi les gens de 30 à 35 ans n'avaient pas voté pour lui pas plus que la ménagère de moins de 50 ans, etc. On passait le week-end. Moi, j'étais déjà maire, je faisais le trajet entre Fréjus et le château d'Authon, ça demande une journée, et donc on passait le week-end à essayer de savoir pourquoi il avait été battu. Et ça, c'était un raisonnement en partie mathématique. Le soir on regardait *Dallas*. À l'époque il y avait *Dallas*. Donc on était sur un banc et toute la famille regardait *Dallas*. Mais c'était une interrogation qui subsistait et que partageait toute la famille. Mais pourquoi est-ce que j'ai pu être battu ? Parce que mécaniquement ça ne devait pas se faire, mathématiquement ça ne pouvait pas se faire. » Valéry Giscard d'Estaing a-t-il pu alors se dire que Dieu n'avait pas voulu sa victoire ? Dans un rire, François Léotard répond : « Non. Non, ça je suis sûr que non. »

« Valéry Giscard d'Estaing est catholique et se vit en catholique. » De cela le père Matthieu Rougé est pour sa part persuadé. Le curé de l'église Saint-Ferdinand-des-Ternes a été le secrétaire particulier de Jean-Marie Lustiger, puis pendant neuf années l'aumônier des parlementaires. Il a eu à plusieurs reprises l'occasion d'échanger sur le thème de la foi avec l'ancien président. « Lorsque l'on parle avec Giscard, il a cette intelligence extrêmement brillante de polytechnicien qui est sans arrêt en train de reconstruire le monde, l'histoire, la vie sous forme d'équations qui s'emboitent avec une agilité et un brio extraordinaires. Il ne pose pas les questions de manière dramatique, ni même extrêmement intime. Mais j'entends très bien ce qu'il dit à Mgr Dagens, cette question de Dieu qui s'inscrit dans l'histoire et dans celle des différentes religions. On reconstruit comme ça le modèle : quelqu'un rajoute un argument, réinterprète et voilà. C'est plus qu'un jeu intellectuel mais il s'agit toujours un peu d'une construction intellectuelle. Une construction intellectuelle dont la question de Dieu dans l'histoire, dans l'histoire de France, de la place du catholicisme dans l'histoire de France n'est jamais absente. » En termes de conviction, quel résultat cela donne-t-il ? « Mystère… répond le père Rougé. Ce dont je peux simplement témoigner, c'est que le Christ, le Nouveau Testament, l'Église catholique, c'est important pour lui, c'est sa famille. »

Valéry Giscard d'Estaing le catholique, le polytechnicien, l'intellectuel brillant, le politique également. Un politique ambitieux qui, dans l'exercice de son art comme dans sa vie privée ou finalement si peu privée, ne laissera pas le souvenir d'avoir été absorbé par la recherche de l'Esprit saint ou l'obsession du salut de son âme. Remarque qui vaudra au demeurant pour quelques autres par la suite. VGE sera un stratège, un tacticien, un chef qui ne semblera à aucun moment avoir besoin à ses côtés d'un coach spirituel ou de l'appui d'un Dieu pour arriver à l'objectif qu'il s'est fixé, et qui, à plus d'une occasion, semblera, installé aux commandes, faire passer sa vision d'une société qu'il entend faire avancer vers la modernité devant toute autre considération, fût-elle d'ordre religieux.

À compter de 1954, la politique absorbe totalement le jeune inspecteur des Finances qui commence alors à gravir à toute allure l'échelle dont vingt ans plus tard il atteindra le sommet en devenant le plus jeune président de la République de l'histoire de France. Une ascension irrésistible pour un jeune homme à qui tout a déjà commencé à sourire et pour qui les portes s'ouvrent, comme par enchantement, les unes après les autres. Son profil de jeune homme bien sous tout rapport, il l'a parfait en faisant, en décembre 1952, un beau mariage d'amour avec une jeune femme de fort honorable extraction, Anne-Aymone Sauvage de Brantes, héritière d'un comte romain – titre d'origine pontificale – affilié à la lignée de l'industriel Henri Schneider et d'une princesse de la maison Faucigny, descendante des Bourbon. Fermez le ban ! Le mariage religieux sera célébré dans la chapelle privée de la famille de madame, au château de Fresnes, près d'Authon, dans le Loir-et-Cher, dans une ambiance ou les fleurs de lys télescopent les croix de Malte. Que peut alors envisager de plus ce fringant bipède, bien né, bien marié, bien employé et qui semble déjà tout avoir ? Une seule chose : le pouvoir politique. Il s'emploiera prestement mais patiemment à le conquérir. Le talent aidera la chance et réciproquement. Du cabinet d'Edgar Faure, président du Conseil sous la IVe République finissante, il va conquérir la France. Enchaînant les titres comme il aura collectionné diplômes et tableaux d'honneur. Député du Puy-de-Dôme, conseiller général, puis secrétaire d'État aux Finances d'Antoine Pinay au tout début de la Ve République, ministre des Finances du gouvernement Debré sous la présidence de Charles de Gaulle, ministre de l'Économie et des Finances dans les gouvernements Chaban-Delmas et Messmer sous la présidence de Georges Pompidou, président des républicains indépendants depuis 1966, il devient en mai 1974 le vingtième président de la République française.

Ce sera le début de sa fracture avec l'électorat de droite dont il va prendre progressivement à rebrousse-poil la composante très chrétienne. Il rêvait pourtant d'être le Kennedy français. JFK, son modèle américain, dont il a fait la connaissance en 1962, un an avant sa mort. Quand, un peu plus de dix ans plus tard, Giscard devient président, il est vrai qu'il partage avec son référent américain l'allure, la jeunesse, la modernité, l'aisance devant les médias, l'aisance tout court, ainsi que la foi chrétienne. Mais les données ne se présentent pas de la même manière. Un président américain prête serment sur la Bible. Kennedy était irlandais et son catholicisme, une donnée que le pays avait reçue comme une assurance, même s'il ne fut jamais au cours de sa vie trop brève un enfant de chœur ni surtout un exemple de moralité conjugale. En France, la République n'a nul besoin de Livre saint ou de Sainte Écriture pour investir ses présidents. VGE prend par ailleurs la tête d'un pays qui depuis 1968 se cherche, revendique et semble parfois écartelé entre ceux que l'avenir inquiète et ceux qu'il enthousiasme. Il a enfin pris très tôt la mesure de l'équation qu'il va lui falloir équilibrer : ne pas s'aliéner les conservateurs tout en flattant les libéraux. Ne pas décourager les anciens tout en assurant la promotion des modernes. Ne pas froisser les croyants tout en faisant souffler l'esprit de la réforme. En cette année 1974, il sait qu'il n'aura d'autre choix que d'en mécontenter certains, pour en convaincre d'autres. L'un de ses problèmes réside dans le fait que les futurs mécontents font partie de ceux qui viennent précisément en 1974 de voter pour lui. Certaines réformes emblématiques du septennat en fourniront la démonstration.

Le jour de son investiture, c'est à pied que Valéry Giscard d'Estaing franchit les quelques dizaines de mètres qui séparent le rond-point des Champs-Élysées, où il a fait stopper sa voiture, et le palais de l'Élysée. Sur le trajet, posté derrière une des barrières métalliques qui jalonnent, comme sur la ligne d'arrivée d'un marathon, le parcours présidentiel, le journaliste Léon Zitrone demande au président le sens qu'il faut donner à cette arrivée pour le moins inattendue. « La simplicité », répond le nouveau président avant de reprendre immédiatement son chemin. La simplicité, l'humilité, des valeurs chrétiennes certes admirables dont VGE aimerait sans doute ce jour-là convaincre qu'il est et sera le défenseur. C'est le contraire qui se produira. Sa sincérité sera d'ailleurs plus généralement remise en question ou raillée durant son septennat par ses adversaires. De la même manière qu'il n'aura jamais totalement convaincu de son ascendance aristocratique et de la valeur de sa particule, il n'arrivera jamais à persuader de ces qualités humaines, sociales et au bout du compte très chrétiennes qu'il aimerait tant qu'on lui reconnaisse. VGE sera, maintes fois, victime d'erreurs d'appréciation de ce type. Faire croire à la sincérité de ce qui est mis en scène tient en effet de la gageure, sauf dans une bonne pièce de théâtre. Et la politique n'en est jamais une.

Ces considérations de communication politique faites, comment décrire le rapport du nouveau président avec le religieux, avec les religions ? Conforme à ce qui a jusqu'ici été la règle de la République, conforme donc à la séparation de l'Église et de l'État, que Valéry Giscard d'Estaing n'a jamais imaginé une seule minute remettre en cause. Comme le général, comme Georges Pompidou, VGE endosse les habits de la fonction, sans arrière-pensée religieuse, mais avec la foi du républicain. Dans le vestiaire de la Ve République ne sont suspendues aucune chasuble, aucune étole, et de ce vestiaire, Valéry Giscard d'Estaing n'a nulle intention de changer l'ordonnancement. Dans un premier temps, c'est la première dame de France qu'il semble vouloir charger de certaines missions à caractère un tant soit peu religieux. Les Français apprendront ainsi par les médias la présence de Mme Anne-Aymone Giscard d'Estaing à Andorre aux côtés de l'évêque d'Urgell, coprince de la principauté. Ou aux traditionnelles fêtes johanniques du 8 mai 1975, où elle a été officiellement chargée par son mari de le représenter. Il est de coutume que le président de la République honore de sa présence cette manifestation un an après son élection. Charles de Gaulle, dont on sait la vénération pour Jeanne d'Arc, était ainsi venu à Orléans en 1959, Georges Pompidou s'en était passé en 1970 – il est vrai que l'héroïne l'inspirait moins, et c'est Valéry Giscard d'Estaing, alors ministre des Finances, qui l'avait représenté. Les organisateurs espéraient donc revoir Valéry Giscard d'Estaing, réputé grand admirateur de la Pucelle, commémorer avec eux, cinq ans plus tard, la levée du siège d'Orléans par les Anglais, le 8 mai 1429, à l'approche d'une armée conduite par Jeanne. Ils durent se contenter de son épouse. Valéry Giscard d'Estaing avait trouvé intéressante l'idée d'associer Jeanne d'Arc aux femmes françaises, dont on sait qu'elles avaient pour une part importante voté pour lui. D'où l'idée que son épouse vienne personnellement et en son nom rendre hommage à la Française la plus illustre. Le calcul pouvait politiquement se défendre, il était de ceux que les conseillers en communication du président pouvaient aussi concevoir. Le respect de la tradition, mêlé à la leçon de modernité, portait sur le papier la promesse d'une opération réussie. Elle ne le sera en fait pas totalement. L'éloge des valeurs chrétiennes pourtant assez limité auquel se livrera la première dame de France ne passera pas dans tous les esprits. Y compris dans les rangs giscardiens où l'on ne trouvera pas forcément du meilleur effet que la très pieuse épouse du président, l'ancienne pensionnaire du couvent des Oiseaux, l'aristocrate très chrétienne vienne en rajouter sur les valeurs chrétiennes de Jeanne d'Arc et appelle les Français dans la conclusion de son discours à « suivre son chemin, à mettre leurs pas dans ses pas, leurs pensées dans ses pensées et à être à l'unisson de son espérance ». Alors même que la loi portant dépénalisation de l'avortement a été votée moins de quatre mois plus tôt, et que le Parlement s'apprête à voter la loi facilitant le divorce par consentement mutuel. Ce qu'il fera le 18 juin 1975, très précisément. Anne-Aymone ne sera plus vraiment par la suite ainsi associée, ou de façon très ponctuelle, à l'action de son mari. Et n'en souffrira pas. Il fut souvent écrit qu'elle avait eu l'impression en entrant à l'Élysée d'entrer dans les ordres. Le propos n'est pas public mais rapporté. Il n'en apparaît pas moins très crédible de la part de cette femme timide et réservée qui n'aura au fond d'elle-même jamais ressenti l'envie de ressembler à Jackie Kennedy.

Le débat sur l'avortement est sans doute le moment le plus important pour qui s'intéresse aux relations entre politique et religion sous le septennat de Valéry Giscard d'Estaing. Pourquoi ? Parce que les acteurs de cette séquence sont un président, une femme et un pape et qu'il y a déjà là de quoi attiser la curiosité. Dans le rôle du président, Valéry Giscard d'Estaing, dans celui de la femme, Simone Veil, et dans celui du pape, Paul VI. Le décor est celui que Georges Pompidou a laissé. Celui d'une France qui sur les grandes questions de société hésite encore, mais lentement évolue. Lucien Neuwirth continue à œuvrer pour l'émancipation des femmes, et prépare une seconde loi sur la pilule, les manifestations du MLAC (Mouvement pour la liberté de l'avortement et de la contraception) se poursuivent, les mouvements féministes continuent de se mobiliser, la majorité gaulliste se divise sur le sujet et en décembre 1973, l'Assemblée renvoie purement et simplement le projet sur l'avortement en commission... Sur les écrans, Marco Ferreri fait scandale avec *La Grande Bouffe*, Helmut Berger et Luchino Visconti vivent leur amour homosexuel, Bertrand Blier fait danser *Les Valseuses*, pendant que Lino Ventura gifle Isabelle Adjani. Sans être proche de la crise de nerfs, une part de la société française vit alors une sorte d'outing collectif pendant qu'une autre dénonce la permissivité et la décadence. Valéry Giscard d'Estaing a promis des réformes. Il va donc les faire et en bon stratège, il va les faire au début de son mandat. Celle de la dépénalisation de l'avortement sera sans nul doute la plus compliquée. « Un président de la République au début d'un septennat, analyse François Bayrou, n'est pas obsédé par la suite électorale. Fraîchement élu, Giscard a assez confiance en lui pour croire qu'il ne le payera pas cher, c'est un très jeune homme, il a 48 ans. Il est plus jeune que Valls en 2014, il se sent invulnérable, porté. Donc il n'a pas envisagé toutes les conséquences, il a voulu être le modernisateur et être aimé en tant que tel. Et sur le fond, je comprends très bien cela. » Il ne sera pourtant pas autant aimé que Simone Veil sera détestée par certains, qui des bancs de cette majorité gaulliste que VGE n'a pas voulu dissoudre se montrent insultants, odieux, jusqu'à l'infamie, avec la ministre. Pourquoi la ministre de la Santé a-t-elle d'ailleurs été désignée ? C'est une question légitime. D'autant que

Valéry Giscard d'Estaing expliquera plus tard que la loi ne visait pas à favoriser l'avortement, mais bien à faire en sorte qu'il ne puisse y avoir pénalisation d'un acte relevant de la responsabilité individuelle. Dans une telle logique, la cohérence aurait bien sûr voulu que le ministre de la Justice soit chargé du dossier. Le problème c'est que Jean Lecanuet n'est pas précisément le meilleur avocat de cette cause. Il aurait même tendance à en être le meilleur procureur, considérant en privé à cette époque l'avortement comme un acte de mort pur et simple. Voilà très exactement ce qu'il pense au fond de lui-même, même s'il lui faut composer avec une solidarité gouvernementale qui lui impose d'être aux côtés de sa collègue de la Santé. Jean Lecanuet est un chrétien dont les convictions ne datent pas d'hier mais dont on serait presque tenté d'écrire, compte tenu de sa longévité à la mairie de Rouen, qu'elles remontent à Jeanne d'Arc et peut-être même aux premiers chrétiens. Il n'est d'ailleurs pas le seul. L'UDF, dont Jean Lecanuet sera avec Jean-Jacques Servan-Schreiber un des penseurs fondateurs, n'est pas encore née – elle verra le jour en 1978 –, mais tous ses futurs lieutenants sont déjà là et pour la majorité, à laquelle s'ajouteront les jeunes giscardiens, et les centristes, majoritairement issus de la grande famille des chrétiens, des catholiques, des vrais. Pierre Méhaignerie, Jacques Barrot, Jean-Pierre Fourcade, Hervé de Charrette, Charles Millon, François Léotard, Michel Poniatowski, Michel d'Ornano… la liste est longue de tous ceux qui partagent, certains plus fiévreusement que d'autres, la foi chrétienne. Jean Lecanuet n'est donc pas un cas isolé dans l'entourage politique présent et en devenir du président. Mais il est en revanche le seul à être ministre de la Justice. Lui confier un tel dossier tiendrait de la pratique stalinienne. Le confier à Françoise Giroud, secrétaire d'État à la Condition féminine, aurait eu du sens mais elle est trop débutante en terme d'expérience gouvernementale et pas assez juriste. C'est à Simone Veil, magistrate déjà expérimentée, que sera donc confiée l'affaire, sous le regard attentif de son collègue garde des Sceaux. La loi sera votée grâce à la gauche et au centre, en dépit de l'opposition d'une droite dont on a alors du mal à se représenter qu'elle forme une partie de la majorité présidentielle. Il faut reconnaître que le président aura fait preuve d'une certaine forme de courage politique en la matière. Jean Glavany, socialiste et laïc, le reconnaît sans problème aujourd'hui : « Giscard est un personnage étonnant et déroutant, analyse-t-il. Giscard, c'est quelqu'un de croyant, scénarisant sa messe quand il est dans ses propriétés d'Auvergne ou d'Authon. Et qui dans le même temps brusque son électorat, au tout début de son septennat avec les lois sur le divorce, sur la contraception, sur l'avortement. L'image que Giscard aura laissée dans la vie politique française est celle d'un grand bourgeois noble, coupé du peuple, un peu hautain et méprisant. On ne retient pas assez de lui qu'il a aussi été assez courageux pour moderniser un certain nombre d'éléments du droit français, en s'opposant même à sa majorité et à son électorat. Ce n'est pas la trace qu'il a laissée dans l'histoire, mais l'honnêteté impose de lui reconnaître ce mérite. » L'hommage de l'adversaire politique quarante ans après… « Le fait qu'un président catholique ait pu initier ce débat, je l'interprète comme une forme de courage politique, complète François Léotard. C'est la différence entre un homme politique et un homme d'État. Un homme d'État, c'est tout le contraire d'un suiveur, c'est quelqu'un qui prend des décisions, et qui les prend avec son corps, avec son esprit, avec sa culture, avec sa volonté. J'essaye de me mettre dans l'esprit de Giscard, il avait tous les rapports qu'il fallait, il avait toute la sociologie française qui s'était penchée sur le sort de l'avortement à ce moment-là, je pense qu'il a dû y avoir des doutes, des moments de solitude. Je crois que la solitude et le chagrin sont indispensables ou indissociables plus exactement du parcours d'un homme d'État. La tristesse, c'est lorsque l'on prend des décisions dont on sait qu'elles vont coûter cher. » François Bayrou ajoute : « La laïcité commence à partir du moment où l'on se dit que ses propres convictions religieuses ne font pas la loi civile. On n'est pas là pour imposer ses propres conceptions. On est là pour faire vivre les gens ensemble, et donc les conceptions des autres sont dignes de respect. C'est ça la vraie laïcité. Je pense qu'il avait ça aussi, Giscard. Il est plus souvent désintéressé qu'on ne le croit. Pas de sa propre image mais plus souvent désintéressé qu'on ne le croit. Il a une haute idée de sa mission et, grosso modo, il a respecté cette haute idée. » Giscard assumera totalement la loi sur l'avortement qu'il considère comme une trace emblématique de sa présidence. Loi qui, tout de même, marquera une rupture avec une partie du monde catholique, ce qui lui sera difficile à gérer. À titre personnel, VGE a toujours indiqué son opposition à l'avortement tout en précisant que dans ses responsabilités à l'égard de la nation, il lui fallait répondre à une situation de détresse. Et à un constat insupportable pour un chef d'État qui se respecte : la détresse de certaines de ses concitoyennes. De ces femmes françaises, contraintes de se faire avorter en Belgique, en Suisse, dans des cliniques dont les tarifs sont à la hauteur de la désespérance qu'elles exploitent, celle des femmes plus modestes qui finissent par envisager l'avortement clandestin dans des conditions d'hygiène souvent relatives, voire inexistantes. Le constat, c'est également un nombre important de victimes, de morts ou de femmes diminuées à vie ou privées de tout espoir de grossesse dans le futur. Dans l'esprit de Valéry Giscard d'Estaing, la société devait agir. Savait-il qu'il allait cependant choquer une partie de son électorat ? Il en était conscient, mais sa conviction était faite depuis longtemps. Pas même besoin d'organiser un référendum. Selon certains sondages, quatre-vingts pour cent des Français étaient favorables à la dépénalisation de l'avortement. « Seule une minorité m'est restée hostile très longtemps, expliquera-t-il dans un livre d'entretiens en 2001, parce qu'elle avait été heurtée dans ses convictions et qu'elle n'avait pas vu que nous vivions dans un pays dans lequel il fallait distinguer la loi civile des institutions comme l'Église. » Étrange paradoxe, ironie de l'histoire qui fait de M. Giscard d'Estaing celui qui, quelques années plus tard, théorisera sur la nécessité de rassembler deux Français sur trois et qui sur une question comme l'avortement les réunira essentiellement en dehors de son camp. « Je crois, dit aujourd'hui François Léotard, qu'il a franchi une barrière qui, pour la première fois, était de ne pas se soucier de ce que ça signifiait pour beaucoup de croyants, de chrétiens. On peut qualifier cela de courage politique parce que je crois qu'il fallait le faire mais c'était très difficile à ce moment-là, beaucoup plus que ce le serait aujourd'hui. Comme c'était tout aussi normal que l'Église dise autre chose. »

L'Église dira en effet autre chose… Et quand Valéry Giscard d'Estaing se rend en visite privée à Rome, le 1er décembre 1975, il ne s'attend guère à être reçu avec les honneurs. Paul VI n'a pas vu un président français depuis Charles de Gaulle en 1967, Georges Pompidou n'ayant pas trouvé le temps ou éprouvé l'envie de faire le déplacement. La France a de plus traversé quelques périodes troublées et les réformes que ses derniers gouvernements ont fait voter n'ont rien pour séduire la curie romaine. VGE arrive donc au Vatican avec la certitude qu'en dehors de toute référence à la saison, le climat risque d'être assez glacial chez saint Pierre. Et il le sera, malgré les dénégations diplomatiques du président à la suite de sa rencontre avec le souverain pontife. Selon le communiqué publié par la présidence française, en contravention totale avec le protocole du Vatican qui exige qu'on ne divulgue pas le contenu des entretiens avec le pape, les deux hommes auraient parlé de la spiritualité dans les sociétés modernes, des questions de la famille, du respect de la vie, de l'éducation des enfants. Ils auraient par ailleurs évoqué les grandes questions internationales et la paix dans le monde, au Liban en particulier. En passant outre le protocole, VGE donnera l'impression d'un sans-gêne fort peu diplomatique dans le même temps qu'il semble réduire la personne du pape à sa seule dimension de chef d'État. Autre raison pour le Vatican de se montrer passablement irrité : le communiqué français permet toutes les interprétations. Et autorise donc à penser que la rencontre entre Paul VI et VGE s'est déroulée le plus normalement possible dans un climat de respect réciproque et de franchise mutuelle. Du respect, il y en eut. De la franchise pareillement. « J'avais l'occasion de rencontrer le président Giscard d'Estaing, se souvient Mgr Jean-Michel Di Falco, évêque de Gap, ex-porte-parole de l'épiscopat, puisque j'ai eu plusieurs de ses neveux notamment comme élèves. Et donc j'ai eu l'occasion de le croiser et d'échanger avec lui à ce moment-là. Et notamment après sa visite à Rome. Et comme j'étais curieux, je lui avais posé la question de savoir comment son entrevue s'était passée. Sa réponse avait été une réponse, je crois, très diplomatique. Il m'avait dit que ça s'était bien passé alors qu'on sait très bien que ça s'était plutôt mal passé. Autant que je me souvienne, il avait été plutôt mal reçu par le pape et il en avait fait le reproche à son ambassadeur puisque c'est le rôle d'un ambassadeur que d'organiser les rencontres entre deux chefs d'État, le pape étant aussi un chef d'État. » Une tension qui marquera également le début des relations entre VGE et Jean-Paul II quelques années plus tard. Valéry Giscard d'Estaing s'en expliquera plus tard, sans nier le désaccord avec le Vatican : « J'ai eu cette même conversation avec deux papes successifs, expliquera-t-il à Agathe Fourgnaud en 2001, qui m'en ont fait le reproche. Je leur ai répondu à tous deux la même chose, à savoir que je n'étais pas président d'un État catholique mais d'un État laïc et qu'il fallait que la loi laïque fût juste. Que les catholiques de ce pays aient des règles et des convictions qu'ils respectent, c'était très bien et c'est d'ailleurs mon cas, mais ces règles et ces convictions ne pouvaient pas s'imposer à une République laïque. [...] Il ne s'agissait pas de lois pour ma conscience mais pour la société dont j'étais le président, société qui devait être juste. » Aller à l'encontre d'une prescription religieuse n'est pas nécessairement chose facile pour un chrétien en politique, dans un pays comme la France, encore présentée comme la fille aînée de l'Église. VGE sut objectivement s'en affranchir. « C'est la distinction des ordres, plaide François Bayrou. Relisez Pascal, qui mériterait d'être un docteur de l'Église ! C'est le plus grand philosophe que la société moderne, démocratique et laïque ait rencontré et il est profondément chrétien. Cette idée fondamentale de Pascal, de la distinction des ordres, c'est le texte le plus important des cinq cents dernières années. C'est aussi important que l'édit de Nantes. C'est d'ailleurs la même inspiration. »

Cette loi sur l'avortement, il fallait la faire. Près de quarante ans après, c'est l'opinion la plus fréquemment répandue. Preuve que Valéry Giscard d'Estaing fit le bon choix pour la France, pour reprendre l'une de ses formules fétiches, et qu'un responsable politique doit tenir compte des conditions concrètes d'application d'une valeur morale. Sans se laisser impressionner par le fait que cette morale est représentée par une autre institution qui s'appelle l'Église catholique. Entre le problème de société et le problème spirituel, l'équilibre apparaît souvent délicat à trouver.

Jean-Paul II remettra bien sûr la question sur le tapis. Le tapis rouge que la République française déroule devant lui lors de sa première visite en 1980. Cette France qu'il aime mais dont le saint-père juge sévèrement les écarts, la permissivité sur la question de l'avortement. Il ne comprend pas davantage les penchants d'une partie de l'épiscopat français pour des idées qu'il juge politiquement trop à gauche, parfois exagérément inspirées à ses yeux par la théologie de la libération. Sur les Champs-Élysées, où il est arrivé dans un hélicoptère mis à sa disposition par la présidence de la République, il écoutera le discours de Valéry Giscard d'Estaing. Un discours que le président a travaillé personnellement, ce qui est bien rare. Il l'a retravaillé, corrigé. Signe de l'importance qu'il donne à ce moment. C'est aussi dire que chaque mot est pesé. La première phrase donne le ton : « Très Saint-Père, le peuple français vous souhaite la bienvenue sur le sol du pays qu'une longue tradition désignait comme la fille aînée de l'Église… » Désignait. Le verbe est à l'imparfait. Suivra un véritable catalogue, au présent, de ce qui inspire Giscard et qu'il insuffle à la France. Quarante-huit heures plus tard, en une formule, qui restera dans les annales, le souverain pontife mettra tout le monde devant ses responsabilités chrétiennes en posant une simple question : « France, fille aînée de l'Église, es-tu fidèle aux promesses de ton baptême ? » Ce véritable appel à l'introspection s'adresse tout autant au président des Français qu'aux évêques de France. Peut-être plus aux seconds, dont le pape ne goûte guère l'indépendance et une trop grande proximité avec la gauche. La formule restera néanmoins. Et les chrétiens de France l'ont entendue.

Valéry Giscard d'Estaing ne nie pas à l'Église le droit de se faire entendre ou de rappeler les valeurs qui l'inspirent. Il n'appelle pas de ses vœux un épiscopat muet et transi. Tout au contraire l'encourage-t-il sans en faire trop de publicité à porter la voix, à prendre la parole sur tel ou tel sujet, à faire valoir ses choix dans le cadre d'une république laïque où elle a sa place. Mais le président réussit parfois cette performance de se faire discret sur ce qui pourrait lui profiter, et trop peu discret sur ce qui peut lui nuire. Beaucoup de Français ne retiendront que ses tics de monarque, dont une certaine presse fera ses choux gras, et ce côté peuple qui sent décidément trop l'artificiel. Cette économie des sentiments qui laisse surtout à penser que la générosité n'existe point chez ce chrétien-là. Avant tout préoccupé par lui-même. Dans une imposante biographie de VGE, le journaliste Georges Valance fait état de cette proposition faite un jour par Giscard au curé du village de disposer des légumes de son jardin en son absence afin qu'ils ne soient pas perdus. L'homme d'Église lui avait alors répondu qu'il serait fort heureux de les recevoir pour les donner à ceux qui en avaient besoin plus que lui. VGE ne sent pas ces choses-là. Bizarrement. Comme il ne sait pas non plus prendre les formes quand, quelques semaines avant une élection, il s'invite à la messe : « J'ai amené un jour Giscard parce qu'il le souhaitait, raconte François Léotard, à la messe, à la cathédrale de Fréjus. Le sermon du curé est resté dans les mémoires de tout le monde parce que ce curé a fait la leçon au président. Giscard s'était annoncé, imposé au dernier moment, il avait voulu absolument être placé dans la nef donc il avait fallu lui trouver un fauteuil, on lui avait trouvé un fauteuil qui s'était d'ailleurs affaissé quand il s'est assis et le curé lui a fait tout un sermon sur le thème de l'humilité : "Monsieur le président, moi je ne considère pas que vous êtes le président." C'était à peu près ça. "Vous êtes un homme comme les autres", etc. C'était assez intéressant, il avait cette parole paysanne, si j'ose dire, très ancienne, qui consiste à considérer le pouvoir comme étant au fond… anecdotique. Ce n'est pas l'importance du personnage qui l'intéressait, c'était le message évangélique que lui avait à transmettre. » Le polytechnicien peut manquer parfois de nuances ou de psychologie, l'énarque pareillement. VGE est polytechnicien et énarque.

De psychologie, il en manquera à nouveau singulièrement dans les heures qui suivront l'attentat devant la synagogue de la rue Copernic, le 3 octobre 1980. Que Giscard se soit trouvé ce soir-là en Alsace chez un aristocrate de ses amis pour un week-end de chasse, comme le diront ses détracteurs, ou chez lui en Touraine, comme il le prétendra, n'a finalement guère d'importance. Comme n'ont aucun fondement les propos de ceux qui se croient alors autorisés à parler à son égard d'antisémitisme. En ne sachant pas prendre la mesure de l'événement, Giscard a surtout laissé penser qu'il mettait de la distance avec la communauté qui en était victime. Il s'est contenté d'un communiqué impersonnel, lu le soir même dans les journaux d'information. Un simple communiqué, quand les juifs de France attendaient au minimum une présence. Victime d'un manque de sensibilité, victime également d'une mauvaise lecture de l'histoire récente.

En France, depuis déjà plusieurs années, et Charles de Gaulle, Georges Pompidou auraient pu en témoigner, la communauté juive change, s'exprime, veut comprendre le silence qui a trop longtemps accompagné la Shoah, et commence à se sentir alors plus proche qu'elle ne l'était auparavant de l'État d'Israël. « Peuple sûr de lui et dominateur », a-t-elle entendu dans la bouche du général de Gaulle, politique pro-arabe pense-t-elle à l'évocation de Georges Pompidou. Sur Giscard, au lendemain de la guerre de Kippour, son opinion n'est pas encore faite. Cela ne tardera pas. Quand la bombe saute devant la synagogue de la rue Copernic, VGE n'est déjà plus un ami d'Israël : le rapprochement intéressé avec les monarchies du Golfe, la rencontre de son ministre des Affaires étrangères avec Yasser Arafat, les déplacements officiels qui semblent faire l'impasse sur l'État hébreu lui vaudront une campagne du Renouveau juif que vient compléter une photo détournée et truquée, celle de VGE supposé regarder Israël depuis le territoire jordanien. Photo en vérité prise sur un champ de courses, soutiendra VGE lors du débat qui l'opposera à François Mitterrand entre les deux tours de l'élection présidentielle de 1981. Cette année-là sera celle d'une véritable première politique. « Un cas unique dans l'histoire de la Ve République, explique Maurice Szafran. Celui d'un vote communautaire, contre Giscard. Il y avait des juifs de droite, des juifs de gauche, des juifs de nulle part, des juifs religieux, pas religieux et là, tout d'un coup, en 1981, tout le monde s'est rassemblé non pas pour Mitterrand, mais contre Giscard. Et les juifs de droite vont voter contre lui alors que le gouvernement socialo-communiste, ça leur fait horreur plus que tout, mais ce qui est encore plus fort en 1981, c'est leur colère, voire leur haine contre Giscard. »

VGE trouvera ce procès qui lui est fait totalement injuste. Les juifs sont des Français comme les autres, avec leur culture, leur religion, leur identité historique. Rien ne doit les distinguer des autres. Telle est la règle que le président semble s'être fixée. Comme si, à ses yeux, la reconnaissance d'une différence aboutissait nécessairement à la stigmatisation, ce dont il ne veut pas. Raymond Barre n'avait pas eu les mêmes préventions ou délicatesses, le soir de l'attentat, en faisant pour sa part une distinction entre victimes juives et Français innocents. Propos choquants et embarrassants pour la majorité giscardienne et pour l'UDF, créée depuis deux ans. Pour un président indirectement mis en cause. Injustice ou non ? Mauvais procès ou pas ? « C'est terrible, confie François Léotard, j'ai du mal à dire ça mais je ne crois pas que ça soit un mauvais procès. Je crois qu'on a eu raison. Il faut bien voir que là aussi, la famille, la tradition, l'histoire personnelle ont joué un rôle considérable et négatif. C'est-à-dire que ce sont des personnes et des familles entières qui n'ont pas pris en charge et en compte l'absolue horreur qu'a été la Shoah. En tous les cas, pas complètement. Vous avez deux lectures de cette période, la lecture tragique, consistant à dire que cette guerre n'est ni une guerre de conquête, ni une guerre de territoire, mais une guerre idéologique, et supprimer une partie de l'espèce humaine, comme on le fait des insectes, c'est un problème idéologique, métaphysique. Et puis l'autre, qui consiste à banaliser en disant : “Oui, la guerre avec les Allemands, on connaît, on a toujours fait." Nous nous trouvons confrontés là à une question qui m'a longtemps tourmenté et qui m'a sans doute poussé à m'engager dans la politique : ce n'était pas une question de territoire. Le nazisme, c'était une question idéologique. Il fallait supprimer une partie de l'espèce humaine. Eh bien ça, je pense qu'il y a des familles bourgeoises françaises, certaines sont allées à la collaboration, naturellement, d'autres sont restées plutôt indifférentes à cet aspect de la question, qui ont traversé cette période sans mesurer l'ampleur ni du drame, c'était sans doute le cas de Pie XII, ni de la réaction qu'il devait susciter. Et je pense que c'est plutôt ça. Moi, c'est un reproche que je continue à faire, comment dire, avec tout le respect que j'ai pour Giscard, qui a été à bien des égards mon mentor, dans le monde politique. Mais ça, pour moi, c'est une différence profonde, très profonde et je ne comprends pas, il y a quelque chose qui m'échappe. C'est très douloureux, cette histoire-là ! Et je crois que s'agissant du rapport avec la communauté juive, si on évacue la question de la souffrance, la question du passé de toutes ces familles, la question du véritable génocide qui a eu lieu, la question donc métaphysique de la place du juif dans la société, du monde, qui est une question multiséculaire, alors on passe à côté de quelque chose de bouleversant. Et ça veut dire surtout un manque de culture, un manque de culture sur ce que représente en profondeur la culture juive, la question philosophique. » Vis-à-vis des juifs, la question n'est pas celle de la personne. Il n'y a jamais eu chez Giscard la moindre virgule, le moindre mot, le moindre propos assimilable à une quelconque forme d'antisémitisme. La question est davantage celle d'un environnement, d'une culture, d'une ascendance qui font que VGE se sent naturellement éloigné de la culture juive.

Sans doute, nécessairement, est-il plus proche de la culture protestante. Plus près du temple que de la synagogue. Dans le discours de réception à l'adresse de Valéry Giscard d'Estaing nouvellement élu sous la Coupole, l'écrivain et journaliste Jean-Marie Rouart le rappelle d'ailleurs en ces termes : « Votre père, Edmond, descend d'une vieille souche auvergnate de protestants de Marvejols, convertis à l'époque des camisards. Il incarne superbement des valeurs familiales faites de travail, d'ambition, d'austérité, assorties d'un certain goût pour les ornements sociaux et les distinctions. » La généalogie des Giscard commence en effet avec François, Pierre et Barthélemy à la fin du XVIIe siècle et au début du XVIIIe. Tous trois sont calvinistes, originaires de Marvejols, en Lozère, pays de la bête mythique du Gévaudan, place forte du protestantisme puis ralliée à Henri IV après les guerres de Religion. Des guerres de Religion qui continuent singulièrement d'intéresser l'ex-président de la République puisqu'il publiera en janvier 1984 un texte de vingt-trois pages, dans la *Revue des Deux Mondes* intitulé « Guerres de Religion et réconciliation ». Texte d'historien, pour ne pas dire de chercheur : constat d'une France depuis toujours malade de ses divisions, description de la société de l'époque, tant sur les plans politique et social que religieux, évocation des familles de Médicis, de Guise ou de Condé, analyse de l'influence calviniste et du dynamisme protestant, hommage au roi Henri IV, le récit se termine sur ces phrases : « Cette période est une des plus tristes de notre histoire. Et cependant, à y regarder de plus près, elle ne contient pas que des éléments malheureux et négatifs. On aperçoit par moments une certaine lueur… je dirai une sorte de recherche tourmentée et sanglante d'une lueur qui finirait par aller de Dieu vers l'homme. » Valéry Giscard d'Estaing conçoit beaucoup d'admiration et de respect pour Henri IV. Et très peu finalement, à la différence de ce que ses détracteurs ont parfois pu imaginer avec délectation, pour Louis XIV. Tout simplement parce que ce dernier signe en 1685 la révocation de l'édit de Nantes, mettant fin à l'existence légale du protestantisme en France. Thème que l'on retrouve très fréquemment chez

Valéry Giscard d'Estaing. Dans une chronique de l'hebdomadaire *Le Point* consacrée en septembre 2012 à la fiscalité et où VGE se prononce en faveur d'une réduction du taux global de prélèvement, il écrit alors : « En 1685, cédant à la pression des rigoristes, Louis XIV révoque l'édit de Nantes, publié par son grand-père, Henri IV, qui accordait la liberté de culte aux protestants. Cette décision, qu'il croyait indolore et bénéfique, déclencha l'exode de deux cent mille protestants qui constituaient une partie remarquablement active et créative du peuple français. Leur départ fut un malheur durable pour la France et créa la prospérité dans les pays d'accueil, à Amsterdam et à Berlin. Les excès déraisonnables de la taxation des revenus envisagée auront l'effet d'une seconde révocation de l'édit de Nantes. » Giscard, on l'a compris, est pour la paix des religions. Et pour la paix tout court. Le défenseur d'une France ou d'une Europe partagée entre les courants religieux qui ont marqué son histoire. Ce qu'est objectivement l'Union européenne actuellement, entre ses principaux courants catholique, anglican et protestant. Comment ne pas voir dans le giscardisme une certaine forme de protestantisme laïc. Et pourquoi ne pas voir dans l'amitié entre Valéry Giscard d'Estaing et le chancelier allemand Helmut Schmidt le lien entre un catholique d'origine protestante et un luthérien d'origine juive ? Raymond Aron reprochera à Valéry Giscard d'Estaing au lendemain de l'attentat de la rue Copernic de ne pas avoir pris conscience du fait que l'histoire est tragique. Il avait bien sûr vu juste. Un polytechnicien n'est point habitué à intégrer ce type de donnée dans les logiciels qu'il met au point et fait fonctionner. Ni à imaginer ce qu'il n'a pas été programmé pour prendre en compte. Les démonstrations sont souvent brillantes. Mais une part de psychologie en est absente. La perception du ressenti. L'impact du spirituel. Note technique élevée. Note artistique en dessous de la moyenne. VGE se dit humaniste avant tout. Il lui en manquera parfois l'intuition. S'inviter à dîner chez les Français ou petit-déjeuner avec des éboueurs sera davantage considéré comme un artifice de communication que comme une main tendue.

VGE n'a pas pris la mesure du malaise qui est monté dans la communauté juive durant son septennat. Comme il semble lui avoir échappé qu'en accueillant en France l'ayatollah Khomeiny, il rendait sans doute plus service à ce dernier qu'à son ami le shah d'Iran. Pendant cent douze jours entre le 6 octobre 1978 et le 1er février 1979, le futur guide de la révolution iranienne va en effet profiter de son exil français dans une commune des Yvelines pour peaufiner son projet de République islamique. Les services secrets le surveillent mais le religieux se prête au jeu de quelques médias, fait figure d'exilé politique, et donc de victime aux yeux de certains milieux intellectuels de gauche. Son opposition au shah, dont la dictature est dénoncée depuis longtemps par l'opposition politique en France, n'est pas davantage perçue comme un véritable danger. Une sous-estimation qui, avec la facilité qu'offre le recul, pourrait permettre de se poser des questions sur la myopie des autorités de l'époque. En fait personne n'a intégré cette réalité dont l'ayatollah sera le symbole : la naissance ou renaissance de l'intégrisme islamique. Le président de la République pas plus qu'un autre. Sans doute d'autres à sa place n'auraient pas été plus perspicaces. Sans doute. Le problème, s'agissant de Valéry Giscard d'Estaing, c'est qu'à l'instar d'un de Gaulle ou d'un Georges Pompidou, le monde islamique est pour lui une sorte de planète inconnue dont seules les données de latitude et de longitude sont à la limite perceptibles. Qu'un vieil ayatollah à l'allure d'inquisiteur moyenâgeux puisse conceptualiser la République islamique dans la salle à manger d'un pavillon de grande banlieue parisienne a donc dû lui sembler assez invraisemblable à première vue. Ce sera pourtant la réalité. Les principes régissant le droit d'asile en France seront certes régulièrement rappelés à l'ayatollah mais il faudra attendre que des cassettes enregistrées appelant à la mort du shah soient déchiffrées par les services français pour que le simple rappel à l'ordre se transforme en arrêté d'expulsion. Procédure que le shah lui-même demandera à VGE de ne point appliquer. L'ayatollah finira par partir de lui-même. La dynastie des Pahlavi s'écroule une dizaine de jours après son retour. L'absolutisme religieux devient la loi, absolutisme religieux qui inspirera par la suite bien des intégrismes.

Valéry Giscard d'Estaing connaît pourtant le chemin de La Mecque. Même s'il fréquente davantage saint Pierre sur le plan religieux et Confucius sur le plan philosophique, le Prophète ne lui est pas étranger. Il le croise plus qu'il ne le rencontre, au contact de ce monde arabe, riche à tous points de vue et suffisamment noble à ses yeux, qu'il aime à visiter et qu'il aime recevoir. Indépendamment du fait que la France se doit d'être bien avec nombre de ces producteurs d'or noir depuis le dernier choc pétrolier, ce qui peut parfaitement se concevoir en terme de *realpolitik*. Pour ce monde arabe précisément, le président aura d'ailleurs l'idée d'un institut, en 1974, idée devenue l'esquisse d'un projet en 1980, esquisse devenue réalité en 1987, François Mitterrand ayant fait plus qu'hériter du dossier. C'est d'ailleurs lui qui inaugurera l'Institut du monde arabe, et passe donc inévitablement depuis pour en avoir été l'inspirateur. Injustice fréquente de la vie politique. Celui qui a l'idée n'est point forcément celui qui coupe le ruban. Et dévoile les plaques. Rendons à César ce qui lui appartient, donc.

Valéry Giscard d'Estaing sait aussi fort bien ce que signifie l'expression « Français musulman ». Depuis son arrivée à l'Élysée, cette expression est plutôt synonyme de problème, de drame même. Celui que connaissent les rapatriés d'Afrique du Nord. Et en particulier ces harkis, regroupés dans des camps, essentiellement dans les départements du Gard et du Lot-et-Garonne. En 1975, la colère et le désespoir des jeunes harkis prennent la forme d'un large mouvement de protestation, ponctué de grèves de la faim, et même d'une prise d'otages. Des mesures d'urgence seront prises. Puis c'est aux Français musulmans, dont les harkis sont seulement une partie, que Valéry Giscard d'Estaing demandera que l'on s'intéresse vers la fin de son mandat. Des dispositions seront ainsi prises en faveur de l'enseignement de la langue arabe, des efforts seront consentis en matière de regroupement familial, d'aide et d'indemnisation, auxquels s'ajoutera un fait souvent oublié : la première organisation par le gouvernement français de la Ve République d'un pèlerinage à La Mecque. Pèlerinage dont le succès, se félicitera Jacques Dominati, le secrétaire d'État aux Rapatriés, à la tribune du Sénat le 9 décembre 1980, a été, selon ses termes, « incontestable dans les milieux musulmans français[1] ». Valéry Giscard d'Estaing avait bien compris l'importance politique de ce dossier. En mai 1979, dans un communiqué officiel, le président avait demandé au gouvernement, et l'avait fait savoir, que lui soit fait semestriellement le point de l'application de la loi d'indemnisation des rapatriés, pour s'assurer du respect scrupuleux de ses échéances, insistant pour que soit poursuivie la politique d'intégration dans la communauté nationale des Français musulmans et que des mesures soient prises pour permettre la réunion des familles et leur faciliter l'accès au pèlerinage de La Mecque. Ce pèlerinage aura lieu en octobre 1980. Le président de la République en campagne s'en félicitera dans un article du *Midi libre* en avril 1981 comme il se félicitera de toutes les autres mesures prises en faveur des rapatriés. Il s'agit alors, quelques mois avant l'élection présidentielle, de présenter sous le meilleur jour le bilan de son action. « Nos compatriotes musulmans, dira-t-il à la même période, lors d'un meeting à Aix-en-Provence, avaient un droit éminent à la reconnaissance nationale.

1. *Journal officiel*, n° 119, 9 décembre 1980.

C'est pourquoi nous avons pris en compte, avec générosité et réalisme, leur situation particulière au regard du logement et de l'emploi. Je vous rappelle que nous avons pris des dispositions pour construire des mosquées et leur permettant d'exercer leur religion, à laquelle ils ont droit, comme chacun de nous à la nôtre. J'ai fait organiser pour la première fois le pèlerinage des Français musulmans à La Mecque et j'ai veillé à ce que les hautes autorités religieuses de l'Arabie saoudite accueillent avec des égards particuliers les Français musulmans qui se sont rendus en pèlerinage. Enfin, en septembre 1978, en dehors de toute période électorale, j'ai eu l'honneur d'être le premier président de la République à rendre hommage, devant l'histoire, à l'action accomplie pendant plus d'un siècle par les Français d'outre-mer. » Valéry Giscard d'Estaing le confirme. Ce pèlerinage, il l'a effectivement fait organiser pour plusieurs dizaines de Français musulmans, qu'avaient alors accompagné jusqu'à Djeddah le secrétaire d'État aux Rapatriés, Jacques Dominati, et une délégation conduite par un islamologue franco-tunisien, chercheur au CNRS. Quelle part l'État français a-t-il assumée financièrement dans l'opération et l'affrètement de l'avion ? Officiellement, la loi de séparation de 1905 sera respectée. Officieusement… Dans les années trente, les gouvernants ne s'étaient pas trop posé de question. La République d'alors avait en effet déjà ainsi organisé pour des raisons de politique coloniale bien comprise le pèlerinage des colonisés vers les lieux saints. Mais c'était alors à partir de leur pays. Cinquante ans plus tard, ce sera à partir de la métropole…

La particularité de Valéry Giscard d'Estaing par rapport à ses prédécesseurs, et à ses successeurs, à l'exception dans une moindre mesure de Nicolas Sarkozy, est d'avoir connu une exceptionnelle longévité politique après son départ de l'Élysée. Trente-quatre ans sur lesquels il serait dommage de faire l'impasse, tant ces années sont riches de nouvelles indications ou de compléments d'informations sur les choix de Valéry Giscard d'Estaing. Tout particulièrement en matière européenne.

L'Europe, nouvelle frontière de Valéry Giscard d'Estaing qui prend en main en décembre 2001 les destinées de la Convention pour l'avenir de l'Europe, supposée réfléchir à un projet de Constitution. L'ancien président y trouve une nouvelle tribune, pour ne pas parler de nouvelle vie, et ne se prive pas de peser sur les débats. Parfois même en créant l'événement. Son hostilité à l'adhésion de la Turquie, question qui divise la classe politique française comme elle divise l'Europe, il va l'affirmer de façon forte, pour ne pas dire éclatante, en novembre 2002. Allant même jusqu'à prévoir la fin de l'Union européenne dans l'hypothèse où le scénario qu'il rejette avec force venait à être retenu. Valéry Giscard d'Estaing n'y va pas par quatre chemins. La Turquie est un pays proche de l'Europe mais pas un pays européen. Sa capitale n'est pas en Europe, quatre-vingt-quinze pour cent de sa population est hors d'Europe. VGE ne fera pas explicitement allusion à l'aspect religieux de la question. Son argumentation est plus sibylline : si la religion n'est pas une bonne raison de refuser l'adhésion turque, ce n'est pas une bonne raison de l'accepter non plus[1]. Ce qu'il y a d'encore plus intéressant dans la prise de position de Valéry Giscard d'Estaing tient dans un mot : identité. Mot généralement voué aux gémonies de la gauche et sacralisé à l'extrême droite. L'identité européenne existe, martèle Giscard au début des années 2000. Le christianisme fait-il partie des éléments de cette identité ? Le débat suivra quelques mois plus tard.

1. *Le Figaro*, « Turquie : pour le retour à la raison », Valéry Giscard d'Estaing, novembre 2004.

La réponse à cette question ne fait aucun doute pour le pape Jean-Paul II, qui entend bien gagner cette partie-là. Il recevra en audience Valéry Giscard d'Estaing le 31 octobre 2002 pour lui signifier toute l'importance de cette mention des racines chrétiennes de l'Europe dans la Constitution européenne. Giscard ne demanderait pas mieux que de faire plaisir au souverain pontife… mais il se contente d'une phrase très évasive à sa sortie. « Le pape m'a exposé trois soucis concernant le contenu religieux et spirituel de la future Constitution. [...] Nous travaillons en ce sens », dira-t-il à l'issue de son audience avec Jean-Paul II. L'ancien président sait toute l'attention que les souverains pontifes ont toujours prêtée à l'Europe et à son ancrage chrétien. Question hautement stratégique pour le Saint-Siège depuis toujours. La récente visite du pape François à Strasbourg, où il a pris la parole le 25 novembre 2014, l'a encore prouvé. L'Europe qui, sans ses références chrétiennes, serait, selon le Vatican, comme un arbre sans racines. VGE comprend cette approche, cohérente avec la pensée des différents guides de la chrétienté qui se sont succédé depuis trente-cinq ans. La partage-t-il à cent pour cent ? Pas nécessairement. « Je crois, affirme François Bayrou, que Giscard est comme moi, c'est-à-dire qu'il pense qu'on ne devait pas mentionner les racines chrétiennes dans cette Constitution. » « Giscard était plutôt, précise Alain Lamassoure, sur la ligne d'une inscription, dans le préambule de ce traité européen, des racines judéo-chrétiennes de l'Europe. Nous faisions le point au PPE (Parti populaire européen, premier groupe politique du Parlement européen) toutes les semaines. Et tous les trimestres, on se réunissait deux jours quelque part, dans un endroit propice à la réflexion. Majorque, ou au château de Drachenburg, au sud de Bonn, non loin de la ville de Rhöndorf où est enterré Konrad Adenauer. Deux prélats étaient d'ailleurs généralement présents, au titre des invités : un représentant du Vatican et un autre du Conseil des conférences épiscopales d'Europe. Un Espagnol et un Irlandais, dont le but était bien sûr de faire inscrire une référence au christianisme dans le préambule. » Valéry Giscard d'Estaing présidera magistralement cette Convention pour l'avenir de l'Europe, de l'avis de la plupart des observateurs, mais sur cette question des références chrétiennes, il savait pertinemment qu'il se heurterait à un double obstacle : Lionel Jospin et Jacques Chirac. Les deux hommes mettront en effet en avant l'article 1er de la Constitution française. L'affirmation d'une République, une, indivisible et laïque. À vrai dire, Valéry Giscard d'Estaing n'en fait pas véritablement une question de religion ou de laïcité. S'il est attaché au rappel des racines chrétiennes de la France et de l'Europe, c'est parce qu'il s'agit d'une évidence historique que personne n'a d'intérêt à nier. C'est du moins ce qu'il dira en 2011 à un journaliste du site *Atlantico*. Dans un contexte qui est celui des débuts de la campagne présidentielle de 2012 et du débat crée par Nicolas Sarkozy sur l'identité chrétienne de la France. Au début des années 2000, son registre, c'est aussi et tout simplement l'identité de l'Europe, son unité, seul facteur de son avenir. Et le débat autour de ces références religieuses ne va pas nécessairement dans ce sens. « Moi, je pense que ce n'était pas son vrai sujet, dit avec pertinence et sagesse le père Matthieu Rougé. Et donc il n'y a pas mis beaucoup… d'idéologie. Il a pensé avoir trouvé à un moment donné une formule qui faisait consensus sur le sujet et que le Saint-Siège avait acceptée. » La formule finalement proposée par VGE et donc retenue en 2003 évoquera en effet de façon assez générale l'héritage culturel, religieux et humaniste de l'Europe… Sans plus de détail. L'imprécision permet parfois le consensus, que recherchait en fait prioritairement le président de la Convention pour l'avenir de l'Europe. À ce titre, il ne s'était d'ailleurs pas personnellement impliqué en tant que chrétien. « Je ne suis pas sûr qu'il y ait mis de la foi », confirme Alain Lamassoure.

Peut-être VGE, dont le nez politique est creux, avait-il aussi eu l'intuition que ce texte supposément constitutionnel était mal engagé. La Constitution européenne sera rejetée par les électeurs français et néerlandais en 2005. Un mois après que le nouveau pape, Benoît XVI – qui porte le prénom du patron de l'Europe, proclamé tel par Paul VI en 1964 –, a, comme son prédécesseur Jean-Paul II, officiellement dénoncé l'absence de mention des fameuses racines chrétiennes...

Sur ses passages au Vatican et sur les papes qu'il eut à connaître, Valéry Giscard d'Estaing ne sera pas disert dans ses Mémoires. Tout juste fait-il état du fait qu'il a été plus touché par le second que par le premier. Devant Paul VI, VGE avoue un certain malaise, « comme s'il avait de la peine, écrira-t-il, à être ce qu'on attendait qu'il fût. D'où une certaine application, une composition, presque un rôle. Dans Jean-Paul II, poursuit-il, ce qui m'a ému, c'est la perception directe du caractère impossible de sa tâche. [...] Je me disais qu'il était condamné par notre époque à ramer contre un courant trop puissant, celui de l'incrédulité, du réalisme à court terme, des sarcasmes qu'il n'entendrait peut-être pas, mais qui corroderaient son message. Le contraste était poignant entre sa disponibilité à entreprendre tout ce qui serait possible et l'inaccessibilité visible du résultat[1] ». Avec le recul, difficile de ne pas s'étonner de ce jugement assez détaché et sommaire d'un prétendu chrétien sur celui qui restera comme l'un des plus grands représentants de la papauté contemporaine, béatifié en 2014 et véritable figure de légende pour nombre de fidèles. Reçu en octobre 1978 par ce pape, Valéry Giscard d'Estaing avait pourtant été impressionné par Jean-Paul II. Il avait aussi profité de son séjour pour se faire installer chanoine honoraire de la basilique Saint-Jean-de-Latran. En 1978, c'est-à-dire

1. Valéry Giscard d'Estaing, *Le Pouvoir et la Vie*, *op. cit.*

quatre ans après son arrivée à l'Élysée. Façon de rechristianiser son image, un peu mise à mal par les premières réformes du septennat. Et de faire par la même occasion oublier la bourde du service courrier de l'Élysée. La lettre d'invitation du Vatican ayant été par deux fois, dans le passé, considérée comme l'œuvre d'un déséquilibré et mise à la corbeille avant qu'on finisse par s'apercevoir de cette malencontreuse erreur... réparée donc en octobre 1978.

Depuis maintenant plus de soixante ans, Valéry Giscard d'Estaing pratique la politique française. Il l'habite presque. Une vie avant la présidence de la République. Et une vie après. La vie qu'il vénère, qu'il distingue du pouvoir pour mieux sembler l'y associer dans le récit de ses Mémoires. Dont la religion est à quelques références près absente. La vie dont il eut à plusieurs reprises la lourde responsabilité de disposer du cours. L'arrêter ou le prolonger. Laisser la justice poursuivre son cours ou exercer le droit de grâce. Président de la République, Valéry Giscard d'Estaing aura les mêmes préventions que ses prédécesseurs, se posera les mêmes questions quant à l'effet dissuasif de la peine capitale, étudiera longuement, très longuement les dossiers qui lui seront soumis, recevra et écoutera les avocats des condamnés, avant de prendre une décision. Comme Georges Pompidou, VGE fera part de son aversion pour la peine de mort, mais comme lui se donnera pour règle de n'accorder la grâce à aucun assassin d'enfant. Règle qu'il étendra au violeur et meurtrier d'une jeune femme en 1977. Sa réflexion sur la peine de mort ne revêt aucun caractère religieux. Avec Giscard, les choses ne se passent pas ainsi. Le caractère dissuasif de la peine capitale aurait été en revanche démenti solidement par une étude scientifique, sans doute l'aurait-il abolie. Mais aucune étude de ce type n'existe, aucune vérification n'a pu être conduite, aucun théorème ne s'applique. Il ne lui reste que son instinct, sa propre conviction intime, et la prise en compte d'une opinion qui en France est encore à cette époque plutôt favorable à la peine de mort. Aurait-il fini par en proposer l'abolition dans l'hypothèse d'une réélection en 1981 ? Sans doute. Peut-être. Il est autant permis de le penser que d'en douter. Dans son livre *Le Pouvoir et la Vie*, Giscard consacrera vingt pages à la peine de mort. Vingt pages parfois aussi inspirées qu'un mode d'emploi dont toute considération d'ordre religieux est absente. Tout juste avoue-t-il au petit matin de l'exécution de Christian Ranucci, en 1976, avoir pensé à se rendre au premier office de l'église Saint-Germain-l'Auxerrois, près du Louvre. « J'aurais préféré me trouver dans un endroit détaché des habitudes de vie quotidienne, où j'aurais pu penser plus intensément au déroulement de cet événement et assumer la part qui m'en revenait. » VGE y renoncera, par peur qu'en l'apprenant, la presse n'y voie qu'un gadget, une excuse commode pour débarrasser sa conscience d'un fardeau non transmissible à d'autres.

Valéry Giscard d'Estaing est un personnage à deux faces. Pudique, le sentiment discret, difficile à déchiffrer, mais par ailleurs capable de grande impudeur dans ses écrits et d'ostentation dans le paraître ; soucieux de proximité avec les gens mais pareillement doué d'une singulière aptitude à la prise de distance, ou de hauteur ; populaire, à de rares moments, mais surtout prisonnier de ses tics monarchiques. Ou interprétés comme tels. Les habitants d'Authon se souviennent du jour où un article de *La Nouvelle République* leur a appris que le président avait fait faire par son épouse l'acquisition d'un terrain proche du cimetière de la petite commune du Loir-et-Cher, où VGE a ses habitudes de châtelain. Un châtelain qui aurait conçu le projet d'être enterré sur cette parcelle, loin donc du *vulgum pecus*, et certainement pas au milieu du peuple. Un dossier de permis de construire a même été déjà déposé, projet d'une chapelle funéraire décrite comme « classique ».

Le dossier sera finalement refusé par la mairie, pour cause de non-constructibilité de la parcelle au regard du plan d'occupation des sols. Sans doute parce que la loi française n'autorise pas, sauf conditions – non remplies dans le cas d'espèce –, qu'un défunt puisse être inhumé dans son propre jardin. Il est à noter que cet usage avait été jadis pratiqué par les protestants. L'accès aux cimetières alors supposés catholiques leur ayant été refusé en particulier après la révocation de l'édit de Nantes, en 1685, les Français de confession protestante avaient dû se résoudre à enterrer clandestinement leurs morts là où ils le pouvaient et ce fut précisément souvent au fond d'un jardin ou dans une cour. Mais même lointain descendant d'un protestant de Marvejols, Giscard n'a guère le profil de quelqu'un qui souhaite se faire inhumer clandestinement. Plus troublant est sans doute le fait que d'autres proches et non des moindres de Valéry Giscard d'Estaing ont eu cette tentation. La famille de Michel d'Ornano avait, à la mort accidentelle de l'ancien ministre, proche parmi les proches de Valéry Giscard d'Estaing, demandé l'autorisation d'inhumer celui qu'on surnommait le Duc de Normandie dans le parc de la propriété familiale de Deauville. Autorisation qui ne lui avait pas été accordée. La famille réussira tout de même à faire aménager au défunt une sépulture donnant tout à la fois sur le cimetière et sur le parc de sa propriété grâce à un mur de verre translucide. La tombe de Jean Lecanuet, autre ministre de Valéry Giscard d'Estaing, ami de plus de vingt ans de l'ex-président, fidèle parmi les fidèles, fera lui aussi l'objet d'un traitement particulier pour ne pas dire privilégié. Et controversé. Conformément à ses vœux, auxquels les autorités religieuses ont donc accédé, l'ancien député et maire de Rouen repose depuis 1993, ainsi d'ailleurs que Jacqueline, sa seconde femme, décédée un an après lui, dans une… abbaye. Celle de Saint-Georges-de-Boscherville, fondée par Guillaume de Tancarville. Les défenseurs du patrimoine ont eu beau faire, et protester contre un tel traitement de faveur, rien n'y a fait et la réalité s'impose depuis lors : l'un des maréchaux du giscardisme est enterré dans une chapelle. Son empereur semble encore chercher la sienne.

4
FRANÇOIS MITTERRAND

François Mitterrand commencera son premier septennat au Panthéon en s'invitant dans l'assemblée mémorielle des grands hommes de la République laïque. Il terminera sa vie, quelques mois seulement après la fin de son second septennat, dans un appartement du Champ-de-Mars, l'image d'un saint François d'Assise entouré d'oiseaux sur une table de chevet. Et aura droit à deux messes, le double de ce que peut espérer un catholique pratiquant. Une dualité qui aura d'ailleurs été sa marque. Elle accompagnera le président durant ses deux mandats. Le Panthéon l'illustrait déjà d'une certaine façon. Son histoire suffirait presque à résumer l'ambiguïté du président qui en monte les marches en ce 21 mai 1981, jour qu'on n'oserait dire béni pour lui, puisqu'il s'agit de celui de sa prise de fonctions. Une église catholique voulue par un roi, Louis XV, en l'honneur d'une sainte, devenu temple laïc et crypte républicaine. Le culte de sainte Geneviève et l'hommage à Jean Jaurès réunis dans le même édifice dont François Mitterrand connaissait parfaitement les origines et l'évolution. Il en connaissait même les hôtes silencieux, les rites, les symboles.

« Il avait à l'évidence contemplé cette mosaïque d'Ernest Hébert, affirme Mgr Dagens, évêque d'Angoulême et académicien. Cette mosaïque couronne l'abside. Elle a été terminée sous la IIIe République en 1884, un an avant que le Panthéon ne devienne ce qu'il est aujourd'hui. Elle représente le Christ entouré de quatre personnages : sainte Geneviève, une femme symbolisant la ville de Paris, Jeanne d'Arc… et un ange drapé de bleu, une épée à la main. Elle est accompagnée d'une inscription en latin que je connais par cœur : *Angelum Galliae custodem christus patriae fata docet*. Le Christ enseigne les destins de la patrie à l'ange de la Gaule. Une Gaule laïque, une Gaule chrétienne… ? »

En ce mois de mai 1981 les roses fleurissent aux boutonnières et le pays s'apprête donc à passer selon les termes fameux de Jack Lang « de l'ombre à la lumière ». L'ombre et la lumière… Encore une partition en forme de dualité que le nouveau président interprétera à sa manière durant ses deux septennats.

La lumière qui accueille sa naissance le 26 octobre 1916 à Jarnac est à l'évidence plutôt celle du Christ. François y est porté sur les fonts baptismaux en l'église de Jarnac quelques mois plus tard. La tradition catholique est bien ancrée dans la famille du jeune garçon. Il peut compter sur des ascendants qui ne plaisantent pas avec la question. Il faut dire qu'en Charente, chez ces gens-là, semble régner comme une double culture. Et ce, depuis les guerres de Religion. Depuis la mort du prince Louis Ier de Bourbon-Condé, chef du parti huguenot, assassiné aux portes de Jarnac, à Triac, en 1569, par les armées catholiques. Si l'édit de Nantes est surtout devenu une date qu'apprennent les enfants dans leurs livres d'histoire, les cicatrices ne sont pas toutes complètement refermées. Elles réapparaissent sous d'autres jours. La tradition protestante, très enracinée – la maison familiale de François Mitterrand jouxte d'ailleurs un temple –, et la culture catholique se sont, en effet, trouvées, comme naturellement, d'autres terrains de compétition. Ou de bagarre. Les protestants, politiquement, sont ainsi plutôt portés vers la gauche, les catholiques vers la droite. Les grands-parents de François Mitterrand appartiennent à l'évidence au deuxième camp. Comme ses parents. Des bourgeois de province aisés et conservateurs, même s'il leur arrive de se dire sensibles au catholicisme social du fondateur du Sillon, Marc Sangnier. Il n'empêche : Yvonne Lorrain, la mère de François Mitterrand, assiste à la messe tous les matins. Son père, Joseph, chef de gare recyclé dans la vinaigrerie de son beau-père, pousse quant à lui les portes de l'église le dimanche. Il est par ailleurs membre de la Conférence Saint-Vincent-de-Paul, mouvement spirituel à vocation caritative. Le jeune François Mitterrand sera donc nourri, imbibé de culture catholique. Hors-d'œuvre à Sainte-Marie de Jarnac, plat de résistance au lycée Saint-Paul d'Angoulême. Le futur responsable socialiste y est interne, il assiste à la messe, sert la messe, il fait partie de groupes catholiques et surtout s'affirme comme une brillante intelligence dont témoigneront les responsables de l'établissement, les chanoines Coudreau et Bouchaud. François Mitterrand gardera d'ailleurs avec eux les meilleurs contacts. Il décorera notamment le premier de la Légion d'honneur en 1982 sur le contingent de l'Élysée. Les années passées à Saint-Paul d'Angoulême seront pour lui une sorte de bulletin de reconnaissance, quand il fait son arrivée à Paris, en 1934, pour y « faire son droit et suivre les cours de Sciences Po ». Il loge chez les pères maristes du 104, rue de Vaugirard, où il retrouvera les traces de François Mauriac, passé là quelques années auparavant. La relation entre François Mauriac, ami de son oncle maternel, et François Mitterrand est liée à la culture catholique, à Jarnac. Une culture à laquelle il restera toujours fidèle. Comme il restera proche de cette famille et de cette région, où il reviendra jusque dans les dernières années de sa vie. Car il ne s'est jamais séparé de cette alliance avec Dieu, qui commence dans la ville où il est né. « J'ai rencontré François Mitterrand à Jarnac, en mars 1995, témoigne Mgr Dagens. Il venait de faire le tour de ce musée qui lui est consacré non loin de sa maison natale, et qui rassemble quelques objets qu'il a légués à la ville. Il était accompagné d'Anne Lauvergeon, je m'en souviens, qui était près de lui et qui, au dernier moment, lui a donné un verre d'eau, pour boire un remède qu'il a avalé ; puis il est venu vers moi, et nous sommes restés quelques instants silencieux, l'un en face de l'autre. "Monsieur le président, lui ai-je dit alors, je vous ai entendu il y a quelques instants parler de retour aux sources. Vous savez que pour nous, chrétiens, la principale source, c'est le baptême. Et je vous le dis parce que votre acte de baptême est exposé en grand format, nous l'avons agrandi, à trois mètres de l'endroit où nous nous trouvons, à Saint-Pierre de Jarnac. — Je n'en ai jamais douté", m'a-t-il répondu, comme si d'une certaine façon, il m'en savait gré. J'ignorais que quelques mois plus tard, en janvier 1996, j'aurais, ici même, à cocélébrer la messe de ses obsèques, et à faire le lien entre le souvenir de son baptême, l'alliance avec le Christ, l'événement de sa mort et le choix d'être enterré à Jarnac. »

Ce jour-là, François Mitterrand déjeunera dans sa famille, à Saint-Simon, dans les environs de Jarnac. Puis il passera se recueillir dans l'église Saint-Pierre. Moment dont seul l'organiste présent sera témoin. Il se rendra ensuite au cimetière des Grand' Maisons, pour se recueillir devant le caveau familial.

À quel moment François Mitterrand s'éloigne-t-il de la religion ? C'est plutôt une lente évolution sur laquelle il convient de s'attarder. Au début des années trente, il est encore ce jeune homme revendiquant haut et fort sa foi dans le catholicisme. Un étudiant que le colonel de La Rocque et ses Croix-de-Feu ne laissent alors pas indifférent. Sa mère meurt en 1936, après une longue maladie. Cette mère pieuse et profondément catholique dont il a tant reçu lui a transmis sa ferveur religieuse et cette connaissance de la Bible qui, quelques années plus tard, ne cessera de surprendre jusque dans les rangs de ses proches collaborateurs ou de ses interlocuteurs de passage. Sa mort va profondément affecter François Mitterrand, il en parlera pourtant peu. De plus en plus fatiguée par le mal qui la rongeait, elle avait été installée au rez-de-chaussée de la maison familiale. Son lit avait été descendu dans la salle à manger, au milieu de ces meubles bretons que l'on peut encore y voir. C'est là qu'Yvonne Lorrain rend son dernier souffle. C'est à cet endroit précis que François Mitterrand, ainsi que ses frères et sœurs, feront incruster une petite croix dorée, dans la boiserie, à environ un mètre du sol, à l'endroit précis où leur mère est morte. En 1936, ce fils est encore le catholique convaincu, pour le salut de qui priait dévotement sa mère.

Sans doute la guerre va-t-elle par la suite contribuer à changer le regard que porte François Mitterrand sur le monde qui l'entoure et modifier en profondeur les certitudes et les repères qui sont encore les siens. Appelé fin 1938 sous les drapeaux, fait prisonnier en juin 1940, il découvre alors un monde que la spiritualité ne gouverne pas, loin s'en faut, et où les préoccupations sont plus matérialistes. Au contact de cette réalité qui n'est guère marquée par la charité du Christ et des hommes d'horizons divers, croyants ou mécréants, qu'il côtoie alors, il commence à douter, ses convictions sont ébranlées, ses biographes en témoigneront, ce qui ne l'empêchera pas quelques années plus tard de se rapprocher du maréchal Pétain et de l'ordre de Vichy, comme sous le coup d'une réminiscence de son éducation religieuse. Réminiscence vite balayée par la Résistance, la Libération, puis par la vocation politique qui s'est lentement affirmée. En 1944, au lendemain de la Libération, il épouse Danièle Gouze. À l'église Saint-Séverin. En habit, chemise et nœud papillon blanc, conformément aux usages de sa classe. Signe d'un retour de flamme religieuse ?

Non. Pas plus que la robe blanche de la mariée n'indique qu'il épouse une catholique pratiquante. C'est même plutôt le contraire. Les parents de Danièle sont plutôt représentatifs de ceux qu'on a appelés « les Hussards noirs de la République » : une mère institutrice, un père principal de collège, tous deux militants de la SFIO, la Section française de l'Internationale ouvrière.

Dans le même temps qu'il s'unit à cette femme, François Mitterrand s'apprête à épouser la politique, qui devient son ambition absolue. Son évolution s'est faite. La prise de distance qu'il a commencé à opérer durant la guerre vis-à-vis de la religion est arrivée à maturité. Hubert Védrine, fidèle collaborateur, secrétaire général de l'Élysée, ministre, aujourd'hui président de l'Institut François Mitterrand évoquera cette question dans une tribune publiée sur le site de l'Institut, pour évoquer de simples hypothèses : « Peut-être l'Église lui semblait-elle alors faire trop peu de cas des misères et des injustices du siècle où ne répondait-elle pas à ses attentes nouvelles. Peut-être bridait-elle sa liberté, il ne s'en est jamais expliqué. »

La question reste donc en suspens. François Mitterrand suggère néanmoins qu'une de ces pistes est la bonne. Dans le livre qu'il publie en 1980[1] sous le titre *Ici et Maintenant*, il répond au journaliste Guy Claisse en ces termes : « L'Église s'est coupée des masses ouvrières. Le socialisme qui a commencé de se faire sans l'Église a fini par se faire contre elle. » Avant d'ajouter quelques lignes plus loin : « J'entendais mes parents parler avec tristesse de cette Église si loin des humbles. La Bible a nourri mon enfance. Comment, après un tel apprentissage et quelque distance que j'ai prise avec lui, n'aurais-je pas été apte à comprendre qu'un socialiste avait le droit de croire en Dieu ? »

1. Chez Fayard.

La dualité mitterrandienne reste bien présente. Sa duplicité, diront ses ennemis politiques. Ou ceux pour lesquels à gauche, durant sa lente ascension vers l'Élysée, qui passera par la réunification de la famille socialiste, il nourrira paradoxalement une certaine défiance : ces chrétiens déclarés dont il lui arrivera parfois de dire méchamment qu'ils sentent un peu la sacristie. Pourquoi cette prévention ? « L'approche générale du catholicisme voire du christianisme en politique, répond Hubert Védrine, lui paraissait à l'évidence irréaliste, indépendamment du fait qu'elle était en général dirigée contre lui. L'idée que la politique devait être au fond la suite de l'œuvre missionnaire était sans doute honorable à ses yeux, mais inefficiente en pratique. » Avis que complète le député socialiste Jean Glavany, ex-chef de cabinet de François Mitterrand, en des termes plus précis : « Il ne le supportait pas, ce courant de centre gauche où il y avait Delors, Rocard, Pierret, les proches de la CFDT. Mitterrand, c'était un homme de volonté, c'était un homme de décisions, d'affrontement quand il le fallait, il ne rechignait pas au combat politique, il avait le sentiment que chez les chrétiens de gauche il y avait toujours des tergiversations, des recherches de compromis, des faux-fuyants, c'était une deuxième gauche comme on l'a baptisée. Il les a tolérés suffisamment pour les associer aux Assises du socialisme en 1974. Il a fini par comprendre que le Parti socialiste s'enrichirait de cet apport-là, et puis il leur a tout de même donné des responsabilités importantes, à ces chrétiens de gauche. Comme quoi il aura réussi à les supporter. » Tergiversations, faux-fuyants… que l'ancien ministre Christian Pierret, catholique pratiquant, ne partage guère : « Sa méfiance vis-à-vis des catholiques de gauche était réelle. Sans doute à ses yeux n'étaient-ils pas suffisamment politiciens pour être fiables. Il considérait que leur naïveté pouvait se révéler dangereuse. » Trois façons de voir, trois illustrations d'une même réalité.

Ces mêmes chrétiens de gauche se feront administrer par François Mitterrand une leçon de politique opportuniste quand ils découvriront avec une surprise teintée d'ironie l'une des affiches du candidat socialiste en 1981. Sous le slogan de la Force tranquille, et en arrière-plan du portrait de François Mitterrand, une petite église dont le clocher avait certes été quelque peu gommé mais une église bien reconnaissable, puisqu'il s'agissait de celle de Sermages, modeste commune de la Nièvre. Il serait faux de n'y voir qu'une idée de communicant, ou un message complice envoyé à la communauté des chrétiens. Comme il est bien difficile de croire ces socialistes un peu gênés qui, dans l'entourage du futur président, tentent toujours, encore aujourd'hui, de se convaincre de l'implication déterminante du photographe de l'époque. Un artiste qui serait tombé sous le charme de ce paysage nimbé de lumière bleu et rouge et qui aurait alors déclenché dans un état quasi second, en cadrant cet arrière-plan si typique de la France. Guère plus crédibles, certains représentants du clergé interpréteront la présence de la petite église en se référant à cette mémoire dont les bâtiments du culte seraient les meilleurs vecteurs de transmission, une mémoire nationale, ni de droite ni de gauche, que François Mitterrand aurait donc souhaité réveiller, à supposer qu'elle se soit éteinte. Les exégètes les plus honnêtes de la pensée mitterrandienne mettront surtout en avant la volonté du candidat – politiquement légitime au demeurant – de n'exclure personne et certainement pas la grande famille des chrétiens. « Il avait quand même du culot, observe Hubert Védrine en souriant. Mettre le clocher d'une église sur l'affiche du candidat socialiste ! Mais cela s'explique : Mitterrand se voulait avant tout un réconciliateur national. » Venu au pouvoir par l'Union de la gauche, François Mitterrand pensait que dans le même temps, d'autres liens ne devaient pas être rompus. Le même esprit qui le pousse à faire figurer une église sur son affiche de candidat le poussera à honorer comme président les cérémonies du millénaire capétien qui le conduiront, en 1987, de la cathédrale d'Amiens à la basilique de Saint-Denis, qu'il affectionnait particulièrement car elle représentait la continuité de l'histoire de France. Les spécialistes de la « mitterrandie » ajouteront plus tard que la présence de cette église sur l'affiche de 1980 était à de nombreux égards plus conforme au personnage que les lignes à haute tension, supposées symboliser en 1965 l'homme de l'avenir et du progrès face au général de Gaulle. « Ce qui est par ailleurs intéressant, ajoute Hubert Védrine, c'est qu'aucun communicant, et évidemment pas le comité de campagne, n'a dû oser lui suggérer ça. C'est lui qui a dû dire : "C'est cela que je veux." »

Des préoccupations plus « terre à terre » ont également poussé François Mitterrand à introduire un clocher dans le paysage politique et électoral. L'évolution de l'Église ne lui a pas échappé et pas davantage la perception d'un héritage giscardien dont il aurait bien tort de ne pas profiter en la matière. Si l'ancien président a pu se montrer courageux sur des questions de société comme celle de la dépénalisation de l'avortement – ce que d'aucuns parmi ses adversaires concéderont plus tard –, il le paye au prix fort en termes de popularité dans l'électorat chrétien traditionnaliste et conservateur. Sans pour autant avoir séduit les catholiques de gauche. La jeunesse ouvrière chrétienne appellera à voter Mitterrand. Des soutiens qui, ajoutés à d'autres, sans qu'il soit question de parler de lame de fond, ont contribué à faire la différence. Ce qui profite également au candidat socialiste cette année-là, c'est précisément ce que Georges Pompidou avait commencé à sentir et que Valéry Giscard d'Estaing n'a pas su retourner en sa faveur : la « gauchisation » d'une partie du clergé. Ou dit de façon plus politiquement correcte, l'ouverture à gauche de l'Église catholique ainsi que le rapprochement entre l'Église de France et le monde ouvrier. Une Église qui elle aussi doit continuer à lutter contre une crise de la pratique et des vocations. Et redécouvrir certaines de ses valeurs, même si elles apparaissent finalement assez proches de celles défendues par des hommes et des femmes de gauche, n'est-ce pas là un pari intéressant ? François Mitterrand, lui, l'a bien compris. C'est dire qu'en 1981, il existe un intérêt commun, disons-le sous forme de raccourci, entre le maire de Château Chinon et le curé de Sermages.

La petite église nivernaise sera restaurée à compter de 1989. Sensible au mot que lui adresse le maire de la commune, cette année-là, François Mitterrand confiera à son inoxydable ministre de la Culture Jack Lang le soin de régler l'affaire. Une subvention exceptionnelle sera quelques mois plus tard accordée à la mairie de Sermages sur les fonds du ministère de l'Intérieur. Ce ne sera pas le seul édifice religieux qui saura capter l'attention du président. En 1983 sera ainsi achevé le classement de l'abbaye Saint-Étienne de Bassac, au titre des monuments historiques, une abbaye préromane du XIe siècle, à une dizaine de kilomètres de Jarnac, vers laquelle François Mitterrand dirigeait volontiers ses pas quand il en avait l'occasion. Y sont notamment conservées quelques reliques de sainte Thérèse de Lisieux. Autre exemple, et la liste n'est nullement exhaustive, les vitraux de la cathédrale de Saint-Dié seront ainsi refaits… à l'initiative de François Mitterrand. Des vitraux contemporains uniques dans leur genre, représentatifs de l'école de Jean Bazaine, et illustrant notamment la nuit du péché, allusion à la période obscure de l'Occupation puis à la lumière de la Libération. « Lors d'un déplacement du président dans ma ville de Saint-Dié, raconte Christian Pierret, qui en était alors le maire, il avait fait dévier le cortège officiel, alors que le timing de sa visite était plutôt serré. Dans la voiture, il m'avait dit : “Pierret, vous avez bien fait refaire les vitraux de la cathédrale ? Je veux les voir.” Nous y sommes donc allés et tous les deux, nous avons contemplé ces vitraux, qui représentent une sorte de résurrection non figurative, un mouvement très puissant. C'est dans le transept nord, la lumière lutte contre le péché, le Bien lutte contre la Barbarie. "Il fallait que je les voie", m'a dit François Mitterrand. Je le sentais passionné par le caractère de l'œuvre, j'ai senti un appel discret, une forme de partage avec moi de la signification de ces œuvres » : François Mitterrand, très tôt, sera coutumier de ces détours.

« Très jeune ministre, il devait avoir une trentaine d'années confie Hubert Védrine, je le tiens de mon père qui était son proche collaborateur, quand il se rendait à une quelconque manifestation officielle il lui arrivait de s'arrêter en cours de chemin parce qu'il y avait une église romane à voir, une chapelle ancienne, un lieu de culte qu'il voulait voir. Mon père lui disait : "Mais tu sais, fais attention, nous sommes en retard. — Ils nous attendront, répondait-il, ce n'est pas un problème." » Un goût qui ne le quittera jamais et qui s'accompagne également d'une véritable sensibilité esthétique pour certains grands lieux de spiritualité, comme le site de Vézelay ou l'église Sainte-Radegonde. Cet imposant bâtiment dominant l'estuaire de la Gironde érigé en l'honneur de la belle-fille de Clovis est, dit-on, une étape des pèlerins sur les chemins de Compostelle. Il aime s'y promener quand il retrouve au pays charentais son ami le maire radical de gauche de La Rochelle, Michel Crépeau.

François Mitterrand priait-il ? Pour ceux des responsables politiques qui l'ont accompagné régulièrement et partageaient ses options politiques, la chose semble difficile à accepter. Il se recueillait, fermait parfois les yeux pour réfléchir, ou pour méditer. Si l'on peut prier sans religion et sans Dieu, alors oui, il priait disent les uns. Il pensait spirituellement, ne récitait pas le *Notre Père* assurent les autres qui considèrent au passage totalement irréelle la scène du film *Le Promeneur du Champ-de-Mars*[1], où François Mitterrand, interprété par l'acteur Michel Bouquet, semble se recueillir dans une chapelle. Marie de Hennezel, psychologue, auteur de *La Mort intime*[2], préfacée par François Mitterrand, et qui fut pendant dix ans une proche du président, voire une confidente, ne porte pas le même jugement : « François Mitterrand n'était peut-être pas un croyant mais c'était un priant. Il avait une sorte d'élan du cœur vers l'au-delà, vers l'invisible, il entrait spontanément dans une église et ce n'était pas seulement pour admirer les statues ou les vitraux. Il s'intériorisait. On voyait bien qu'il était en prière. Il entrait dans ce qu'il appelait sa crypte intérieure et il priait. Mais ne demandait rien. » Comme l'écrivain et poète Rainer Maria Rilke, dont il appréciait la lecture, François Mitterrand affirmait volontiers que nous sommes encadrés d'invisible. Et que la relation avec cet invisible ne pouvait être ni scientifique, ni rationnelle, ni intellectuelle. Elle ne pouvait être qu'une relation de l'intuition.

En 1980, alors qu'il s'apprête à devenir le quatrième président de la Ve République, François Mitterrand est cet homme-là. Une éducation chrétienne, des convictions socialistes, un sens politique parfois jésuitique qu'accompagne, sans vouloir froisser sa mémoire, cette absence de scrupules qui caractérise souvent les ambitieux et les forts. Et quelques fantômes vichystes qui ne réapparaîtront que plus tard, beaucoup plus tard, et plongeront dans l'incrédulité, la rancune et parfois la détestation tous ces amis juifs qui en cette aube présidentielle l'entourent et l'accompagnent. Une part d'ombre secrète qui ne semble pas alors déranger celui qui se promet à l'Élysée.

---

1. Film du réalisateur Robert Guédiguian, sorti en 2005.
2. Robert Laffont, 1995.

N'a-t-il foi qu'en lui ? Assurément, non. Il est un homme durablement imprégné par une culture catholique qu'il ne nie et ne refuse pas, mais également un être que le doute habite, un homme en permanence en quête de connaissance et en recherche de certitudes. Une sorte d'obsession intellectuelle et culturelle, diront ses amis de celui qu'ils décrivent volontiers comme un être méfiant dès qu'on tente de lui asséner des vérités toutes faites, qu'il assimile volontiers à une « spiritualité sur étagère ». Il n'avait pas besoin de croire, mais besoin d'une quête. Il aime d'ailleurs à dire qu'il préfère ceux qui cherchent et se méfie de ceux qui trouvent, formule dont les échos évoquent saint Augustin, qui lui-même entendait chercher pour trouver et trouver pour chercher encore : une sorte de « pastorale du cheminement », pour reprendre la formule du pape actuel, qui par un de ces clins d'œil de l'histoire a choisi de se faire appeler François. « François Mitterrand disait : "J'aime ceux qui cherchent, je me méfie de ceux qui trouvent…" confirme Hubert Védrine. Je pense que cela aurait été impossible pour lui de vivre sans cette recherche. Il ne pouvait penser, réfléchir, de façon purement matérialiste. Comme chez certains grands savants et grands scientifiques, chez qui subsiste toujours une interrogation. Donc il a vécu avec cette interrogation en permanence, sans vouloir la refermer. » Et quand la question de sa croyance personnelle lui sera un jour posée, François Mitterrand répondra : « Je ne sais pas si je crois. » Il ne se résignera jamais à dire « non, je ne crois pas ». Et laissera, toute sa vie durant, la porte ouverte. La porte de l'esprit ! Pas nécessairement celle du Dieu des chrétiens. « Parler de Dieu, c'est avoir trouvé, observe son ex-chef de cabinet Jean Glavany durant le premier septennat. La spiritualité, c'est chercher. » Mitterrand se méfie des réponses toutes faites qui, ressent-il, menacent presque sa propre liberté. Cet homme est décidément complexe, parfois paradoxal. Comme un chercheur qui n'aurait pas totalement envie de trouver réponse à ses interrogations, sous prétexte que cela entraverait alors sa liberté de penser ou d'espérer autrement.

Mitterrand croyait en fait en quelque chose qu'il n'avait pas réussi à définir et qu'il n'avait pas une envie forcenée de connaître. Dieu était pour lui un mot piégé, nécessairement relié à des choses, des faits, des hommes qui ne le concernaient pas. N'avait-il pas l'habitude de dire que la giroflée poussant entre les pierres sèches d'un mur témoignait bien plus en faveur de l'existence de Dieu, que nombre de sermons prononcés à Notre-Dame ? « Dieu, un grand malentendu », comme l'avait écrit le théologien suisse Maurice Zundel, qu'il avait lu, bien sûr. Le Dieu perché sur un nuage, culpabilisant les hommes et jugeant leurs actes, hors de question d'y croire. Un Dieu intime, un Dieu intérieur, pourquoi pas...

Cela explique les raisons pour lesquelles il n'eut guère envie de répondre favorablement aux approches attentionnées de ceux qui, dans son monde de président, pouvaient, légitimement au demeurant, se dire de ses amis. C'est un fait fort peu connu mais le chancelier allemand Helmut Kohl fut par exemple de ceux qui tentèrent de le ramener dans le chemin de la foi. Jacques Barrot, ancien ministre et commissaire européen, aujourd'hui membre du Conseil constitutionnel, en témoigne : « J'avais accepté de participer à une réunion électorale de soutien à un parlementaire de la CDU (Union chrétienne démocrate, que représentèrent entre autres les chanceliers Konrad Adenauer, Helmut Kohl et que représente aujourd'hui Angela Merkel) et Helmut Kohl était là. Nous avions alors échangé et je lui avais demandé pourquoi il avait la larme à l'œil lors de l'homélie de Mgr Lustiger à la cathédrale Notre-Dame de Paris, durant la cérémonie ayant suivi la disparition de François Mitterrand. L'ancien chancelier m'avait alors confié avoir tenté de mettre Dieu dans la vie de François Mitterrand, de l'initier, d'une certaine façon, et de lui redonner en quelque sorte cette foi que lui-même possédait. Il n'y était pas parvenu et cela expliquait cette larme versée le jour de son enterrement. Il l'avait exprimé avec émotion. Car François Mitterrand et lui avaient à l'évidence beaucoup parlé. De Dieu et de l'au-delà. »

Difficile à convertir, mais passionné par le sujet, s'intéressant à la religion, aux religions comme à autant de contributions intellectuelles essentielles à la culture du monde. Ses fonctions l'amèneront à rencontrer nombre de penseurs musulmans, de grands intellectuels juifs ou chrétiens. Il n'hésitera jamais à entamer une consultation avec un bonze, avec telle ou telle personnalité du bouddhisme ou du shintoïsme croisée lors d'un déplacement officiel. Sa culture biblique, sa connaissance de l'histoire de la chrétienté ou de celle du judaïsme était immense. Et sa curiosité insatiable sur ces sujets. Hubert Védrine en témoigne : « J'ai eu plusieurs fois l'occasion d'accueillir Shimon Peres, en visite à Paris. À chaque fois il m'a dit à propos de François Mitterrand : "Il va encore me parler des prophètes bibliques et je suis embêté parce qu'il les connaît mieux que moi." Même chose quand François Mitterrand expliquait à Moubarak captivé l'histoire des pharaons, que Moubarak, dirons-nous, connaissait mal. François Mitterrand lui expliquant Ramsès II, Amenhotep, Akhenaton, les différentes dynasties, c'était des moments qu'on n'oublie pas. »

L'érudition de François Mitterrand en matière religieuse force le respect et a tout pour surprendre les non-avertis. Mais elle ne révèle en rien une quelconque recherche, un brin exotique, de paradis étrangers ou lointains. Le Charentais qu'il est reste un Occidental jusqu'au bout des ongles. Les racines chrétiennes ne faisaient pas débat pour lui. Comme elles apparaissent incontestables pour qui ne se réfère qu'à l'histoire. Et Dieu sait qu'il la fréquentait assidûment. Mieux, il était conscient d'en être l'un des acteurs. À ce titre, et dans l'absolu, il n'aurait pour rien au monde manqué les commémorations du mille cinq centième anniversaire du baptême de

Clovis en 1996 à Reims. François Mitterrand avait par-dessus tout le sens de l'histoire, une histoire à laquelle il appartenait et allait continuer d'appartenir, il en avait la conviction. En tant que président de la Ve République mais également dans le sillage de la filiation des rois de France dont il aura dans sa vie lu au passage toutes les biographies. François Mitterrand, comme le général de Gaulle, privilégie, en matière historique, la continuité sur la discontinuité. Sans doute est-ce d'ailleurs ce sentiment qui le poussera, plus qu'un hypothétique retour de foi, à fréquenter, de temps à autre, en promeneur, la basilique de Saint-Denis, et à visiter les rois. Quant à savoir s'il aurait souhaité voir les racines chrétiennes de la France inscrites dans le préambule d'un traité constitutionnel européen, comme la question se posera après sa disparition, on ne peut qu'émettre des hypothèses. Sans doute aurait-il plaidé pour qu'une distinction claire soit faite entre l'histoire et les valeurs d'aujourd'hui. Sans doute aurait-il également rappelé l'une des spécificités de la France et de l'Europe : savoir accueillir ce qui vient d'ailleurs, savoir intégrer, assimiler tout en respectant les particularités.

Dans les premières années de la décennie 1980, François Mitterrand n'est pas encore aux yeux du grand public cet homme à la spiritualité complexe, que les humoristes du *Bébête Show* surnommeront « Dieu » quelques années plus tard, mais un président socialiste qui s'emploie, avec sa majorité rose, à appliquer le programme qui l'a fait élire. Abolition de la peine de mort, impôt sur les grandes fortunes, nationalisations, retraite à 60 ans, lois Auroux, décentralisation, abrogation de la loi Sécurité et Liberté dite loi Peyrefitte : en trois ans, les 110 propositions du candidat devenu président sont bon an, mal an progressivement mises en application. L'une d'entre elles, parmi les plus emblématiques aux yeux des socialistes grands teints, ne passera cependant pas la rampe : la proposition n° 90, celle d'un grand service public, laïc et unifié de l'enseignement. La querelle de l'école libre va en quelques mois prendre la forme d'un véritable affrontement, d'aucuns y verront même un début de guerre civile, entre le pouvoir socialiste et les tenants de l'école privée. Le tout attisé par une droite qui, non contente de reprendre du poil de la bête à l'occasion de chaque scrutin partiel dans l'Hexagone, entend bien tirer parti de cette polémique ainsi que de la rigueur économique qui s'impose chaque jour davantage au gouvernement de Pierre Mauroy. La manifestation géante des défenseurs de l'école confessionnelle à Versailles en mars 1984, puis celle de Paris le 24 juin suivant sonneront le glas du projet défendu par le ministre de l'Éducation nationale, Alain Savary. Elles provoqueront la démission de ce dernier ainsi que celle du Premier ministre, Pierre Mauroy, trois jours après l'annonce officielle, par François Mitterrand, du retrait du texte, le 14 juillet 1984. Laurent Fabius s'apprêtera à prendre la suite mais chacun a bien senti qu'une page s'est tournée.

Avec le recul, il paraît légitime de s'interroger sur l'importance réelle qu'accordait François Mitterrand à cette fameuse proposition. Même s'il est bien sûr acquis qu'elle n'est, pas plus qu'une autre, arrivée par hasard et à son insu dans le catalogue du candidat. Tous ceux qui autour de Michel Charasse en particulier ont accompagné le président durant cette période d'élaboration de son programme présidentiel peuvent d'ailleurs en témoigner : pas une seule ligne, pas une seule expression, pas une seule proposition qui ait pu échapper à la vigilance de François Mitterrand. Pas une n'aurait pu être rajoutée sans qu'il l'ait validée. Il rayait, complétait, reformulait. La proposition n° 90 ne déroge pas à la règle et appartient donc pleinement à celui qui en 1981 se présente aux suffrages des Français. Ajoutons à cela que François Mitterrand reste par ailleurs un terrible pragmatique. Sa vision de la politique n'avait rien à voir, on le sait, avec celle d'un illuminé ou d'un jusqu'au-boutiste. « Il faut avoir quelques grands principes, expliquait-il à ses collaborateurs les plus proches. Et puis après il faut s'adapter au terrain, aux rapports de forces, aux impondérables. Ne pas déroger aux principes, mais s'adapter aux principes. » La façon dont il gérera le dossier de l'école libre en fournit une bonne illustration.

François Mitterrand est-il personnellement convaincu par la proposition n° 90 ou l'est-il seulement de sa cohérence, de sa logique, de sa pertinence dans le projet socialiste qu'il défend devant les Français et qu'il se propose d'appliquer une fois élu ? Est-il un peu contraint de la faire figurer dans la liste des « promesses » pour satisfaire les bataillons de gauche, qui déjà font claquer les oriflammes de la « Laïque » en tête des troupes ? La question peut objectivement se poser. Les intentions de François Mitterrand sont pures, pourrait-on arguer. Ne lui prête-t-on pas ces propos, à l'adresse de sa sœur Geneviève, catholique fervente, quelque temps avant que ne se présente le dossier de l'école privée : « S'il y a une seule école privée catholique qui ferme pendant ma présidence, ce sera de son fait, pas du mien. » Geneviève Delachenal, née Mitterrand, ex-responsable des relations extérieures de Bayard Presse, avait jugé normal de quitter ce groupe en 1981. Très engagée dans les mouvements catholiques, elle jouera un rôle de médiation au plus fort de la tempête qui menace au début 1984. Fin mars, elle organise une rencontre dans son appartement du VIIe arrondissement de Paris entre son frère, François, président de son état, et Mgr Lustiger. Les deux hommes se parlent. Ils n'ont d'ailleurs aucun problème pour cela et se voient régulièrement. Mieux, ils s'apprécient. François Mitterrand avait notamment rendu visite à l'archevêque de Paris à l'invitation de ce dernier en avril 1983, ce qui constituait une première sous la Ve République. Les deux hommes aiment donc à se voir et dialoguer. Ils s'entendent et se comprennent. Comme de brillants intellectuels peuvent le faire. Comme un président de gauche engagé sur une voie politiquement risquée peut apprécier un prélat en qui il ne sent pas un adversaire. Un prélat qui n'entend pas faire de cette querelle une affaire politique et qui a sans doute autant de considération que lui, c'est-à-dire peu, pour un leader de l'opposition nommé Jacques Chirac, lequel tente, assez logiquement, mais sans doute trop ouvertement, de récupérer à son compte et au compte de ses amis le mouvement de protestation des défenseurs de l'école libre. Le président et l'archevêque de Paris se voient donc en ce mois de mars 1984 au domicile de la sœur de François Mitterrand. Ils parlent. Chacun finissant par s'engager auprès de l'autre à tenter de calmer son camp. La rencontre est discrète. Non officielle. Parce que décidément rien n'est réglé, alors que cela aurait pu l'être deux mois auparavant. Un compromis acceptable semblait alors à portée de main. Lors de ses vœux, le 1er janvier 1983, plus d'un an auparavant, François Mitterrand avait d'ailleurs assuré les Français que sa philosophie personnelle profonde était celle du respect des consciences. Et avec Jean-Marie Lustiger, le dialogue avait été fructueux. C'était sans compter les surenchères de certains ultras socialistes. La situation va alors devenir incontrôlable. Jean-Marie Lustiger ne peut plus endiguer l'instrumentalisation à laquelle se livrent les partis de droite. De son côté, François Mitterrand ne peut rien faire contre la radicalisation d'une partie de ses « amis » socialistes qui rend désormais le texte d'Alain Savary inacceptable et non négociable pour ses opposants. Le ministre de l'Éducation est débordé. Comme l'est le chanoine Paul Guiberteau, chapelain de Notre-Dame et secrétaire général de l'Enseignement catholique, ou encore Pierre Daniel, le président de l'Union nationale des associations de parents d'élèves de l'enseignement libre (UNAPEL). À gauche, les mitterrandistes assistent sans plaisir aucun à ce qui s'apparente à une occasion ratée de faire historiquement s'accorder la gauche laïque et l'école catholique. « Je pense, considère Jean Glavany, que l'affaire du grand service public unifié laïc de l'éducation est une affaire de calendrier. Si un texte acceptable par tous, et on est passé tout près, avait été voté dans les premiers mois de 1981, il serait passé comme une lettre à la poste. L'Église et l'enseignement catholique l'auraient accepté avec soulagement en se disant : on évite le pire. Ce qui était possible fin 1981, début 1982, ne l'était malheureusement plus en 1984. Au nom du pragmatisme qui était le sien, il fallait que ce texte soit retiré. » Le pragmatisme de François Mitterrand est son meilleur conseiller. Le rapport de forces dans la société lui est effectivement défavorable. En ce mois de juillet 1984, les vainqueurs pensent avoir mis en échec un projet marqué par l'idéologie socialiste. Manière très politicienne de regarder les choses mais il en allait ainsi dans une France où certains n'avaient toujours pas digéré l'alternance et considéraient donc le président comme un imposteur doublé d'un traître à sa famille d'origine. Ce qui dans l'approche apparaît quelque peu simpliste. « Certes François Mitterrand voulait respecter une des promesses de son programme, analyse pour sa part avec le recul des ans Mgr Dagens, évêque d'Angoulême. Mais il voulait aussi marquer de son empreinte le secteur de l'enseignement, aller plus loin que la loi Debré qui régit encore les rapports entre l'enseignement catholique et ses innombrables établissements. François Mitterrand porte en lui les deux traditions, et il s'est pris à rêver d'un service public où l'enseignement catholique serait plus qu'associé, intégré. Il s'est pris à rêver d'une tradition laïque et catholique qui se découvrirait des valeurs communes. Et dans le même temps il pensait dissuader l'enseignement catholique d'abonder du côté d'un catholicisme par trop intransigeant. Le problème, c'est que le mot d'intégration ne doit pas être prononcé quand il s'agit de l'enseignement catholique. »

Un rêve peut-être, pour le socialiste de culture catholique qu'il est, de faire un tel service public. Mais un rêve auquel il n'a jamais véritablement cru. Hubert Védrine le révèle aujourd'hui : « J'ai un souvenir qui m'étonne moi-même, qui remonte à janvier 1982 : celui d'un voyage du roi Hassan II du Maroc à Paris. Dîner à l'Élysée, le roi Hassan est arrivé en retard comme toujours, la conversation s'engage. Mitterrand et lui étaient deux personnages qui ne s'aimaient pas spécialement mais qui se respectaient politiquement, chacun mesurant que l'autre était un animal politique hors catégorie. Mais il n'y avait pas d'hostilité non plus, et puis dans l'histoire de la relation France-Maroc, Mitterrand avait toujours été du bon côté, du point de vue du roi. Hassan II était tellement au fait de la politique intérieure française que François Mitterrand acceptait de lui dire des choses qu'il n'aurait pas dites à d'autres. Bref, il se crée quand même entre eux un climat de compréhension, de familiarité, je ne dirais pas de complicité ni de copinage, mais de familiarité et d'écoute, et à un moment donné Hassan II dit : "Monsieur le président, je suis étonné par ce projet des socialistes sur l'enseignement parce que ça me surprendrait que la France, telle que je la connais, approuve cela. Même si vous avez le pouvoir, la majorité, un gouvernement." Et au lieu de botter en touche ou de répondre par une formule toute faite, "C'est dans mon programme", François Mitterrand lui répond : "Oui, oui, je pense que la France au bout du compte n'acceptera pas ça. Pour des raisons historiques, pour des raisons de culture, pour des raisons d'attachement à la liberté, etc. Je ne pense pas que la France pourra soutenir ça. Mais c'est dans les engagements du Parti socialiste, de l'Union de la gauche, que j'ai dû reprendre jusqu'à un certain point. Mais même moi président, je ne peux pas les retenir. Donc je ne peux pas les empêcher de tenter. Ils vont tenter, et au bout d'un moment, ça ne marchera pas. La France s'y opposera. Et je reprendrai l'initiative à ce moment-là. Mais je ne peux pas empêcher que ça se déroule." Vous vous rendez compte ? Il dit cela en janvier 1982. »

En ce mois de juillet 1984, la France respire donc à nouveau. À l'hôtel Matignon, Laurent Fabius succède à Pierre Mauroy. À l'Éducation nationale, rue de Grenelle, Alain Savary cède la place à Jean-Pierre Chevènement, qui saura gérer avec un certain succès et non sans équilibre les traditions catholiques et laïques dans le secteur qui lui est confié. Ce qui ne signifie pas que nul désaccord n'existera plus. Mais ils seront mineurs en comparaison de la crise de ce début de septennat. Le bicentenaire de la Révolution française et les manifestations qui l'accompagnent entraîneront en 1989 quelques crispations avec l'ensemble du clergé, Jean-Marie Lustiger en tête. Que l'État français, tout à sa joie de célébrer avec faste une part non négligeable et hautement symbolique de l'histoire de France, semble passer par pertes et profits le souvenir de nombre de ses victimes ne sera pas tolérable pour l'archevêque de Paris, et il le fera savoir en haut lieu. Il entend que mémoire soit rendue à tous ces ecclésiastiques, prêtres, évêques massacrés durant la Terreur. Et notamment à ceux du monastère des Carmes de Paris[1]. François Mitterrand tient à conserver les bonnes relations qu'il entretient avec Jean-Marie Lustiger. Il tiendra donc compte des remarques faites par le prélat avec une urbanité toute républicaine. Dans une interview à *L'Express* la semaine du 14 juillet 1989, le président évoquera les « débordements inexcusables » de la période révolutionnaire. « Les massacres de Septembre, des Carmes, les noyades de Nantes, les exécutions de Lyon... bien d'autres choses encore. Le tempérament des acteurs de l'histoire, poursuit-il, vient souvent déranger les plus beaux projets. On ne peut présenter comme exemplaires les hommes qui se sont laissé aller à des violences inutiles. Je ne le ferai

1. En août 1792, plus d'une centaine de prêtres ont été massacrés dans l'enceinte du couvent des Carmes, à Paris.

pas. Mais nous devons comprendre aussi la logique des situations et penser que la Révolution française a changé la face du monde. » Ce dont Jean-Marie Lustiger n'a jamais disconvenu, mais le journaliste de l'hebdomadaire a, ce jour-là, cru nécessaire d'interroger le président sur un point précis. « L'Église de France vous paraît-elle avoir pleinement accepté, après de longues années de refus, l'héritage démocratique et laïc de la Révolution ? — Je partage le point de vue du cardinal Lustiger, répond alors François Mitterrand, lorsqu'il dit qu'en dehors de quelques courants de pensée très minoritaires, l'Église de France ne se pose plus le problème de savoir si elle accepte ou non la République, si elle accepte ou non la démocratie. Mais l'Église, comme vous le savez, est une vaste communauté et une grande institution, qui abrite des sensibilités très diverses. Les clivages qui la traversent sont, tout simplement, ceux de la société d'aujourd'hui et qu'une même foi, en France pas plus que dans le monde, ne suffit pas à juguler. Comment ne pas revenir, à ce propos, sur la figure de l'abbé Grégoire, prêtre assermenté, défenseur des juifs et des Noirs, évêque constitutionnel de Blois en 1791, avocat de la liberté de culte aux heures sombres de la Terreur et qui siégeait à la Convention en habit ecclésiastique quand d'autres se défroquaient à la tribune sous les applaudissements de la foule, bref, républicain, prêtre et militant des droits de l'homme ? Je ne le propose pas en modèle à l'Église, qui est libre de choisir ceux en qui elle se reconnaît. Mais il me semble que, sur un homme de cette foi et de cette trempe, la réconciliation est possible. Il faut admettre que la Terreur qui s'est abattue sur les prêtres coupables seulement d'avoir professé leur fidélité à l'Église, j'ai déjà cité à cet égard le massacre des Carmes, révolte la conscience et contredit l'un des principes les plus sacrés des droits de l'homme. » Le cardinal prendra acte des propos présidentiels. Mais après mûre réflexion, dont le journaliste

Henri Tincq croit savoir qu'elle a été enrichie par Robert Badinter sur demande de Jean-Marie Lustiger, il décide de ne pas associer l'épiscopat aux cérémonies du Panthéon le 12 octobre de la même année. Ce jour-là seront accueillies solennellement les cendres de Gaspard Monge et de l'abbé Grégoire, et un hommage symbolique sera rendu à Nicolas de Condorcet.

Entre François Mitterrand et Jean-Marie Lustiger s'installent donc, au fil des ans, une compréhension et un dialogue inédits. Aussi paradoxal que cela puisse paraître, il aura fallu attendre un président socialiste pour que semble exister un si bon voisinage intellectuel entre un président et une éminence religieuse. Voisinage ne veut pas dire que les deux hommes se voient régulièrement. Loin s'en faut. Disons que lorsqu'ils se rencontrent, c'est généralement avec plaisir. Le cardinal est par ailleurs devenu l'un des proches conseillers du pape Jean-Paul II et ce depuis les débuts de son pontificat. François Mitterrand ne peut l'ignorer, d'autant que le souverain pontife visitera la France à plusieurs reprises durant les deux septennats. Jean-Paul II ne laisse pas François Mitterrand indifférent. Impressionné, il l'est, comme tous, par le charisme et la carrure du Polonais. Par cette allure d'« athlète de Dieu », pour reprendre les termes de Mgr Claude Marty, prédécesseur de Mgr Lustiger à l'archevêché de Paris, qui ne saluait pas seulement là sa largeur d'épaules mais la force de conviction qui émanait de sa personne. Jean-Paul II est devenu une star mondiale. Il a survécu à un attentat dont il a été victime le 13 mai 1981, trois jours après l'élection de François Mitterrand. Le président a l'intuition des hommes. Il sait que celui-ci est d'ores et déjà rentré dans l'histoire. Il l'intéresse. Et s'en méfie. Peu désireux au fond que ce pape ne réveille par trop le dynamisme religieux, et ne fasse renaître de vieux conflits entre les catholiques de gauche et les autres.

Impressionné mais circonspect en quelque sorte. Très attentif en revanche s'agissant du rôle de Jean-Paul II sur la scène internationale et en particulier en Europe de l'Est. François Mitterrand continue alors de considérer l'Union soviétique comme une force déclinante mais encore dangereuse. Sans doute incapable d'empêcher la réunification de l'Allemagne mais en même temps toujours en capacité d'envahir des pays ou de réprimer massivement. En Pologne notamment. Dans un tel contexte, le pape Jean-Paul à ses yeux ressemble un peu au chauffeur d'un camion chargé de nitroglycérine. Un homme qu'il ne cessera donc de regarder avec intérêt… mais vigilance. Dont il mesure aussi l'influence. Celle du chef d'État comme celle du guide spirituel de la chrétienté.

Le président Mitterrand a plus à dire à d'autres hommes de foi, qu'il aime à rencontrer, et qu'il lui arrive même de visiter. Jean Guitton est de ceux-là. Le philosophe chrétien, l'académicien, l'un des seuls laïcs à avoir été invité par Jean XXIII à assister au concile Vatican II, fait partie de ces relations qu'affectionne le chef de l'État. Les deux hommes se rencontrent au domicile de Jean Guitton, rue de Fleurus, à Paris, ou dans sa propriété creusoise. Ou encore chez Hubert Védrine : « Ma famille, témoigne ce dernier, a une maison dans la Creuse, à côté d'Aubusson. Une maison qui fut durant la guerre un rendez-vous secret et une cache d'armes, où se retrouvait un groupe d'anciens prisonniers devenus résistants. François Mitterrand était resté très attaché à cette maison. Il y est revenu, plusieurs fois après, y compris quand il était président. Il atterrissait avec l'hélicoptère du GLAM dans le petit stade Lionel de Marmier, du nom d'un pilote, ironie de l'histoire, qui avait conduit le général de Gaulle de Londres à Alger. Le lien est amusant. Il venait là, il déjeunait avec mon père, la famille, des amis. Et Jean Guitton était invité. Une autre fois, François Mitterrand s'était rendu chez lui après le déjeuner. Il avait à deux kilomètres de là un tout petit château de famille et une chaumière qu'il s'était fait construire pour lui, ainsi qu'une petite chapelle, qui avait été consacrée par Paul VI. Je les vois encore, Mitterrand et Guitton, s'isoler, et parler, et parler encore. François Mitterrand aimait beaucoup échanger avec ce philosophe, catholique, qui avait été le conseiller de Jean XXIII pour le concile, un grand intellectuel et un théologien. Mais également un vieillard ironique, assez dialecticien, pas du tout le genre de philosophe confit dans sa foi. Je pense d'ailleurs qu'il croisait aussi un peu le fer avec François Mitterrand sur les politiques ou les décisions qu'il avait été amené à prendre en tant qu'homme de gauche. Leurs rencontres pouvaient se prolonger. Président de la République, il pouvait consacrer une journée à ça, vous voyez. » Les deux hommes se parleront jusqu'à la fin. De la mort, de l'au-delà. Peu avant sa mort, François Mitterrand rendra une ultime visite au philosophe à son domicile parisien. Jean Guitton évoquera indirectement ses discussions avec François Mitterrand dans un livre étonnant et jubilatoire. Une mise en scène de sa propre mort, prétexte à l'évocation de rencontres, certaines imaginaires et d'autres pas. Avec Pascal, le Greco, de Gaulle, Bergson et Mitterrand. Les deux derniers chapitres seront intitulés : « Où il est raconté comment j'entretins François Mitterrand sur les plus importants sujets touchant à la destinée de l'homme » et « Où notre entretien prit un tour nouveau et où l'on peut voir ce que signifie la communion des saints[1]. »

Jean Guitton n'est point seul à recueillir les confidences, à partager les doutes et les questionnements du président de la République. Roger Schutz, plus connu sous le nom de

1. *Mon testament philosophique,* Jean Guitton, Presses de la Renaissance, 1997.

frère Roger, fait lui aussi partie des incontournables dès lors que l'on commence à évoquer la quête mystique de François Mitterrand. Le fondateur de la Communauté de Taizé fait la connaissance de François Mitterrand à sa demande au début des années quatre-vingt. Chaque année, au lendemain de l'ascension de la roche de Solutré, soit le lundi de Pentecôte, François Mitterrand a pris l'habitude de venir à Taizé. Il s'y rendait avant de connaître le père Roger. Et puis un jour le pas est franchi. Deviennent-ils amis, sont-ils simplement l'un pour l'autre un interlocuteur de passage ? Échangent-ils sur la vie ou sur la mort ? Les deux sans doute. À moins que le père ne fasse qu'écouter son frère. « Il me fait du bien », dit simplement François Mitterrand de frère Roger. Le secret du fondateur de la communauté ? Une foi apaisante, sereine. Rien à voir avec ces religieux en lutte permanente contre les tenants d'autres croyances, rien à voir avec ces esprits exaltés qui pensent détenir la lumière et se disent engagés dans le combat contre les forces des ténèbres.

De Taizé, c'est l'énergie qui semble partout régner qui frappe François Mitterrand, en particulier dans l'église dite de la Réconciliation. Celle-là même où il entrera un de ces lundis matin de Pentecôte, mais avec pas mal de retard et donc après l'office. L'endroit est vide hormis deux jeunes bénévoles qui sont en train de passer un coup de balai et ont sans doute alors la surprise de leur vie en découvrant l'identité de l'homme qui leur fait face, debout au fond de l'église. Ils croient à une hallucination et courront aussitôt prévenir frère Roger. L'histoire fera beaucoup rire. Des années après, le prieur de Taizé prenait encore, paraît-il, plaisir à la raconter. Après le repas qu'il partageait avec frère Roger, François Mitterrand repartait. Non sans avoir demandé à quelques frères de lui accorder avant son départ l'aumône de quelques chants.

Une extrême sensibilité à l'énergie des lieux. C'est l'un des aspects peu connus de la personnalité de François Mitterrand.

Pourtant essentiel pour mieux saisir cet homme qui ne cache pas son intérêt pour des forces qui ont peu à voir avec celle, tranquille, qui le définissait en 1981 sur ses affiches de candidat. « Je me sens surtout et essentiellement paysan, dira-t-il dans un reportage télé qui lui est consacré, avant son élection. Je me sens en communication avec les forces telluriques de ce qui fut toute l'histoire de la France. Rien ne m'en écarte, rien ne m'en a écarté et c'est ainsi que je finirai. » On ne pourrait donc rien comprendre à François Mitterrand, ni à son rapport au religieux, au sacré, ni à cet aspect mystique que les gens pressentent sans trop savoir de quoi il retourne, si on ne sait pas qu'il était un homme extraordinairement intéressé par la question de l'énergie. De l'énergie tellurique, de l'énergie cosmique. Marie de Hennezel peut en parler. Elle a fait la connaissance de François Mitterrand alors même que les médecins de ce dernier ne se montraient guère optimistes s'agissant de son espérance de vie. Pronostics qu'il démentira. Le président entame alors avec cette femme, rencontrée un peu par hasard et qui deviendra par la suite une spécialiste des soins palliatifs, un dialogue parfois surprenant, un échange que les proches de François Mitterrand regarderont parfois avec un brin de circonspection pour ne pas parler de méfiance. Sans doute finit-elle par connaître cet homme différemment d'eux et c'est ce qui peut parfois les déranger. « Cette sensibilité à l'énergie, souligne-t-elle, c'était vraiment quelque chose qu'il sentait et qu'il n'appréhendait pas du tout intellectuellement. Il sentait l'énergie d'un lieu. Il sentait l'énergie des gens. » François Mitterrand viendra la voir dans sa petite propriété cévenole, à une quinzaine de kilomètres d'Alès. Une petite maison où l'on ne parvient que par des chemins rocailleux, nichée en hauteur de colline sur les contreforts des Cévennes. Le panorama qui s'offre au visiteur y est splendide. Et respire cette paix dont Spinoza disait qu'elle n'est pas l'absence de guerre mais la vertu qui naît de la force de l'âme. Il y viendra à deux reprises lors de son second septennat. « C'est un lieu, explique Marie de Hennezel, dans lequel il y a effectivement une énergie particulière, un lieu qui est en fait celte, où il y a des vestiges, des pierres levées, des mégalithes, des dolmens. Et il était venu ici parce qu'il voulait sentir ce lieu et nous avions passé du temps auprès d'une pierre qui se trouve au beau milieu de ce terrain qui descend vers les bois, une pierre levée. Nous avions médité ensemble, et il était sensible à cette énergie. C'est ce qui, je crois, permet de comprendre ou d'avoir l'intuition de son rapport au sacré. » C'est sans doute pour les mêmes raisons que François Mitterrand aime à respirer l'énergie pour lui palpable des églises, comme l'énergie de ces fidèles qui viennent s'y recueillir et prier. À Taizé comme ailleurs. Cette énergie que dégagent les lieux et les êtres lui fait du bien. Tout comme frère Roger lui faisait du bien.

François Mitterrand n'est guère disert sur le sujet. Il se livre peu et n'en fait état qu'à quelques rares confidents ou confidentes. Sans doute parce qu'il sait le sujet vaguement suspect aux yeux de quelques-uns. Et il n'entend pas qu'on fasse passer le président de la République pour un « illuminé ». Il sait qu'il s'agit là d'une sphère un peu nébuleuse, mystérieuse dont les références scientifiques sont encore absentes. Un intérêt secret, intime. Dont il ne parlera qu'aux rares qui la partagent. « Je ne fais pas partie de ceux pour qui tout n'est que hasard et nécessité, explique François Mitterrand. Au contraire, j'incline à penser qu'il y a une inspiration, derrière l'univers. Peut-être parce que mon esprit n'est pas très scientifique, peut-être parce que le christianisme a modelé toute ma jeunesse. » Ce que Marie de Hennezel confirme en d'autres termes. François Mitterrand le lui disait souvent : « Avec la tête, je suis agnostique, je ne sais pas, je n'ai pas de croyance particulière, mais avec le cœur, j'adhère, je sens qu'il y a des choses qui nous dépassent et avec le cœur, on pourrait dire que je suis croyant. »

Un pan rationnel, celui de l'intellect. Un autre, plus mystérieux, plus intuitif, celui du cœur. François Mitterrand est un homme en cohabitation permanente. En interrogations constantes, l'âge et la maladie ne feront que les rendre plus pressantes, devant le mystère de la vie et de la mort. Le bébé qui fait son apparition en 1989 sur les affiches de François Mitterrand candidat à sa succession doit tout au génie du publicitaire, mais derrière le slogan « Génération Mitterrand » et ce charmant bambin aux yeux grands ouverts sur le monde, difficile de ne pas voir le clin d'œil d'un homme dont la mort a commencé à baliser les années qu'il lui reste à vivre. Tous ceux qu'il rencontre alors, de Jean d'Ormesson à Jean Guitton en passant par Marie de Hennezel, vont devenir les témoins de cette quête, de ce besoin de spiritualité qu'il ressent de plus en plus fortement. Il veut parler, échanger sur l'au-delà avec ceux qui ont la foi et qui donc ont la certitude que derrière la mort, il y a ce quelque chose qu'il va sans cesse tenter d'approcher, non pour tromper la peur mais pour renforcer l'espoir. La mort permet de se poser les bonnes questions.

Cette inquiétude sourde qui l'habite en permanence, il a d'abord tenté de la domestiquer en la banalisant, en lui opposant sa liberté à lui de la regarder comme si elle faisait partie du paysage. Sa fréquentation des cimetières, le goût qu'il a nourri très tôt pour les longues balades entre tombes et caveaux, c'est sa façon à lui de l'apprivoiser, de l'intégrer, de s'en imprégner. Une façon également d'affirmer sa liberté. « J'en ai visité, des cimetières avec lui, se rappelle Jean Glavany. Je me souviens en particulier d'une promenade dans le cimetière de Vézelay, le long de cette magnifique basilique, de cette colline éternelle. Une de ses collaboratrices nous accompagnait ce jour-là. Et il faisait des réflexions sur les tombes, sur les noms, se posait tout haut des questions sur telle ou telle famille, commentait le côté kitch de certains mausolées ou de certaines chapelles, comme si tout cela était parfaitement naturel. Et nous, nous l'écoutions. À un moment, cela a été plus fort que nous : la secrétaire de François Mitterrand et moi sommes partis d'un fou rire épouvantable dans ce cimetière. Mitterrand nous a regardés sans sévérité. Mais sans trop comprendre. Lui, il passait un moment agréable dans cette ambiance pourtant lugubre, sans dérision aucune, sans aucune forme de vulgarité ni d'insanité. Il était là en liberté, voilà tout. C'était aussi ça, Mitterrand, un personnage d'une liberté incroyable. »

Hubert Védrine a un souvenir assez proche, au début des années quatre-vingt-dix. La scène se passe dans la crypte des Capucins, à Vienne, en Autriche. François Mitterrand, en marge d'un sommet européen, a convaincu son plus proche collaborateur de l'accompagner dans cette crypte immense qui rassemble les sépultures de la maison des Habsbourg depuis le début du XVe siècle. Plus d'une vingtaine d'empereurs, d'impératrices et de reines y reposent. « Nous n'étions que tous les deux dans cette crypte froide. Et il était seul à parler. Il commentait les tombeaux, les empereurs, passait de Sissi à François-Joseph. Il avait un avis sur chacun, sur chacune. Je sentais dans sa tête un dialogue secret, silencieux, avec ces représentants de vieux pays dépositaires d'une très longue histoire, confrontés à une modernité disloquante. Sur la façon de poursuivre, de transmettre. Mitterrand était captivé par ces moments de rupture dans l'histoire des cultures et des civilisations, et aurait voulu que la transmission soit plus forte que la désagrégation. »

Une anecdote qui en dit long sur l'espoir de François Mitterrand. Espoir qu'il tentera de transformer en certitude les dernières années de sa vie. Comme s'il cherchait une confirmation, comme s'il tentait de se persuader que la mort n'est qu'un passage. À l'égard de ceux qui lui apprennent la disparition d'une connaissance, d'une relation croisée dans le passé et perdue de vue, d'un malade enfin libéré de ses souffrances, il se montre d'une curiosité déroutante. Désireux qu'on lui décrive dans le détail les derniers instants de l'agonisant. Comment cela s'est-il passé ? S'est-il rendu compte ? Qu'a-t-il dit ? Il s'agit à chaque fois pour lui d'une nouvelle importante. François Mitterrand tente-t-il de vérifier une intuition ? Sans doute. D'exorciser ce qui l'obsède ? Assurément pas. L'homme est le seul être vivant à savoir qu'il va mourir, disait André Malraux. Même s'il n'a jamais voué une grande admiration à l'ancien pape gaulliste de la culture, François Mitterrand reconnaît la justesse du propos. Mais tente d'en savoir plus. Sans angoisse, ni déprime, ni morbidité. Sans doute aimerait-il pouvoir seulement disposer de quelque élément supplémentaire, un mot, une phrase, prononcés par celui ou celle qui va trépasser afin de conforter l'espoir d'un au-delà pour l'heure indéfinissable. « Vous savez, il est le seul à ne pas savoir qu'il est mort », glisse-t-il à François Léotard, alors que le président de la République et le ministre de la Défense du gouvernement d'Édouard Balladur viennent de se recueillir en 1994 devant la dépouille mortelle d'un jeune soldat français mort en Bosnie. François Mitterrand est en quelque sorte fasciné par ce chemin qui va s'ouvrir à travers la mort. Le dialogue de Jésus avec Thomas sera d'ailleurs l'un des deux textes choisis par Geneviève Delachenal, sœur du défunt, pour l'office de Jarnac. « Nous ne savons pas où tu vas, dit Thomas à Jésus. C'est moi qui suis la vérité et la vie, répond Jésus. » François Mitterrand ne sait pas. Il est littéralement « sans connaissance », pour reprendre la racine grecque du mot agnosticisme. Une racine grecque. D'autres pourraient être recherchées. Dans la Sérénissime Venise. Ou dans cette Égypte qu'il chérit, par exemple. Ce peuple dont la vision de l'au-delà est pour lui source de réconfort. Il avait lu *Le Livre des morts* des anciens égyptiens et était capable d'en réciter des phrases par cœur. Comme il s'était imprégné de certains écrits tibétains. François Léotard se souvient de nombreuses discussions avec ce président aux options politiques très différentes mais dont il partage la passion de l'écrit. « Cette culture gréco-latine, égyptienne, byzantine l'amenait à penser qu'il y avait quelque chose à franchir. Référence tout à la fois à Ulysse aux enfers, et à la traversée du Styx avec Caron. Il avait certainement cela en tête. En d'autres termes il avait aussi une conception littéraire de la mort et de Dieu. Ainsi qu'une conviction. Regarder la mort en face, c'est éviter d'en être mortellement angoissé. Et ça, c'est très chrétien. Je crois d'ailleurs, de même qu'il était un homme de droite virant au socialisme, qu'il était un chrétien d'origine, retournant peu à peu vers sa religion d'origine. S'il avait pu se retirer dans un monastère comme cela se faisait jadis, il l'aurait peut-être fait. La fin de sa vie, ce furent les livres. Les livres, c'est le silence. Et le silence c'est *in angulo cum libro*. Dans un coin, avec un livre, c'est-à-dire la vie monastique. Il y avait quelque chose comme ça chez lui. » François Mitterrand avait-il une *anima naturaliter christiana*, une âme naturellement chrétienne ? Peut-on être chrétien sans le savoir, et même sans le vouloir, comme semble le sous-entendre l'ancien ministre. Peut-être. L'ancien président de la Conférence épiscopale, Mgr Jean Vilnet, préférera parler de François Mitterrand comme d'un homme dont la foi est présente comme un livre qu'il aurait fermé mais pas brûlé.

En tout état de cause, François Mitterrand cherche. Encore. Toujours. Il poussera sa quête fort loin. Jusqu'aux frontières d'un mysticisme inattendu qu'un militant socialiste de 1981 aurait sans doute jugé fort déplacé, incongru et à la limite réactionnaire. À quelques mois de sa mort, c'est en effet vers sainte Thérèse de Lisieux qu'il lui arrive de se tourner. Cette sainte, il en fait tout jeune la connaissance. À l'abbaye de Bassac, voisine de Jarnac, où des reliques sont conservées et où en 1949 a été créée une Congrégation des missionnaires de sainte Thérèse.

François Mitterrand connaît les grands mystiques. Sainte Thérèse de l'Enfant Jésus en particulier. Il connaît surtout d'elle ses manuscrits autobiographiques. N'en ignore pas les dernières phrases : « Même si j'avais commis tous les péchés mortels qui se peuvent commettre, j'irais me jeter dans les bras de Jésus qui accueille tous les enfants prodigues qui se tournent vers lui. » Il savait cela. Il n'ignore pas davantage tout ce que dit cette jeune fille, proclamée docteur de l'Église par Jean-Paul II, sur la traversée de la nuit et sur l'expérience de la miséricorde inépuisable de Dieu. Il savait tout cela. Mais un matin de décembre 1995, c'est une scène en tout point surréaliste qui se joue en bas de l'immeuble de l'avenue Frédéric-Le-Play où s'est retiré l'ex-président. Une scène qu'aucun scénariste, même le plus inspiré, n'aurait pu imaginer d'écrire. Et pourtant, les faits sont là. Nul n'en sera témoin en dehors des acteurs. En cette fin 1995, le grand reliquaire de sainte Thérèse, meuble imposant réalisé, tout en or, sur le modèle d'une basilique néogothique en réduction, et dont on peut croire qu'il est le chef-d'œuvre d'un compagnon orfèvre, voyage à travers la France et va, bientôt, regagner Lisieux. Les reliques de sainte Thérèse, suivant en cela un calendrier très précisément fixé, sont régulièrement présentées aux fidèles, en France et parfois même à l'étranger. François Mitterrand sait que le reliquaire fait un passage de quelques heures dans la capitale. Il demande alors à son ami Jean Guitton d'intercéder en sa faveur afin que les reliques puissent s'arrêter à titre exceptionnel en bas de chez lui. Le lendemain, une voiture conduite par le secrétaire particulier de l'académicien s'arrête devant le numéro 9 de l'avenue Frédéric-Le-Play, en bordure du Champ-de-Mars. Le calme règne dans cette avenue résidentielle du VIIe arrondissement parisien. Vers sept heures, le portail de l'immeuble s'ouvre. François Mitterrand apparaît. Les portières du véhicule lui sont ouvertes. Pendant quelques instants, François

Mitterrand va ainsi pouvoir rester seul, aux côtés des reliques de la sainte, les touchant et méditant. « Ce n'est pas du tout de la superstition, explique Marie de Hennezel. Il faut y voir, et il l'a d'ailleurs exprimé dans la préface de mon livre, la croyance dans ce qu'il appelait la communion des saints. Il existe un rapport, un lien invisible entre nous et les saints qui nous ont précédés, il y a une sorte de lien invisible qui nous relie. Et souhaiter voir des reliques, c'est un acte symbolique qui signifie qu'on se relie à l'énergie d'un saint. N'oublions pas enfin, ajoute Marie de Hennezel, que sainte Thérèse de Lisieux, c'est tout de même cette sainte qui a dit "lorsque je serai au ciel je passerai mon ciel à faire du bien sur la terre", c'est-à-dire qu'elle parle d'un autre monde, d'un autre temps dans lequel elle va être, et dans lequel elle va être active. Elle va faire du bien sur terre. Et ça, c'est quelque chose qui faisait également du bien à François Mitterrand. » Thérèse de Lisieux continuera d'inspirer le président jusqu'à la fin de sa vie. Jean Guitton en témoignera à mots couverts quand il fait intervenir la sainte aux côtés du président défunt, face à saint Pierre, dans son livre en forme de testament. Elle n'est pas la seule à donner à François Mitterrand matière à réflexion. Marthe Robin, catholique mystique, qui durant cinquante ans semble ne s'être nourrie que d'eucharistie et d'énergie spirituelle, entraînera le président dans des abîmes de pensée. Sans doute a-t-on sous-estimé le côté irrationnel de François Mitterrand. Vraisemblablement. Cet homme l'aura caché. Et sans doute a-t-il bien fait. Il avait alors une image à préserver. Alors qu'au fond de lui-même il dialoguait déjà avec les forces de l'esprit.

S'il n'a pas fait de sa proximité avec sainte Thérèse un acte public, ces forces de l'esprit dont il pressent l'existence, il va en revanche publiquement finir par les évoquer. Lorsqu'il prend congé des Français, lors de ses vœux, le 31 décembre 1994. « L'an prochain, dit-il, ce sera mon successeur qui vous exprimera ses vœux. Là où je serai, je l'écouterai le cœur plein de reconnaissance pour le peuple français qui m'aura si longtemps confié son destin et plein d'espoir en vous. Je crois aux forces de l'esprit et je ne vous quitterai pas. » L'expression frappe de plein fouet spectateurs et observateurs de la vie politique qui découvrent pour beaucoup un président plus mystique qu'ils ne l'avaient jamais imaginé. Un homme qui tranquillement semble ce soir-là leur avouer et leur faire partager sa conviction : celle d'une vie après la mort. La France est stupéfaite. Celui qui a fait entrer la gauche à l'Élysée, ce socialiste qui a présidé le pays pendant quatorze ans, ce politique prétendument florentin, dont l'organisme est depuis longtemps immunisé contre les plus violents poisons de la politique, ce tacticien efficace, ce politicien habile et sans scrupules excessifs vient d'avouer tout à trac, et solennellement au détour d'une phrase, qu'il croyait à l'immortalité de l'âme. Devant des téléspectateurs médusés, il vient de s'inviter dans un autre espace-temps, dans une autre réalité connue de lui seul, dans un univers parallèle, dans sa part de mystère. Les forces de l'esprit : lui seul est l'auteur de cette formule. Aucun *speech writer*, aucun gourou de la communication, aucune plume présidentielle n'a été invitée à la rédaction de ces lignes mémorables. François Mitterrand ne veut surtout pas croire que tout peut s'arrêter. Il s'est fait au contraire, si l'on peut dire, une autre religion dont le credo est précisément que tout continue. Après tout, laissons une part au mystère, semble-t-il dire. Faisons confiance à l'invisible. À ce qui nous dépasse. D'aucuns y verront l'expression d'une foi. Sa foi dans l'éternité. D'autres, plus pragmatiques, n'y trouveront que la prétention d'un homme si imprégné de l'histoire de son pays qu'il pensait l'avoir à jamais marquée. Les forces de l'esprit, formule mitterrandienne par excellence. Chacun y trouvera ce qu'il aura eu envie d'y mettre. Une formule qui pourtant résume l'envie simple d'un homme au crépuscule de sa vie : l'envie que rien ne finisse. « C'est une des choses les plus émouvantes que j'ai entendues de lui, confie Hubert Védrine. Il espère de toutes ses forces, il croit que quelque chose de lui continuera après. »

Ce ne sera pas la seule formule à faire débat. Une messe pourra être dite, écrit François Mitterrand dans son testament. Et tous les tenants de la laïcité de s'interroger à nouveau sur cet homme décidément paradoxal ou qu'ils auraient finalement si mal connu de son vivant. À moins qu'il ne les ait trompés. Il y a ceux qui minimisent et invoquent l'ambiguïté féconde du président. Si d'aucuns ont envie de prier pour lui, au nom de quoi pourrait-il les en empêcher, se rassurent les laïcs. Hubert Védrine, aujourd'hui président de l'Institut François Mitterrand, fait du propos une traduction plus politique : « "Une messe pourra être dite." À ce moment ultime, la recherche de toute sa vie par rapport à la croyance, à la foi, aux forces de l'esprit rejoint les rites. Une messe est institutionnelle, elle se déroule dans une église, elle est dite par des prêtres. Autant il a eu un dialogue personnel avec des prêtres, autant il a mené sa vie de façon totalement libre par rapport à l'Église. Alors refuser une messe ? Non. Pourquoi aller jusque-là ? Il ne va tout de même pas devenir à la fin de sa vie un républicain anticlérical, athée : cela ne correspond pas à ce qu'il est. D'où cette subtilité mitterrandienne typique : "Une messe *pourra* être dite." »

François Mitterrand choisira le moment de sa mort. En toute conscience. Sans doute s'estime-t-il prêt. A-t-il effectué son voyage en Égypte une dernière fois avec le secret espoir d'y rendre son dernier souffle ? L'hypothèse ne semble pas totalement dénuée de sens mais son destin en décide autrement. Comme un homme qui rangerait ses affaires avant de partir, il s'est rendu une dernière fois à Latché, a revu tous ceux qui lui sont chers, a exprimé ses derniers souhaits. À Marie de Hennezel, qui lui rendit une ultime visite dans son appartement parisien, il demandera qu'elle dépose, dans le grand jardin de sa propriété des Cévennes où il était venu deux fois, une petite pierre en souvenir de lui près de ce bloc de granite dont il ressentait si fort les ondes et l'énergie, et dans laquelle il voyait comme une borne entre la terre et le ciel. Ce qu'elle fera. « C'était sa manière de me dire : je reste vivant, même mort, je suis quelque part dans ce lieu de méditation et de prière. » Ce jour-là, Marie de Hennezel remarquera sur sa table de chevet cette carte de saint François d'Assise entourée d'oiseaux qu'elle lui avait envoyée quelque temps auparavant.

« Si Dieu existe, qu'aimeriez-vous après votre mort l'entendre vous dire ? » avait demandé Bernard Pivot à François Mitterrand en conclusion d'une émission spéciale de *Bouillon de culture*, en avril 1995. François Mitterrand avait pris le temps d'une courte réflexion avant de répondre : « Il pourrait me dire : "Enfin, tu sais." J'espère qu'il ajouterait : "Sois le bienvenu." » Lors de la messe célébrée en l'église de Jarnac, le curé, tourné vers le cercueil de François Mitterrand, ouvrira la célébration par ces mots : « Et maintenant, il sait. »

François Mitterrand sera enterré à Jarnac. Après s'être un temps imaginé reposer au sommet du mont Beuvray, haut lieu de l'histoire celte marqué par le souvenir de Vercingétorix, père de l'unité gauloise. Une parcelle de terrain y avait même été acquise. Mais il renoncera vite à ce projet, sujet à de violentes polémiques quand la presse l'ébruitera. Le cimetière des Grand' Maisons, celui de sa ville natale, sera donc sa dernière demeure. Aux côtés de cette mère qui, en mourant, avait confié à Dieu le salut de son fils.

5

JACQUES CHIRAC

20 juin 2006. En ce matin de printemps, règne une agitation inhabituelle rive gauche de la Seine entre le pont de l'Alma et la tour Eiffel. Services de sécurité, véhicules du corps diplomatique, voitures officielles de la République, cocardes bien en vue, sont engagés dans un ballet impeccablement réglé sous le regard des badauds et des touristes, nombreux comme c'est l'habitude à Paris, à proximité de la tour Eiffel. Que s'apprête-t-on à honorer ? Un musée. Édifice curieux, paquebot comme immobilisé en cale de radoub entre deux mers, ou plutôt entre rue et quai, celle de l'Université et celui de Branly, comme posé sur pilotis au milieu d'un jardin paysager. Paquebot ou porte-container car vu de la Seine, ses cubes et parallélépipèdes multicolores faisant saillie laissent à imaginer une gigantesque aérogare ou arriveraient et d'où partiraient les marchandises du monde entier. Ce musée, enfant de l'architecte Jean Nouvel, c'est celui dont rêvait Jacques Chirac, celui qu'il a fait bâtir dans le même esprit et avec le même élan qui avaient présidé à la construction de Beaubourg, imaginé trente-cinq ans plus tôt par Georges Pompidou, père spirituel de Jacques Chirac, en politique et en culture. À la différence près que c'est Valéry Giscard d'Estaing qui avait inauguré Beaubourg, sans d'ailleurs beaucoup de passion.

En ce 20 juin 2006, alors qu'il entre dans la dernière année de son mandat, Jacques Chirac peut lui-même couper le ruban de son rêve. Ce qu'il va faire en compagnie d'hôtes de marque venus du monde entier, représentants et héritiers de peuples lointains et parfois oubliés, de ces ethnies opprimées et menacées, de ces civilisations dont la France à travers son président a voulu saluer l'expression artistique et dans le même temps honorer l'histoire. Le Sénégalais Abdou Diouf a tenu à marquer l'événement de sa présence, comme ancien président de son pays, mais également au titre de secrétaire général de l'Organisation internationale de la francophonie, tout comme le prix Nobel de la paix, le Ghanéen Kofi Annan, encore pour quelques mois à la tête de l'Organisation des Nations unies. L'anthropologue et ethnologue Claude Lévi-Strauss fait aussi partie des nombreux invités de cette fête ainsi que l'autre prix Nobel de cette assemblée internationale, la Guatémaltèque Rigoberta Menchu, amie personnelle du chef de l'État français. Durant l'inauguration, c'est d'ailleurs à un épisode inattendu mettant en scène le président et sa prestigieuse invitée que vont assister quelques témoins privilégiés, dont l'ancien ministre Xavier Darcos, aujourd'hui académicien. « Nous étions tous les trois à contempler une statue qui devait être précolombienne, celle d'une divinité maya ou aztèque. C'est alors que Jacques Chirac a pris la main de Rigoberta Menchu, l'a posée sur la statue, avec la sienne. “Rigoberta, lui a-t-il alors demandé le plus sérieusement du monde, sentez-vous encore une force à l'intérieur de la pierre ou a-t-elle disparu ? Y a-t-il encore du magnétisme ? Est-elle toujours efficace ?” J'ai senti un peu de déception chez Chirac quand Rigoberta Menchu lui a répondu qu'elle ne le pensait malheureusement pas. Je me suis honnêtement demandé, poursuit Xavier Darcos, s'il s'agissait d'une de ces facéties dont cet homme est capable. Mais je pense en fait que cela renvoyait à la fascination qui est la sienne depuis toujours pour un certain paganisme primitif.

Et à sa certitude que les grandes civilisations sont habitées par l'esprit. »

Dans son discours inaugural, Jacques Chirac évoquera « ces peuples exterminés par des conquérants avides, ces peuples humiliés et méprisés auxquels on allait jusqu'à dénier qu'ils aient une histoire ». Il rejettera ce « faux évolutionnisme qui prétend que certains peuples seraient comme figés à un stade antérieur de l'évolution humaine »… Et rendra hommage à ces peuples « dits premiers, riches d'intelligence, de culture, d'histoire, dépositaires de sagesses ancestrales, d'un imaginaire raffiné, peuplé de mythes merveilleux… »

Une partie importante de ce qu'il est nécessaire de savoir pour comprendre le rapport de Jacques Chirac au sacré est là. Dans ces lignes et dans ce musée. Et s'il lui avait été donné de choisir le rôle de l'un des acteurs de la fameuse controverse de Valladolid, au milieu du XVIe siècle, sans doute aurait-il choisi celui du dominicain Bartolomé de Las Casas face au théologien Juan Ginès de Sépulveda. La conversion de force des Amérindiens au catholicisme, pour ne pas dire à une certaine forme d'esclavagisme, répugnait au premier. Et il la condamnait avec force. Le second la recommandait. Le premier s'opposait à toute forme d'impérialisme culturel. Le second justifiait tout par Dieu et l'ordre divin donné aux rois et aux reines catholiques. Jacques Chirac connaît cet épisode de l'histoire d'Espagne. Il refusera d'ailleurs en 1992 d'associer la ville de Paris au cinq centième anniversaire de la découverte de l'Amérique. En mémoire des Indiens taïnos, décimés par les conquérants espagnols. D'aucuns se moqueront en France de cette culture exotique qui semble passionner Jacques Chirac et croiront y déceler une sorte d'originalité vaguement artificielle que cet homme aurait fini par cultiver pour se donner une contenance spirituelle. Jacques Chirac aura longtemps trompé son monde à cet égard. En y prenant d'ailleurs comme un malin plaisir, et en brouillant les pistes. Très tôt.

L'enfance de Jacques Chirac n'est pas religieuse. Rien dans le milieu familial ne prédispose à cela. Au contraire. Des grands-pères instituteurs, dont l'un, côté paternel, est clairement « radsoc » et franc-maçon, avec une tendance affirmée à « bouffer du curé ». L'autre, du côté maternel, a épousé le même radicalisme dans le même temps qu'il oubliait son éducation jésuite. Un père que l'Église ne semble pas obséder, ni simplement concerner. Seule Marie-Louise, la mère, est une catholique fervente et pratiquante, du moins c'est en ces termes que Jacques Chirac la décrit volontiers, une mère qui tentera de protéger son fils d'un certain anticléricalisme familial, et réussira même à l'envoyer chez les scouts et à lui faire servir la messe à Saint-Philippe-du-Roule à la fin des années trente. Les premières années de la guerre, le jeune garçon les passe en Corrèze où sa mère s'est refugiée, puis à Rayol-Canadel, dans le Var, dans la propriété de l'avionneur Henri Potez pour qui travaille Abel Chirac, son père. Il y fréquente l'école communale comme quelques mois auparavant il a fréquenté celle de Sainte-Féréole. L'école du petit Jacky, son surnom, enfant, sera, en effet, publique. Comme le seront les collèges de l'après-guerre et du retour à Paris. Le lycée Hoche de Saint-Cloud en 1945, puis le lycée Carnot dans le XVIIe arrondissement de la capitale. Sans qu'un quelconque éveil mystique ne vienne l'embarrasser durant ces années plutôt tranquilles et insouciantes. Tout juste une attirance, pour ne pas parler d'une véritable passion qui se construit autour des mystères de l'Asie, l'épopée du prince Siddharta, une curiosité qui se manifeste pour le panthéon des divinités indiennes. Des visites régulières au musée Guimet, en solitaire, ont alors fait naître cet intérêt pour l'Extrême-Orient, qui ne se démentira jamais et le conduira à entreprendre l'apprentissage du sanskrit, objectif que lui fera abandonner le professeur qu'il s'était trouvé, un Russe blanc du nom de Belanovitch. Jacques Chirac apprendra finalement la langue russe et s'initiera à la littérature et à la poésie de la terre d'Alexandre Pouchkine et de Vladimir Maïakovski. Comme il s'ouvrira à cette époque à d'autres disciplines artistiques sans nécessairement en faire état. En résumé, une hérédité plutôt radicale-socialiste, quelques enseignements chrétiens dispensés côté maternel, un tropisme bouddhiste en plein développement qu'enveloppent les vapeurs d'encens oriental diffusées par l'esprit d'Émile Guimet, fondateur d'un musée religieux, puisque telle était bien la vocation première de cet établissement inauguré par Jules Ferry en 1879. À ce mélange vont venir s'ajouter quelques numéros de *L'Humanité dimanche* vendus devant l'église Saint-Sulpice, un engagement pour la paix dans le monde, un peu de scoutisme et une descendante des croisés.

Elle s'appelle Bernadette Chodron de Courcel et Jacques Chirac fait sa connaissance sur les bancs de Science Po, qu'il intègre à la fin de l'année 1951. Une jeune femme bien née dont l'arbre généalogique rend possible, pour ses branches les plus éloignées du côté maternel, un voyage dans le temps jusqu'aux premières croisades. Côté paternel, Chodron de Courcel par la grâce de Napoléon III, l'Esprit saint souffle également très fort mais sur des hauteurs où règnent la diplomatie, la banque et l'industrie, et où prient quelques religieux et religieuses. Jacques Chirac fera un peu figure de mécréant dans ce monde très pratiquant. Mais Bernadette n'en aura cure. Jacques et elle se marient, religieusement, en mars 1956. En l'église Sainte-Clotilde, écrira Jacques Chirac dans ses Mémoires. Sans plus de détails. Dans une chapelle de la basilique, préciseront ses biographes. Ce qui marque une légère différence de standing, manifestement voulue par la famille de madame.

Ce mariage n'a pas le faste et l'éclat que les Chodron de Courcel auraient sans doute réservés à un gendre d'extraction plus aristocratique. Voilà qui n'embarrassera pas outre mesure un homme à qui ce genre de considérations importe fort peu. La foi profonde de Bernadette Chirac ne le dérange aucunement et ne le dérangera d'ailleurs jamais. Quelques discussions serrées plus tard sur la place que doivent prendre dans leur monde les autres religions, rien de plus. Ce catholicisme traditionnel, celui de la bonne société que sa femme représente, il le respecte, il l'a d'une certaine façon épousé. Il est la marque d'une appartenance et il saura en faire usage. Mais jamais il n'en sera prisonnier, c'est la marque de l'esprit libre qu'il est assez naturellement. Aurait-il d'ailleurs du temps à consacrer à la prière ou plus généralement à la pratique religieuse ? Sans doute pas. Au lendemain de son mariage, le voilà parti en Algérie. Il y restera un an. L'École nationale d'administration le happe à son retour en métropole puis l'envoie en stage en Isère. Diplômé de l'ENA, nouveau départ pour l'Algérie. Puis entrée à la Cour des comptes, et au secrétariat général du gouvernement sous Georges Pompidou qui devient sa référence. La vie politique de Jacques Chirac commence, à compter non pas d'un moment mais d'un homme.

Il est d'ailleurs assez frappant de noter entre Georges Pompidou et Jacques Chirac une communauté d'origines auxquelles s'ajoutent des approches de vie fort ressemblantes : le milieu familial, plutôt radical-socialiste, la religion, présente mais pas envahissante voire mise à distance, la prééminence de la terre par rapport au ciel, l'attractivité pour les divinités de cultures fondatrices, un goût pour la poésie et l'art, qu'accompagne une certaine disponibilité pour le sacré sans que jamais la religion n'ait prise sur la liberté. Georges Pompidou sera pour Jacques Chirac, sa vie durant, l'inspirateur, le modèle, et l'intercesseur. Celui par qui et grâce à qui, durant la décennie 1960 et jusqu'à sa mort en 1974, s'opère l'irrésistible ascension de Jacques Chirac. Son implantation en Corrèze, le début d'une longue carrière ministérielle, les fonctions gouvernementales qui s'enchaînent, du secrétariat d'État à l'Emploi au ministère de l'Intérieur en passant par le ministère de l'Agriculture. Jacques Chirac n'a rien d'un contemplatif. Et sa conception de la politique ne s'embarrassera jamais de trop de vertus chrétiennes ni d'états d'âme existentiels pour s'imposer face à l'adversité et à la concurrence. Ce qui ne veut nullement dire que l'homme n'a pas de valeurs. Elles sont plus humaines que chrétiennes, ce qui au demeurant peut parfois se confondre.

Le bulldozer que décrivait volontiers Georges Pompidou en parlant de son protégé est avant tout un politique de terrain, un « serreur de mains ». Un généraliste en politique comme il y en a en médecine, à la campagne, fin connaisseur de tous ses patients, des situations familiales des uns et des autres, en communication directe avec ses électeurs comme un curé peut l'être avec ses ouailles. L'ami de Peppone ou de Don Camillo dans une version corrézienne. Chirac n'établit pas de différences. L'élu qu'il est sur ses terres figure tout aussi bien l'enfant prodigue, l'apôtre, le pèlerin, le bienfaiteur ou le châtelain un peu paillard. Très œcuménique dans la relation humaine, il se veut aussi proche de l'évêque que du conseiller général. Préférant construire des ponts que de creuser les fossés. À l'aise chez l'habitant où il est généralement le bienvenu. Ou occasionnellement dans une église, ce qui peut être considéré comme une variante. Jacques Chirac a-t-il jamais prié Dieu ? « J'ai pu me le demander, confie Denis Tillinac, corrézien lui aussi, catholique et proche du clan Chirac. Il m'est arrivé de me retrouver avec lui dans un lieu de prière, une église, une chapelle. Il avait une espèce de jardin secret très privé et beaucoup de pudeur sur ces questions-là. Mais il a toujours produit un optimisme dont je me disais qu'il s'agissait peut-être d'une manière pour lui d'apaiser une angoisse métaphysique. S'adresse-t-il à Dieu ? Je ne pense pas, poursuit l'écrivain. Je ne crois pas qu'il s'adresse à un Dieu personnel.

Beaucoup de croyants vous disent que leur foi est née d'une rencontre personnelle avec le Christ. Je ne pense pas que sa spiritualité soit de cet ordre-là… »

Le rapport à la spiritualité de Jacques Chirac ressemble à un tableau impressionniste. On l'apprécie mieux de loin. De trop près, l'association de certaines touches de couleur peut paraître osée, incongrue, ou simplement pas très heureuse. Et en s'en éloignant, un paysage apparaît. Pas nécessairement admirable mais plus cohérent. Il serait facile de ne voir dans l'homme politique que ses incohérences ou ses contradictions et de ce point de vue, Jacques Chirac n'en est pas avare. Mais il serait pareillement caricatural de s'en contenter. L'homme est certes capable de tenir des propos d'un anticléricalisme primaire et de se sentir heureux en compagnie de tel ou tel prélat. Le même bayera aux corneilles lors d'un office, ou affichera le recueillement d'un chrétien exemplaire, instrumentalisera le débat sur l'école privée alors qu'il est, et fier de l'être, le plus pur produit de l'enseignement public. Capable de se moquer de la mitre des évêques et d'aller passer toute une journée à l'abbaye de Solesmes… Mais aussi d'avoir à Matignon un conseiller en charge des relations avec le monde catholique et de lui demander de rédiger pour lui un texte sur la place qu'occupe le Christ dans sa propre vie… C'est dire que le personnage est décidément compliqué à cerner.

À l'hôtel Matignon, où il entre en 1974, c'est surtout de sa relation avec le nouveau président de la République en place qu'il va être question pendant deux ans. Jusqu'en août 1976. Deux ans durant lesquels la concurrence et la défiance vont progressivement s'installer entre Valéry Giscard d'Estaing et celui qu'il a nommé Premier ministre. Contraint et forcé. L'obligatoire récompense accordée à celui qui avait contribué avec une quarantaine de ses amis à le faire roi, aux dépens du candidat gaulliste Jacques Chaban-Delmas. Trahison politique qui marquera pour longtemps Jacques Chirac et établira sa réputation d'homme pour qui la fin justifie toujours les moyens. N'a-t-il pas apporté la preuve s'il en était encore besoin qu'en politique, tous les coups sont permis et qu'en ce monde on y aime rarement son prochain comme soi-même ? Rien de bien chrétien n'existera d'ailleurs jamais entre Jacques Chirac et Valéry Giscard d'Estaing, ces deux « animaux » politiques qui très tôt se sont sentis rivaux et qu'obsède désormais la délimitation de leur territoire. Cette atmosphère de sourde rivalité et de guerre larvée va durablement empoisonner le septennat qui débute.

Un bras de fer permanent qui n'a d'égal que celui qu'entame à la même époque un certain Mgr Lefebvre avec le pape Paul VI. Un dossier qu'assez curieusement Jacques Chirac aura à cœur de suivre, avec pour envie sincère celle de jouer les médiateurs et d'être l'artisan de la réconciliation. Est-ce parce que le prélat français a, quelques mois durant, assumé la charge d'évêque de Tulle au début des années 1960 ? C'est une parcelle d'explication. Le Premier ministre espère-t-il alors retirer un quelconque avantage politique de la médiation qu'il tente d'organiser entre le dissident déclaré et la hiérarchie catholique ? Sans doute cette façon de penser très terre à terre et bassement politicienne a-t-elle surtout effleuré l'esprit de certains de ses conseillers que l'éventualité d'un schisme dans la chrétienté n'empêchait pas de dormir mais qui pressentaient surtout celui qui s'annonçait déjà au plus haut de l'exécutif entre le chef du gouvernement et le président de la République. L'aspect politique ne semble pas cependant avoir été le ressort profond de Jacques Chirac en l'espèce. Il n'espérait pas nécessairement tirer un quelconque avantage de la médiation tentée entre le Vatican et le rebelle d'Écône. Instinctivement, le Premier ministre croyait alors simplement de son devoir d'intervenir. Par principe, mu par cette pulsion parfois surprenante chez lui en faveur de telle ou telle cause…

ou par ce souci de l'ordre qui ne lui est point étranger et lui rend presque insupportable alors l'idée d'une rupture consommée entre le Saint-Siège et Mgr Lefebvre. Jacques Chirac, Premier ministre pour quelques courtes semaines encore, va donc multiplier les ambassades. Comme s'il y allait de son salut… sans au passage trop se poser de questions sur le fait qu'une telle intercession n'était pas nécessairement la mission du chef du gouvernement sous une République laïque séparée de l'Église depuis près de soixante-dix ans. Il va donc faire rédiger des lettres. Dont une adressée à Mgr Lefebvre en personne, écrite par son conseiller Bernard Billaud, et signée de sa main de Premier ministre le 16 juillet 1976. Lettre adressée à celui qu'il salue comme un « frère dans la foi et un père dans le sacerdoce[1] ». Formule inspirée par son proche conseiller, expert ès religion, et qu'après relecture du texte il n'éprouvera pas le désir de changer. Cet essai de diplomatie épistolaire ne sera pas concluant, mais sera mis au compte des grâces de Jacques Chirac par le pape Paul VI en personne, quelque temps plus tard. Cette crise, le Premier ministre continuera du reste à la suivre, mais cette fois en tant que nouveau maire de la capitale, élu en mars 1977 à ce poste prestigieux qu'il inaugure, aux dépens du giscardien Michel d'Ornano, et donc indirectement de Valéry Giscard d'Estaing lui-même.

Entre son départ de l'hôtel Matignon et son entrée à l'hôtel de ville de Paris, Jacques Chirac fera un détour par… l'abbaye de Solesmes. La vie n'a rien d'une ligne droite, encore moins quand il s'agit de celle de Jacques Chirac, ses détracteurs le souligneront d'ailleurs souvent et volontiers pour démontrer l'instabilité et la versatilité, à leurs yeux évidentes, du personnage. En vérité, le projet avait été conçu quelques mois

1. L'intégralité de cette lettre est publiée par Bernard Billaud dans son livre, *D'un Chirac, l'autre*, Éditions de Fallois, 2005.

auparavant et n'avait donc pas intégré l'hypothèse d'un divorce aussi rapide entre Valéry Giscard d'Estaing et son Premier ministre.

La visite de Jacques Chirac aux moines de l'abbaye sarthoise eut bien lieu, mais en octobre 1976. Beaucoup de choses ont été dites à ce sujet. Les rumeurs, distillées, amplifiées et déformées selon un processus généralement bien identifié, ont même évoqué des retraites que Jacques Chirac aurait faites à plusieurs reprises dans les endroits appropriés, et généralement après un échec électoral. Aujourd'hui, il n'est pas rare de rencontrer des témoins indirects d'apparitions chiraquiennes dans nombre de monastères isolés, d'abbayes retirées du monde, et autres collines inspirées. Apparitions généralement nées dans l'imagination de ceux qui extrapolent à partir d'un fait souvent moins spectaculaire au départ qu'il n'est à l'arrivée, après une lente maturation de plusieurs années parfois. L'équipée de Jacques Chirac était en fait la suite favorable donnée à l'une de ces initiatives d'élu de terrain reprises par un cabinet et proposées à un responsable politique. Jacques Chirac, Premier ministre, n'avait pas dit non à ce geste d'amitié à l'égard des moines de Solesmes, espérant sans doute qu'il serait perçu par la communauté chrétienne dans son entier comme la démonstration d'une proximité qu'il ne lui coûtait rien d'exprimer. Qu'il ait tenu à conserver ce projet alors qu'il était libéré de toute fonction officielle fut aux yeux des religieux la preuve de l'authenticité et de la sincérité de leur visiteur, cet automne-là. Un déplacement qui pourtant, à l'époque, ne s'ébruita pas. Jacques Chirac vint fort discrètement, sans tambours ni trompettes républicaines, accompagné de son conseiller chargé des relations avec le monde catholique, et de leurs épouses respectives. Et ce qui aurait pu être une visite officielle quelques mois plus tôt en devint une privée, assortie de tous les offices prévus par la liturgie monastique fixée par la règle de saint Benoît. Les moines, ceux-là mêmes qui avaient chanté lors de la messe d'enterrement de Georges Pompidou, furent honorés de la visite du fils spirituel de ce dernier et Jacques Chirac se trouva lui-même ravi de l'accueil qu'on lui réserva, mais cette escapade à thème ne fut en aucune manière le début d'une conversion ou d'un quelconque rapprochement et ceux qui voulurent s'en convaincre par la suite ont sans doute pris leur désir de voir Chirac en frère Jacques pour une réalité. Qui n'existe pas en ce bas monde, l'homme n'ayant jamais imaginé obéir à un vœu quelconque de pauvreté, de chasteté et encore moins d'obéissance.

La réalité de Jacques Chirac, les Français apprendront à la connaître, puis à la reconnaître au fil des années. De la mairie de Paris à l'Élysée. Philippe Bas, catholique pratiquant, qui fut son secrétaire général à la Présidence de la République en 2002, livre quelques pistes qui permettent déjà de cerner le personnage : « Grand républicain partageant avec la gauche les valeurs fondatrices de l'humanisme français, catholique modéré, constant dans ses convictions, épris de tolérance, très libre vis-à-vis de l'épiscopat, gallican plutôt qu'ultramontain, attaché à la laïcité, curieux et respectueux des autres religions[1]. » Les lignes de force du personnage se retrouvent à l'évidence dans cette épure, annonçant instantanément le portrait d'un homme divers et libre des contraintes d'une culture, indépendant de préceptes qui lui sont extérieurs. Ses amis parleront de richesse et de profonde humanité, ses adversaires ne verront à l'inverse qu'irrésolution, absence de convictions et opportunisme. Sur le plan religieux, le qualificatif de modéré ne paraît pas si mal choisi. En ce sens qu'il signifie l'absence d'excès de Dieu, ce qui est à l'évidence un des marqueurs chiraquiens, à moins qu'il ne s'agisse d'un magnifique euphémisme. Florilège : « Chirac est profondément indifférent à l'Occident, affirme François Bayrou. Il est naturellement de ce monde, de cette

1. Philippe Bas, *Avec Chirac,* L'Archipel, 2012.

société, de son temps mais il n'y a pas chez lui la moindre trace d'émotion religieuse. Je crois qu'il y est indifférent et qu'il considère que tout cela fait partie du caractère enfantin, puéril de l'homme occidental, qu'il ne s'agit là au fond que de croyances passagères. Ce qui n'est pas superstition à ses yeux, ce sont les arts premiers, le bouddhisme, le shintoïsme, tout ce qui est de l'autre côté. Et dans lequel il n'y a pas de Dieu, mais des sagesses. » « Dieu, c'est un peu trop loin pour lui, un peu trop vaste. C'est un humanitaire, Chirac, atteste François Léotard. Il a un côté saint-bernard… » « Ce n'est pas un homme sans Dieu, enchaîne l'ami Denis Tillinac, mais ce n'est pas un homme porté par le monothéisme stricto sensu. Je ne l'ai jamais senti très intéressé par la spiritualité juive, chrétienne ou musulmane. Cela ne veut pas dire cependant qu'il y est indifférent… » « Je n'ai pas souvenir, témoigne encore François Baroin, en vingt ans de vie politique à ses côtés, d'une conversation ayant porté sur la religion. » « Quand il venait à une messe officielle, se souvient enfin le père Matthieu Rougé, ancien aumônier des parlementaires, il participait vraiment. Et il ne se sentait pas prisonnier du dogme qui imposerait à un président de ne jamais communier. Je me souviens d'une messe à Notre-Dame, où l'aide de camp était venu me voir et m'avait dit : “Le président communiera.” Il fait son signe de croix, il participe à la messe. Mais je sais également qu'il peut lui arriver de tenir des propos d'un anticléricalisme très fort. » Tout Chirac, ou presque, semble résumé dans ces quelques phrases, jugements et témoignages. Jacques Chirac est tous ces personnages réunis en un seul. Un caméléon de la politique qui sait s'adapter à son environnement, un catholique tempéré qu'un Dieu unique ne semble guère passionner mais qu'il respecte et avec qui il lui arrive même de communier, peut-être plus pour les autres que pour lui-même. Capable dans une église de se recueillir ou de marquer l'impatience de voir l'office ne pas se terminer. De chambrer le curé ou de s'en faire un ami à vie. De prendre de la distance avec la religion de sa mère pour s'échapper vers celles des ancêtres de l'humanité. Un type par ailleurs généreux, prêt à l'occasion à réconforter celui que deux heures avant il combattait. « C'est quelque chose de très chrétien, confirme François Léotard, cette forme de comportement qui le fait partir immédiatement au chevet d'un ami si celui-ci est malade. J'ai été hospitalisé en urgence un jour et c'était grave. Quand j'ai commencé à me rétablir, j'ai reçu deux coups de fil : un de Mitterrand, et un de Chirac. Alors que j'avais fait une campagne féroce contre lui auprès d'Édouard Balladur et qu'on s'était dit des horreurs. Et c'était comme si cela n'avait tout à coup plus eu d'importance. »

Xavier Darcos a lui aussi été frappé par ce trait de caractère plutôt peu répandu dans le monde politique. Sa femme Laure traversait en 1999 une épreuve difficile, un début de cancer du sein, et avait donc commencé un traitement à l'hôpital de Périgueux. Jacques Chirac l'avait appris et s'était immédiatement montré très attentif et prévenant. « Je trouverai un prétexte pour venir à Périgueux, m'avait-il dit, se souvient Xavier Darcos. Ce prétexte, ce fut un sommet franco-italien dont il avait lui-même fixé le cadre à… Périgueux. Il avait souhaité voir ma femme, il y tenait, et il l'a vue le jour du sommet. Il s'était ménagé une pause dans son emploi du temps pour ce faire. En revenant il m'a donné de bonnes nouvelles de mon épouse. Me confiant alors tenir de son père un don particulier : celui de savoir, en tenant longuement la main d'une personne atteinte par la maladie, si celle-ci va guérir ou non… Pour ce qui concernait Laure, il était donc sûr de sa guérison prochaine et il me l'a dit en ces termes. Ce qui a effectivement été le cas. Peut-être avait-il fait cela trois cents fois, peut-être était-ce une invention, mais j'avais trouvé cela d'une très grande gentillesse. De plus, un geste totalement désintéressé. Et j'ai souvenir de m'être dit ce jour-là qu'il y avait autre chose chez cet homme de cœur que la caricature que beaucoup en faisaient. »

Des histoires comme celles-là sur Jacques Chirac, il y en a de nombreuses. Celle-ci ajoute plusieurs facettes supplémentaires à ce personnage qui pourtant n'en manquait déjà pas. À cette générosité qu'il n'est pas interdit de qualifier de chrétienne, vient en effet s'ajouter une sensibilité rapportée par nombre de ses amis à la souffrance et à la mort, ainsi qu'une croyance dans ce qu'il n'est pas exagéré de considérer comme une forme de divination. Le don – à moins qu'il ne s'agisse d'une extrême sensibilité transmise de père en fils – qui permet à celui qui prétend le détenir de peser le positif et le négatif qui entourent une vie... La superstition paysanne n'est pas loin et vient ici se mêler aux croyances de ces peuples pour lesquels Jacques Chirac nourrit depuis toujours une curiosité particulière, ainsi qu'aux légendes de ces civilisations dans lesquelles il se sent à l'évidence moins à l'étroit que dans ce monde des chrétiens, dont le culte ne lui parle pas. Chirac n'est pas à l'évidence un homme sans Dieu. Tout juste a-t-il refusé de donner à quiconque, homme, Dieu ou Prophète, une exclusivité en la matière.

Chez Jacques Chirac, le dosage est incertain mais le mélange est riche. Plus qu'on ne le croit généralement. Il serait réducteur de ne voir dans l'ensemble de sa pensée qu'une collection de croyances disparates, de spiritualités d'un autre temps et de superstitions douteuses, une quête informe de spiritualité ou la version consacrée du Bazar de l'Hôtel de Ville. Une autre voie mérite d'être explorée. Jacques Chirac n'est en effet pas l'inculte qu'il a toujours feint d'être. Et s'il est vrai que l'étude des Écritures le passionne à peu près autant qu'une conférence sur la mémoire eucharistique, il n'est pour autant ni un athée militant ni un agnostique indifférent. Les religions ne le passionnent guère, mais les civilisations qui les ont fait naître, si. Et cela va même plus loin dès lors qu'il y va du devenir de l'humanité. Si la théologie ne lui parle pas, l'anthropologie, l'archéologie, l'ethnologie le passionnent. « C'est un homme qui croit plus en l'homme qu'il ne croit en Dieu, dit François Baroin. De ce que j'ai compris de lui, poursuit-il, je pense que sa quête d'une croyance dans l'au-delà l'a conduit à chercher du côté des origines du monde. » « Chirac est un peu teilhardien, diagnostique pour sa part Denis Tillinac. Il croit que l'homme va vers plus d'esprit et plus de lumière. Il laisse souvent entendre que dans un certain nombre de millions, voire de milliards d'années, et il fait un grand geste pour accompagner cette prévision, l'homme aura une grosse tête, il aura un tout petit corps, il ne sera plus un prédateur, il sera beaucoup esprit et très peu matière. Il y a là chez lui cette vision, cette foi-là, c'est-à-dire l'espérance d'un cheminement de l'histoire de l'homme vers de plus en plus de spiritualité. » Chirac ne se pose en fait pas la question pour l'homme du salut de son âme, comme le ferait un religieux, mais celle de son évolution. Au secrétaire général de l'Élysée, Philippe Bas, il posera un jour la question : « À votre avis, que sera l'homme dans cent mille ans ? » Le haut fonctionnaire ne l'a jamais oublié. D'autant que répondre n'avait pas été simple. Les interrogations du président Chirac pouvaient se révéler parfois plus profondes que ses détracteurs ne le prétendaient.

Assez curieusement, celui qui fait ainsi profession de garder ses distances avec les Églises, semble imperméable à toute émotion religieuse, s'ennuie plutôt lors d'un office et s'interroge simplement sur le devenir de l'humanité, peut se révéler particulièrement tatillon sur un protocole religieux dont il est fin connaisseur. « Il sait très bien qu'on dit "Votre Éminence" à un cardinal, "Monseigneur" à un évêque, "Votre Béatitude" au métropolite, précise François Bayrou. Et il le fait avec beaucoup de soin parce que, chez Chirac, le code de politesse, contrairement à ce qu'on croit, est suivi avec infiniment plus de scrupule que chez Giscard, et ce n'est pas peu dire. La phrase qui tue chez Chirac, c'est : “Ce n'est pas convenable.” À l'égard de l'Église, il est toujours dans les convenances, absolument. » Sans doute une expérience acquise au cours de fort nombreuses occasions de rencontres que la fonction de maire de Paris lui impose d'honorer, mais cela va parfois bien plus loin et peut même prendre un tour inattendu. Jean-Michel Di Falco, ex-porte-parole de l'Église catholique, aujourd'hui évêque de Gap et d'Embrun, a gardé en mémoire ce déjeuner auquel il assistait et qui faisait suite à la remise, par Jacques Chirac, de la Légion d'honneur à l'une de ses amies. « Nous étions à table, raconte Mgr Di Falco. Moi j'étais à la droite de Bernadette Chirac, et son mari présidait une autre table. On se met à table, on déjeune, et puis à un moment je le vois se lever, et venir chuchoter quelque chose à l'oreille de son épouse. Puis il repart. Et Bernadette Chirac me dit alors : “Mon mari n'est pas content du tout parce que vous n'avez pas béni la table au début du repas.” Je lui réponds alors : “Vous avez vu l'assemblée qui est là... Il y a des chrétiens, d'accord, mais il y a aussi des juifs, et des gens qui n'ont peut-être pas la foi. Je ne vois pas au nom de quoi je devrais bénir la table. — Si, si, objecte-t-elle, il y tient, donc, puisque vous n'avez pas pu bénir la table, il demande que vous rendiez les grâces à la fin du repas.” J'étais, je l'avoue, fort embarrassé. Je n'aime pas faire ce qui donnerait l'impression de récupérer une assemblée, quand il ne s'agit pas d'une assemblée de chrétiens motivés, mais je n'avais pas le choix, j'ai donc dit un mot en étant très respectueux de celles et ceux qui ne partageaient pas la foi chrétienne. Mais cela montre bien que c'était quelque chose qui était important pour lui, sinon il ne serait pas venu le réclamer. Je note d'ailleurs qu'actuellement, à chaque fois qu'on se retrouve pour un déjeuner, il me demande le bénédicité. Si je ne le fais pas, il n'est pas content. À chaque fois, il le réclame. Ce n'est donc pas étranger pour lui. »

Jacques Chirac peut surprendre. Lui, si prompt en privé à se gausser de la tenue des évêques ou, pour en plaisanter à leur détriment, à entreprendre avec malice les ecclésiastiques qui lui sont proches du mariage des prêtres, le voilà donc strict sur les règles de la bienséance religieuse ! La chose s'explique en vérité fort bien. L'un des traits de caractère de Jacques Chirac s'exprime là. Loin d'être une de ces taquineries dont il peut avoir le secret, et sans être aucunement un signe de piété, c'est plutôt de déférence et de conformité qu'il faut parler. Car Jacques Chirac est un respectueux. Soucieux des convenances, comme le disait François Bayrou. « Cela ne m'étonne pas du tout, renchérit François Léotard. Ce rituel-là, pour lui, c'était un rituel professionnel. De la même façon qu'il aurait sans doute fait à un agrégé le reproche de ne pas employer l'imparfait du subjonctif ou à un sportif celui de ne pas courir assez vite, il pouvait reprocher à un évêque de ne pas faire son boulot, puisqu'il s'agissait précisément de cela dans son esprit. » Qu'il y ait une forme d'humour ou de provocation dans la réprobation chiraquienne peut aussi sembler plausible compte tenu de la personnalité de l'ancien président de la République mais d'autres cas semblent pourtant prouver qu'il n'en était rien. Le respect, celui des rites, des us et des coutumes, des traditions, Jacques Chirac se l'impose pareillement en toutes circonstances. Un ministre qui l'accompagnait lors d'un voyage mi-officiel, mi-privé au Maroc peut en témoigner : « Lorsqu'il est parfois arrivé au roi du Maroc de proposer que soit servie à son invité une boisson alcoolisée, il s'est toujours vu opposer un refus poli. Car dans l'esprit de Jacques Chirac, cela aurait constitué une marque d'irrespect pour son hôte, par ailleurs commandeur des croyants dans la religion musulmane. Dans l'esprit du président, indépendamment de ce qu'il peut penser ou croire, toutes les religions méritent le respect, ce qui peut d'ailleurs être considéré comme parfaitement cohérent avec le concept même de laïcité. »

Ainsi Jacques Chirac vit-il son rapport aux autres religions, à commencer par celle qu'il lui arrive de pratiquer. Cet homme volontiers iconoclaste s'accompagne en fait donc toujours de son double, cet autre, intraitable pour sa part s'agissant des règles, celles qui régissent la vie religieuse comprises. Jamais sans doute n'a-t-on prononcé le bénédicité à table chez les parents Chirac, et encore moins chez son grand-père franc-maçon, à l'époque où le Grand Orient professait un certain anticléricalisme. Il n'en reste pas moins que Jacques Chirac considère les rituels comme partie intégrante de cette sociabilité dont l'homme ne peut selon lui se passer. Pour autant, il n'en rajoutera jamais sur le signe de croix ou la génuflexion. Pas trop son genre. Mais le jour où il faudra le faire devant Paul VI, qu'il rencontre pour la première fois en 1978, il le fera. Comme, quelques années plus tôt, le général de Gaulle, qui s'était brièvement agenouillé devant le tout nouveau pape Jean XXIII.

Si sa relation à la religion peut ainsi, et à juste titre, être parfois jugée distante, disciplinée et parfois très protocolaire, celle que Jacques Chirac entretient avec ses représentants, le souverain pontife à part, l'est beaucoup moins. Question de tempérament. Et celui du maire de Paris ou du président reste généralement direct, franc et caractérisé par une absence totale d'hypocrisie. Mélange de chaleur paysanne, de bon sens terrien favorisant davantage l'évocation des racines de l'homme que les envolées vers le ciel, et de franc-parler parfois rugueux. Chirac a ses têtes. Il est au passage beaucoup plus entouré de religieux que ne l'a jamais été son rival de toujours, Valéry Giscard d'Estaing, que son milieu d'origine, de tradition catholique, et l'ancienne alliance de la noblesse et du clergé prédestinaient pourtant sans doute davantage à la fréquentation des hommes en soutane. Parmi les religieux en odeur de sainteté chez Jacques Chirac figurent bien sûr au tout premier rang les « pays », corréziens et apparentés. Mgr Jean-Baptiste Brunon fait partie de ce cercle. Nommé évêque de Tulle en 1970, soit trois ans seulement après l'élection de Jacques Chirac à l'Assemblée nationale comme député de la circonscription d'Ussel, il est du nouveau parlementaire comme sa version épiscopale. La même facilité de contact, le même nombre de kilomètres au compteur sur les routes de Corrèze, le même appétit de convaincre. L'un utilise l'argumentaire du politique et l'autre la parole de l'Évangile. Les deux hommes s'entendront. Une forme de complicité très républicaine à laquelle le prélat se prêtera d'autant plus volontiers qu'elle se doublera d'une estime personnelle et réciproque. À cela s'ajoute, quelques années plus tard, un élément dont l'histoire ne dit cependant pas s'il fut un sujet de discussion ou un motif de rapprochement mais qu'il convient cependant de noter : Mgr Brunon se voit en 1976 chargé par sa hiérarchie de la cause de béatification d'Edmond Michelet, l'ancien ministre de la Justice du général de Gaulle de 1959 à 1961, surnommé « le ministre qui prie » eu égard à la foi profonde qui émanait de lui selon ses proches, un homme qu'André Malraux avait baptisé « aumônier de la France » et dont l'action en faveur des juifs de Brive-la-Gaillarde lui vaudra d'être honoré du titre de « Juste entre les nations ». C'est cet homme-là dont l'évêque de Tulle est chargé des premières étapes du procès en béatification, procédure que suivront ses quatre successeurs et qui est toujours en cours, du fait de nombreuses oppositions intervenues au fil des années.

Avec Mgr François Marty, la relation sera également cordiale, parfois moins sereine. À l'occasion rocailleuse. Un peu comme l'accent du voisin aveyronnais, ancien évêque de Saint-Flour dans ce Cantal cher à Georges Pompidou. Jacques Chirac se souvient fort bien que les relations entre l'évêque et ce président qu'il a tant admiré ont souvent été orageuses et marquées par la défiance. Et notamment après la nomination de Mgr Marty à l'archevêché de Paris en 1968, dans un contexte qui avait parfois conduit Georges Pompidou à regarder le prélat comme l'allié objectif de certains activistes gauchistes de l'époque. Mgr Marty occupera ce poste jusqu'en 1981. Une belle longévité qui donnera à plusieurs reprises l'occasion au maire de Paris, comme au Premier ministre, l'occasion de côtoyer le prélat, voire de l'inviter à sa table et d'entretenir avec lui des rapports quasi amicaux. Les relations seront donc franches, respectueuses, affectueuses même, et pourtant parfois tendues. Si Jacques Chirac nourrit une certaine affection pour ce fils d'agriculteur, il ne peut s'empêcher de voir en lui, tout comme Georges Pompidou l'avait ressenti, un évêque parfois trop engagé, proche des idées progressistes, pour ne pas dire politiquement suspect d'avoir le cœur un peu trop à gauche. Reproche que Jacques Chirac fera d'ailleurs volontiers, en bloc, à une grande partie de l'épiscopat que le concile Vatican II puis la période de Mai 1968 ont à ses yeux éloignée des bases de son ministère. Même si le radical-socialiste a l'esprit large, il reste animé par l'esprit de laïcité. Mais cela ne remettra jamais en cause la complicité presque naturelle entre ces deux hommes qui se reconnaissent avant tout comme des hommes de terrain. Pragmatiques et non dogmatiques.

Ce qu'aimait Jacques Chirac chez François Marty explique a contrario la difficulté relationnelle qui existera en permanence entre Jean-Marie Lustiger et lui. Avec le nouvel archevêque de Paris, nommé par Jean-Paul II en 1981, Jacques Chirac sent très vite qu'il a affaire à l'un de ces intellectuels de l'Église dont il n'appréciera jamais les revendications d'indépendance. La relation privilégiée qui se construira au gré des années entre le cardinal et le président Mitterrand n'arrangera pas les choses. Assez curieusement, le fait que Mgr Lustiger soit un fils de l'école laïque et républicaine jouera d'une certaine façon en sa défaveur. Comme si quelque chose ou quelqu'un n'avait pas été à sa place. La mésentente se cristallisera au moment de l'affaire du grand service public laïc et unifié de l'enseignement. Un jeu à fronts renversés qui donne à la partie qui s'engage alors un bien étrange aspect. D'un côté, Jacques Chirac : pur produit de l'école laïque, il prend la tête d'une bataille politique pour l'école privée, bataille dont il escompte à l'évidence tirer quelque bénéfice, dans le même temps qu'elle lui assure une image de premier opposant à la loi du ministre de l'Éducation, Alain Savary. De l'autre, Mgr Lustiger : prélat jaloux de son indépendance qui entend jouer seul la partie qui s'annonce et récuse déjà toute récupération politique, dans le même temps qu'il mesure le soutien parfois tiède des évêques de France. Entre les deux, un président de la République, François Mitterrand, convaincu, il l'a même confié à l'archevêque de Paris, comme d'ailleurs à quelques autres, que cette loi ne verra jamais le jour par défaut d'assentiment des Français, mais qui entend laisser dans un premier temps sa majorité socialiste aller jusqu'au bout de son rêve laïc. Sur le banc de touche, un Premier ministre, Pierre Mauroy, persuadé que Jacques Chirac et Mgr Lustiger ont fait alliance alors qu'il n'en est rien. Un imbroglio dont les socialistes et le président Mitterrand ne sortiront qu'en sacrifiant le gouvernement et son chef mais qui paradoxalement marquera longtemps en négatif les relations entre les deux gagnants que sont pourtant, au soir du 14 juillet 1984, Jacques Chirac et Jean-Marie Lustiger. Le maire de Paris ne digérera pas que l'archevêque de Paris ait tenté de négocier avec le pouvoir socialiste. L'archevêque de Paris gardera longtemps sur le cœur le fait que Jacques Chirac ait tenté de récupérer politiquement les défenseurs de l'école libre.

Ce ne sera pas la seule occasion de désaccord entre Jacques Chirac et Jean-Marie Lustiger. La complicité intellectuelle entre le cardinal et le président Mitterrand a le don d'exaspérer Jacques Chirac qui, en privé, se laisse même parfois aller à accuser le prélat de suivre Mitterrand « comme un toutou[1] ». Mgr Lustiger n'a guère de mots plus aimables à l'égard du maire : « Il me reçoit comme un notable local reçoit un homme d'Église. Il ne sait pas quoi faire, ni quoi dire. J'ai parfois l'impression qu'il est sur le point de me donner une enveloppe en disant : ce sera pour vos œuvres...[2] » Jacques Chirac président se heurtera à nouveau plus tard, et par deux fois, à l'ombrageux cardinal : sur la question de la formation des imams et sur la question des signes religieux. Dans le premier cas, Jacques Chirac avait conçu l'idée d'utiliser le concordat existant entre les départements de l'ancienne Alsace-Lorraine et le Vatican, accord qui permet aux pasteurs, aux rabbins et aux prêtres catholiques d'être rémunérés par l'État dans ces départements, comme ils l'étaient à l'époque du rattachement à l'Allemagne. Jacques Chirac voulait par ce biais assurer la formation d'imams parlant français, imprégnés de la culture française, ayant constaté que beaucoup d'imams venaient de pays d'Afrique du Nord ou de pays islamiques éloignés, et ne parlaient pas même la langue française. L'idée était de mieux intégrer l'islam dans la société française. Le cardinal Lustiger ne vit pas ce projet d'un bon œil et fit tout pour qu'il n'aboutisse pas. Le deuxième sujet de désaccord se présentera au moment de l'adoption de la loi interdisant le port de signes religieux dans l'école de la République. Loi qui ne fut pas, loin s'en faut, du goût du cardinal, plus qu'inquiet de voir la religion catholique pénalisée par ce texte. Le président considérait pour sa part et à l'inverse que le meilleur moyen de faire vivre ensemble des gens qui se rattachent à des convictions religieuses différentes était de leur appliquer une loi commune. La loi sera votée en 2004 mais là encore au prix d'une véritable partie de bras de fer entre le responsable

1. Henri Tincq, *Jean-Marie Lustiger, le cardinal prophète*, *op. cit.*
2. *Ibid.*

de l'État et celui de l'Église. Le plus cocasse étant sans doute qu'en 2004, le président ait mis en avant le détournement critiquable à ses yeux de la religion à des fins politiques alors qu'il s'était lui-même rendu coupable d'un tel abus aux yeux du cardinal vingt ans plus tôt.

Avec le recul, le père Matthieu Rougé, ancien secrétaire particulier du cardinal, se veut néanmoins plus positif sans pour autant nier cette difficulté que rencontrèrent parfois Jacques Chirac et Jean-Marie Lustiger à s'entendre : « Leur relation de travail n'était pas si mauvaise, tempère-t-il. Jacques Chirac a même parfois su se montrer très courtois à l'égard du cardinal. Après l'avoir reçu, le président prenait même soin de raccompagner le cardinal jusqu'à sa voiture, ce qu'il ne faisait pas pour les autres invités. J'ai aussi en mémoire l'époque où Jacques Chirac avait pris une position très ferme contre la recherche sur l'embryon. Nous en étions aux prémices de la révision de la loi de bioéthique. Lionel Jospin avait fait une déclaration sur le clonage thérapeutique devant le Conseil national d'éthique, qui allait dans un sens plutôt permissif. Chirac avait fait quelque temps après une grande déclaration dans un sens contraire, au forum mondial de biotechnologie à Lyon. Je me souviens, en ouvrant la portière pour que le cardinal entre dans la voiture, que c'était le sujet entre les deux hommes. Et Chirac avait été très déférent. Donc la relation était quand même bonne. Pas intime, mais bonne. »

Les hommes compteront toujours davantage aux yeux de Jacques Chirac que la religion qu'ils représentent. Une constante dont peuvent témoigner le recteur de la Grande Mosquée de Paris, Dalil Boubakeur, ou les rabbins, que dans l'exercice de ses fonctions il a été donné au maire de Paris puis au président de connaître. « Je pense que Jacques Chirac aime profondément l'humanité, confirme François Baroin. Il avait d'ailleurs une passion pour la psychologie humaine. Il avait son scanner, il vous regardait de haut en bas, il essayait de comprendre vos ressorts. Chez les hommes d'Église importants, ce qui probablement l'a intéressé ou le plus passionné, c'est donc plutôt le caractère, le tempérament, celui des hommes qu'ils sont ou qu'ils étaient. Je me souviens d'une rencontre avec le dalaï-lama : son parcours à l'évidence intéressait davantage le président que ce qu'il incarnait. Je pense que c'était la même chose avec les papes qu'il a rencontrés, les grands rabbins, les représentants du culte musulman, ou encore les représentants africains de sociétés animistes, les représentants d'ethnies encore dépositaires d'une ferveur, d'une croyance autour de rituels très particuliers touchant de près ou de loin à l'art ancien. Dans ces différents cas de figure, il s'agissait d'abord de conversations d'homme à homme. » Des conversations où parfois l'amitié s'invite, fort naturellement. Mgr Jean-Michel Di Falco en est une illustration. Il ne sera pas rare de le retrouver à la table du couple Chirac sur leur lieu de vacances. Mais l'exemple le plus inattendu ou peut-être le plus émouvant est sans doute celui de Haïm Korsia, grand rabbin de France depuis le mois de juin 2014. Affectueusement surnommé Rabbinou, pendant un temps, par l'ancien président. Haïm Korsia était aumônier du culte israélite des armées quand Jacques Chirac a fait sa connaissance. Depuis, il ne se passe guère de semaine sans qu'ils se retrouvent. Un lien très fort s'est en effet tissé entre les deux hommes, un lien sans rapport ni avec la politique ni avec la religion. Le grand rabbin est avant tout un homme d'ouverture et de dialogue. Promoteur du dialogue interreligieux et biographe de l'ex-grand rabbin Jacob Kaplan, avec qui Jacques Chirac entretenait précisément des relations d'amitié et pour qui il nourrissait une profonde estime. Haïm Korsia est également ce genre de rabbin que le fait d'entrer dans une église et d'y assister à une messe ne dérange aucunement, dès lors que sa conscience le lui demande ou qu'il lui paraît nécessaire de rendre hommage à un disparu, qu'il soit juif ou pas. Le genre de geste qui ne serait pas forcément à la portée de tous les rabbins... Un homme capable de reconnaître et même de dire que le pape François est formidable et de rappeler au-delà de son attachement à Israël le lien qui unit les juifs de France à la République. En résumé, un profil qui ne peut que plaire à Jacques Chirac. Pour lui, l'homme passe avant tout. Et celui-là en particulier.

Le statut, le grade ou la confession importent finalement peu pour Jacques Chirac. Les papes ne font pas exception. Même si son émotion fut nécessairement grande le jeudi 6 juillet 1978 quand il fut reçu en audience privée par le pape Paul VI. Bernard Billaud, ex-conseiller chargé des questions religieuses à Matignon puis directeur de cabinet du maire de Paris, évoquera dans son livre de Mémoires un « contact intense » et décrira, quelques minutes après la fin du tête-à-tête entre les deux hommes, un « Chirac ému, le visage crispé et les yeux humides, comme subjugué par la présence rayonnante d'un pape détendu et enjoué mais terriblement impressionnant[1] ». Une impression que Jacques Chirac, par pudeur ou pour ne point trop accréditer le fait d'avoir été touché par la grâce, semblera démentir plus tard face au journaliste Pierre Péan, se disant simplement heureux d'avoir pu nouer ce jour-là une relation avec le souverain pontife, comme la plupart des hommes politiques, ajoutera-t-il, quand ils sont reçus par le pape. L'histoire ne dit pas si en serrant la main de Paul VI, il a senti que le saint-père n'en avait plus pour très longtemps. Un mois plus tard très précisément, Paul VI disparaissait, terrassé par une crise cardiaque.

De Jean-Paul II, son successeur, Jacques Chirac fera la connaissance à Paris lors d'une visite pontificale de trois

1. *D'un Chirac, l'autre*, *op. cit.*

jours en France, entre le 30 mai et le 2 juin 1980. Si l'histoire retiendra de cette visite les discours du pape, son adresse en forme de reproche à la France, fille aînée de l'Église, accusée à demi-mot de ne point tenir les promesses de son baptême, rappelons le véritable combat que mena le maire de Paris pour que le souverain pontife accepte d'honorer les Parisiens de sa présence sur le parvis de l'hôtel de ville. Mais les réticences furent finalement vaincues et Jacques Chirac, triomphant d'une adversité vaticano-giscardienne, put donc accueillir à son tour le saint-père et l'assurer, pour sa part, de la fidélité de la fille aînée de l'Église. Manière de faire comprendre au pape qu'il partageait ses réticences, pour ne pas dire plus, quant aux lois votées à l'initiative du président Giscard d'Estaing, celle en particulier portant dépénalisation de l'avortement pour ne pas la nommer.

Deux ans plus tard, Jacques Chirac bénéficiera seul d'un privilège fort rare qui lui sera accordé par Jean-Paul II. Celui d'assister à la messe du souverain pontife en sa chapelle privée. Faveur dont le maire de Paris s'était vu gratifier sans doute en récompense du soutien sans relâche de la municipalité parisienne aux Polonais en lutte contre le pouvoir du général Jaruzelski. Messe qui eut donc lieu le 12 décembre 1982 au petit matin, au cœur du Vatican. Jacques Chirac ne fut-il pas assez recueilli, trop attentif à cet environnement grandiose et à cette ambiance inédite dans lesquels il se trouvait plongé, eut-il un peu la tête ailleurs devant tant de mystères, d'histoire et de piété, rassemblés dans cet endroit sacré ? C'est que ce sous-entendra plus tard Bernard Billaud, donnant ainsi son explication d'une certaine fraîcheur sentie chez le pape à l'égard de Jacques Chirac après l'office… Explication somme toute plausible. Jacques Chirac pouvait en effet à tout moment retrouver un regard d'adolescent émerveillé dans des circonstances de ce type. À l'hôtel de ville de Paris, certains se souviennent encore de la visite, en 1979, du dalaï-lama et de la grâce dont le religieux bouddhiste avait alors semblé illuminer le maire.

Il sera donné à Jacques Chirac de revoir Jean-Paul II durant les années qui suivront cette messe privée. Lors de visites du pape en France notamment. Mais le 20 janvier 1996, c'est au tour du nouveau président de la République de faire le déplacement officiel au Vatican, huit mois après son élection. Toujours respectueux des convenances et du protocole, Jacques Chirac se présente ce jour-là au souverain pontife en habit noir et nœud papillon blanc, avec au cou le grand collier et la plaque de l'Ordine Piano, l'ordre de Pie IX, décoration dont le pape gratifie généralement les chefs d'États en visite au Saint-Siège. À différencier de l'Ordre du Christ, que portait le général de Gaulle et que Jean XXIII attribuait avec parcimonie. Au nom de la tradition toujours, et après avoir assuré le pape de la fidélité de la France à son héritage chrétien, Jacques Chirac sacrifiera ce même jour au rite du Latran et se fera donc installer chanoine honoraire de la basilique Saint-Jean. Les biographes du président écriront beaucoup de choses sur l'admiration de Jacques Chirac pour Jean-Paul II. Ceux de François Mitterrand avaient cru également déceler chez ce dernier un sentiment du même ordre pour le pape polonais. La sagesse consiste sans doute à se garder en la matière de tout excès, d'un côté comme de l'autre.

On sentira d'ailleurs très vite que le président Chirac n'a point trop l'intention, dans l'exercice de ses fonctions, de s'embarrasser d'excès de « bondieuserie ». S'il vient à Orléans honorer Jeanne d'Arc un an après son élection, comme le veut l'usage en début de mandat, ce n'est pas véritablement pour honorer la sainte dont la statue orne la plupart des églises de France, mais plus prosaïquement pour mettre fin à ce que Jacques Chirac considère comme une tentative de mainmise par le Front national de Jean-Marie Le Pen sur une icône française. Le discours qu'il tient ce jour-là est sans ambiguïté et dénué de toute connotation religieuse, à la différence de certains de ses prédécesseurs en cette même occasion. « Les valeurs que Jeanne incarne sont celles de la justice, de l'amour, de la liberté, de la paix, affirme le président avec force. La pureté de son idéal, la noblesse de son combat la placent au-dessus des ambitions et des calculs. Elle appartient à tous les Français. » Si Jeanne d'Arc mérite l'attention du président dans la lutte qu'il mène contre l'extrême droite, Clovis en revanche se passera de la République et de son président, comme si aux yeux de Jacques Chirac, il ne valait pas une messe. Jean-Paul II, venu en France pour les cérémonies du mille cinq centième anniversaire de la naissance du roi des Francs, pourra s'étonner de la décision du chef de l'État français. Décision qui préfigure pourtant la position de refus qui sera celle de Jacques Chirac dans le débat sur l'inscription des racines chrétiennes de l'Europe dans cette Constitution dont Valéry Giscard d'Estaing aura la charge d'inspirer le texte, quelques années plus tard.

Même si Jacques Chirac prétend généralement le contraire, la fonction présidentielle semble avoir produit comme une modification dans l'équilibre des forces et des principes qui animent le chef de l'État. Ce qui ne remet nullement en cause ces principes ou ces approches mais en fait parfois apparaître certains plus présents, dans le contexte d'une évolution ou de la marche d'une société en butte à des questions qui ne se posaient pas quelques années auparavant. Celles que pose la bioéthique, l'apparition d'un intégrisme religieux volontiers expansionniste, l'horreur de Septembre 2001, l'irruption de revendications ou de débats nouveaux amèneront nécessairement les responsables politiques à tenter de trouver les réponses adaptées à des problèmes nouveaux et les démocraties à chercher les moyens de se défendre.

Les principes de laïcité qui habitent Jacques Chirac sont indiscutables, son respect de toutes les religions ne l'est pas moins. Son refus de tout dogmatisme sera en fait la règle. De même qu'une certaine méfiance vis-à-vis du fait religieux quand il menace les équilibres et les fondements même d'une République dont le président est garant. « Chirac a exercé des fonctions présidentielles, confirme Denis Tillinac, en un temps où l'islamisme radical a d'une certaine manière supplanté le communisme international comme menace qui pouvait peser sur la liberté de conscience, puis sur la paix dans le monde. Donc cela a probablement contribué à infléchir sa vision de la religion. Moi, je ne dirais pas qu'il est devenu anticlérical mais il est devenu probablement plus méfiant et puis, comme il ne s'agissait pas de donner l'impression de stigmatiser une communauté musulmane parmi l'ensemble de nos compatriotes, cette méfiance a fini par devenir une attitude. » L'ancien secrétaire général de l'Élysée Philippe Bas complète : « Jacques Chirac est l'ennemi de tout amalgame et de toute confusion entre la religion et l'intégrisme, entre la religion et le fanatisme. Il a une vision positive du fait religieux. Et je crois pouvoir dire que pour lui le fanatisme n'est pas une conséquence de la religion mais une conséquence d'une situation politique, économique, sociale, où finalement une religion est déformée pour servir de vecteur à l'expression d'immenses frustrations. Et il y sera extrêmement attentif, comme on le verra d'ailleurs dans certains événements comme la guerre en Irak, mais comme on le verra aussi en France par le soin qu'il mettra à faire vivre une laïcité respectueuse de toutes les convictions. »

Ces deux points, ainsi que d'une manière plus secondaire celui des racines chrétiennes de l'Europe, marqueront effectivement les mandats présidentiels de Jacques Chirac. La question irakienne surgit en mars 2003. « Sa position, explique

François Baroin, qui fut quelques années auparavant le porte-parole du gouvernement Juppé, a eu un fondement religieux. D'une certaine manière, le président Bush essayait de lever une armée internationale au nom d'une certaine idée de sa civilisation imprimée sur la base de la Constitution américaine où le président américain, je le rappelle, prête serment sur la Bible. Ce qui n'est pas le cas du président français. Et Jacques Chirac ne voulait pas d'une guerre de religion parce que derrière la réponse américaine à la question des attentats des islamistes et des terroristes, était en train de se développer une menace beaucoup plus profonde, celle d'un conflit interconfessionnel. À cela il s'est opposé, au nom de l'intérêt supérieur de la France mais également au nom d'une certaine idée qu'il se faisait et qui lui commandait de ne pas lever une armée au nom de la religion. Cela a fait partie de ses combats politiques et de ses engagements. »

Sur la question des signes religieux, la démarche ne sera pas moins pragmatique. Un dossier qui s'est ouvert à Creil en septembre 1989 avec l'expulsion de deux jeunes musulmanes de leur lycée. Le débat s'installe, s'enflamme. Il ne cessera d'empoisonner la vie politique durant les années suivantes. Gauche et droite se divisent, d'autres lycéennes sont expulsées. Les institutions semblent dépassées. Le Conseil d'État ne règle rien. La circulaire Bayrou tente d'introduire la différence entre les signes ostentatoires et les signes plus discrets « qui ne traduisent que l'attachement à une conviction personnelle », mais cela ne suffit plus. En 2002, ayant récupéré l'intégralité d'un pouvoir que la longue cohabitation avec les socialistes l'avait contraint à partager, Jacques Chirac décide de prendre le taureau par les cornes et confie à une commission présidée par l'ancien ministre et médiateur de la République Bernard Stasi le soin de régler la question. Jacques Chirac a alors en mémoire la commission Marceau Long qui, en 1987, s'était penchée sur les questions d'acquisition de la nationalité et qui, selon lui, était un bon repère. Un travail qui débouchera en 2004 sur la loi régissant le port des signes ostensibles de religion. « Jacques Chirac est tout de même, conclut François Baroin, le président de la République qui a mis un coup d'arrêt à une volonté expansionniste d'un certain nombre de leaders musulmans. Ainsi qu'à une lecture caricaturale du port du voile, laquelle était conçue comme un bélier pour enfoncer un pilier de la République. Et il impose cette loi, il met en place une commission, il fait venir tous les dignitaires auditionnés par Bernard Stasi, président de cette commission, et il tranche ! Et il tranche en faveur de l'application d'une loi. Une loi pour avoir un sanctuaire républicain donc pour interdire tout signe ostensible. C'était vrai pour le voile mais c'était vrai aussi pour les autres signes religieux. Donc il a vraiment beaucoup insisté, il s'est impliqué personnellement et il aura de ce fait eu un rôle, me semble-t-il, absolument majeur, qui a donné un coup d'arrêt, d'ailleurs, au développement de la présence du voile à l'école et de la manière dont l'école pouvait être utilisée par les uns ou par les autres comme un instrument de conquête religieuse. »

La loi de 2004 ne fera pas que des heureux. Mgr Lustiger en particulier, qui ne comprend décidément pas que la religion catholique, majoritaire en France, puisse être mise au même niveau que les autres confessions. Le porte-parole de la commission épiscopale, le père Stanislas Lalanne, rappellera pour sa part que « la loi n'est en aucune manière un remède miracle ». Quant aux orthodoxes et aux radicaux de quelque bord que ce soit, ils ne parlent que d'exclusion et de restriction de la liberté religieuse. Pour les plus modérés, la loi est en revanche un compromis acceptable. « La loi de notre État est notre loi », affirme sans états d'âme Dalil Boubakeur, recteur de la Grande Mosquée de Paris. Le rabbin Sitruk se dira, lui, « satisfait de ce que l'espace républicain vide de croyances devienne au contraire un lieu de respect mutuel ». « Il y a une toute petite aile du judaïsme orthodoxe et ultra-orthodoxe en France qui a pris de l'importance au cours des vingt dernières années, analyse l'écrivain et journaliste Maurice Szafran. Depuis les années quatre-vingt-dix, il est beaucoup plus voyant, beaucoup plus militant et sans doute beaucoup plus nombreux. Ce judaïsme-là, il est contre toute loi, tout texte contre les signes ostentatoires puisque lui aussi veut se montrer et sortir. Mais le cœur, la partie centrale du judaïsme français, elle a cette conception républicano-israélite qui conduit à être juif à la maison et français dans la rue. Donc dans la rue on est comme les gens, on est comme les autres. Plutôt discret. Donc ce que fait Chirac fonctionne plutôt bien avec ce que pensent les juifs français. »

La question de l'inscription des racines chrétiennes dans le préambule d'une Constitution européenne (qui ne verra d'ailleurs jamais le jour) se posera dans le cadre de la Convention pour l'avenir de l'Europe. Institution provisoire mise en place en décembre 2001 et que préside Valéry Giscard d'Estaing. Indépendamment de la personnalité de ce dernier et des relations tendues entre les deux rivaux de toujours, Jacques Chirac fera preuve sur la question d'une intransigeance qui parfois suscitera la surprise. Pas de références au christianisme dans la Constitution européenne, un point c'est tout, fait très vite savoir le président que le sujet manifestement indispose. Jusqu'à même forcer le trait de façon quelque peu provocatrice quand il lui arrive de sous-entendre que les racines de l'Europe peuvent tout autant être musulmanes que chrétiennes… ce que le Premier ministre Lionel Jospin, pourtant du même avis que lui sur la question, n'aurait sans doute jamais osé dire. Jacques Chirac confondra ainsi délibérément l'influence et l'origine. Sans doute n'aurait-il pas tenu ce discours en 1980, sur la place de l'Hôtel de Ville, en présence de Jean-Paul II…

Mais en 2002, au risque d'ailleurs de froisser l'électeur catholique alors même que l'élection présidentielle se rapproche, Jacques Chirac n'entend pas changer d'avis. Pour une raison assez simple et au nom d'un principe qui, pour le compte, l'a souvent guidé : celui de la non-exclusion. Si notre histoire est bien une histoire chrétienne, si la religion chrétienne est bien majoritaire en Europe, ce dont Jacques Chirac ne disconvient pas, il n'y a pas pour autant de raisons de l'inscrire dans le texte d'une Constitution. Tous ceux qui ne se situent pas dans cette tradition, pense-t-il alors, en auraient conclu qu'ils n'avaient plus leur place en France. Et que les institutions républicaines n'étaient pas faites pour eux. À cela s'ajoute le fait que Jacques Chirac entend éviter de faire renaître tensions et conflits, même si une partie de sa famille politique désapprouve sur le fond sa position. Ce qui est certain, c'est qu'aucune option religieuse ne rentrera en ligne de compte dans la définition de la position française par Jacques Chirac sur ce point, comme sur d'autres. « Sa spiritualité, analyse Denis Tillinac, est à l'origine d'un optimisme inébranlable, qu'il aura produit toute sa vie, peut-être parce qu'il estimait que c'était sans doute son devoir de ne pas angoisser davantage qu'ils ne le sont les Français. Je ne pense d'ailleurs pas que Dieu ou ses fondés de pouvoir de quelque confession que ce soit aient jamais joué un rôle dans ses décisions politiques. »

L'aspect confessionnel ne sera pas davantage le ressort du geste qu'il fait ni des paroles qu'il prononce lors des commémorations de la rafle du Vél' d'Hiv le 16 juillet 1995. Il sera ce jour-là le premier président à reconnaître la responsabilité des autorités françaises de l'époque. « Oui, dira-t-il, ce jour-là, la folie criminelle de l'occupant a été secondée par des Français, par l'État français. » « Le discours du Vél' d'Hiv' est en rupture totale avec l'idéologie gaullo-communiste, explique le journaliste Maurice Szafran. Pour preuve, des gens comme

Philippe Séguin ou Jean-Pierre Chevènement exprimeront une totale hostilité au discours du Vél' d'Hiv' puisque Chirac s'excuse au nom de la République. Cela provoquera même une polémique entre les responsables politiques de droite comme de gauche, certains à droite et à gauche soutenant Chirac, certains soutenant Séguin. Il y a là une vraie rupture et un moment tout à fait fondamental. Est-ce que Chirac l'a fait à la suite d'un long parcours au fil duquel il a progressivement pris conscience des choses ? C'est possible. Comme maire de Paris, il a été assez proche d'institutions, d'écoles religieuses, de certains rabbins, avec qui il parlait beaucoup, donc peut-être s'agit-il là de l'aboutissement d'un processus de conscience. Mais il a surtout exprimé et d'une certaine façon libéré ce que Mitterrand, Giscard, Pompidou et de Gaulle avaient enfermé à triple tour. Donc c'est un moment, pour le judaïsme français, très, très important. »

Jacques Chirac n'aimera pas entendre dire que la fonction présidentielle l'a changé. Comme il n'a jamais apprécié qu'on le compare à une boussole capable d'indiquer toutes les directions, et celle qu'il veut en fonction du moment. Sans doute parce qu'au fond ses valeurs sont restées les mêmes. Elles apparaîtront plus fortes ou au contraire moins présentes au fil de la vie. Certaines d'entre elles ont simplement semblé plus évidentes, voire prioritaires à compter du moment où il lui a fallu revêtir les habits élyséens. La laïcité fut l'une de celles-là, même si à certains égards, il ne s'en est jamais départi, étant familièrement et familialement d'une certaine façon « tombé tout jeune dedans ». Une méfiance vis-à-vis du fait religieux s'imposera pareillement même s'il garde en lui intact ce respect des religions, des croyances et la curiosité que certaines lui inspirent, peut-être davantage que d'autres. Une certaine forme d'humanisme combinée à la proximité dont il ne s'est, par nature, jamais départi vis-à-vis des Français, finira également par l'emporter sur l'image du politicien froid et déterminé qui sut souvent, dans la bataille pour le pouvoir, ne point trop s'embarrasser de scrupules. Si les Français ont pu être indifférents à la politique qu'il a menée, ils ne l'ont en effet jamais été vis-à-vis du personnage, de ce grand frère qu'il pouvait être aux yeux de beaucoup de Français, de cet éternel jeune homme qui raconte des histoires grivoises, qui peut tricher au jeu mais fait des sourires aux femmes.

Les Français apprécieront dans le même temps l'homme du Samu social et de la taxe humanitaire sur les billets d'avion, le porte-parole de certaines grandes causes, plus concrètes qu'idéologiques, de la sécurité routière au combat contre le cancer, en passant par celui pour les handicapés qu'il mènera sans relâche. Il ne viendrait à l'idée de personne de faire de Jacques Chirac un enfant de chœur ou un grand prix de moralité, mais son comportement fut souvent de ceux que certains auront pu qualifier de chrétien alors qu'il était sans doute seulement humain. « Dans ses politiques publiques, il a toujours essayé, témoigne François Baroin, de mettre en place des dispositifs de solidarité. Oui, c'est un homme de droite, un gaulliste, qui a mis en place le Samu social. Oui, c'est un homme qui a rendu des milliers de services personnels en voulant expressément que personne ne le sache, uniquement pour rendre service. Donc d'une certaine manière, il s'agit souvent d'actes d'écoute, d'actes altruistes, généreux, gratuits, d'actes de solidarité. Certains hommes d'Église ont pu également y voir des actes religieux, puisque l'homme, pensent-ils, est la créature de Dieu. Mais pour ceux qui ne sont pas dans la ferveur et la croyance, on peut aussi inverser la proposition et se poser la question de savoir si Dieu n'est pas la plus belle création de l'homme. »

La vie inspirera sans cesse Jacques Chirac mais la mort l'interrogera toujours. « Je l'ai souvent entendu parler de gens qu'il avait connus, se souvient Xavier Darcos, de disparus dont il évoquait la mémoire. La question de l'au-delà, manifestement, le préoccupait. Et il avait une grande sensibilité à la souffrance et à la mort. » Un questionnement qui à certains égards fait penser, assez curieusement tant les deux hommes paraissent si dissemblables, à François Mitterrand. Bernadette Chirac confiera ainsi à Pierre Péan[1] l'intérêt de son mari pour les Égyptiens et leur culte des morts, sa « fascination pour ces empereurs chinois qui se faisaient enterrer avec tous leurs objets, leurs serviteurs, leurs concubines, pensant qu'ils allaient continuer de vivre après, parce qu'il y avait une autre vie ». L'Égypte et son cortège de dieux et de déesses, l'Égypte qui produisait sur François Mitterrand le même magnétisme, l'Égypte dont Jacques Chirac est, peu le savent, un expert. « J'ai souvenir d'un dîner auquel nous avait conviés Dominique de Villepin, raconte Xavier Darcos. L'archéologue Jean-Yves Empereur faisait ce soir-là partie des autres convives. À un moment de la soirée, la porte de la salle à manger s'ouvre. Le président passe la tête. Il avait besoin de parler à Villepin et ne s'attendait sans doute pas à le trouver ainsi entouré. Fort naturellement, le secrétaire général a présenté alors ses invités au président. Au nom de Jean-Yves Empereur, Jacques Chirac a immédiatement réagi : « Quel bonheur de pouvoir parler avec vous ! » Le président s'est assis et Jean-Yves Empereur et lui ont alors commencé un dialogue hallucinant, évoquant notamment la nécropole d'Alexandrie, site sur lequel l'archéologue avait travaillé. J'ai alors découvert un Chirac omniscient, et une culture authentique : il savait tout de l'Égypte, de ses dieux, de ses cultes et de cette Cité des morts… »

Cette connaissance des civilisations peut à l'occasion lui servir à illustrer certains de ses choix, ou justifier certaines de ses réserves comme face à l'euthanasie, pour ne citer que ce cas, question douloureuse sur laquelle Jacques Chirac se

1. Pierre Péan, *L'Inconnu de l'Élysée*, Fayard, 2007.

montrera réservé, ou prudent. « Il m'a dit un jour, se souvient Philippe Bas : "Je ne connais pas dans toute l'histoire du monde une seule civilisation qui se soit donné le droit d'organiser la fin de vie de ses membres." Voilà qui dépassait l'approche parfois un peu technique qu'on a du sujet et renvoyait à une profonde sagesse humaine venant de très loin. »

L'homme d'action a-t-il pensé à sa mort ? Sans nul doute. Comme tout un chacun, assurément. En a-t-il peur au soir de sa vie ? Rien ne permet de le dire. Il est de ceux qui nourrissent un espoir pour après. Il n'en dira jamais plus. Son espérance, sa foi, ses croyances appartiennent à la partie la plus secrète de son jardin intime. Un jardin que l'on imagine volontiers peuplé de bouddhas en méditation, de dieux dogons, de déesses aztèques et de tikis polynésiens. On ne peut comprendre le rapport de Jacques Chirac à la religion, disent ses proches, qu'en se passionnant pour la poésie et les civilisations premières. Ce qui entre assez joliment en résonance avec une phrase d'André Malraux que l'ancien président a toujours aimé partager : « Au fond, la politique, avec l'art et la religion, c'est un moyen d'échapper à la mort. »

6

NICOLAS SARKOZY

26 janvier 2007 : la foule se presse sur le parvis de la cathédrale Notre-Dame de Paris. Nombreuse et pourtant disciplinée, triste et recueillie, derrière les barrières de sécurité installées dans la nuit. Les forces de police gèrent au métronome le passage des véhicules officiels qui déposent leurs célébrités devant cette masse anonyme et silencieuse où les sans-grades côtoient de plus riches qu'eux, où militants associatifs du DAL se retrouvent aux côtés de représentants de collectifs de sans-papiers, où croyants et non-croyants semblent ne faire qu'un, comme soudés par le même compagnonnage, réunis autour de la mémoire d'un homme, l'abbé Pierre, rappelé à Dieu, son Dieu des pauvres et des plus démunis, quatre jours plus tôt. Le créateur du mouvement Emmaüs s'est éteint à 94 ans, mais les personnes présentes ce vendredi-là devant la cathédrale sont venues lui signifier non seulement leur admiration, mais également leur fidélité. L'œuvre de l'abbé sera poursuivie, semble dire ce peuple de la base, ces Françaises et Français venus parfois de fort loin, du monde entier, rendre hommage à celui qu'ils considèrent, pour nombre d'entre eux, comme un saint homme. « Un rebelle, bâtisseur d'humanité », comme il est écrit sur une pancarte que brandit un homme dans cette foule. À l'intérieur de la cathédrale, plus d'un millier de places ont été réservées à l'intention de ces bénévoles, de ces maillons

d'une chaîne de solidarité qui depuis plus d'un demi-siècle lutte contre la pauvreté. Contraste parfois saisissant entre ces hommes et ces femmes, habillés de leurs vêtements de tous les jours, sans fard ni signe extérieur de richesse, entre ces apôtres de l'abbé aux épaules larges comme celles de déménageurs, le visage rougi par le froid et les larmes, et l'autre partie de l'assemblée, plus apprêtée, plus chic, plus riche, plus dirigeante, plus politique. Le blouson à carreau du bénévole aux côtés du manteau en mohair du parlementaire ou du ministre…

Certaines photos prises ce jour-là méritent d'être revues. Elles signifient beaucoup et sont comme souvent le meilleur des témoignages. Elles permettent de saisir l'émotion. Ces larmes par exemple que le président de la République, Jacques Chirac, semble avoir bien du mal à contenir à la commissure des paupières. L'émotion de Lambert Wilson, interprète inoubliable de l'abbé Pierre au cinéma. Celle du très chrétien Robert Hossein. La piété de François Bayrou. Le respect, évident, profond, de toutes ces personnalités religieuses présentes, du pasteur au moine bouddhiste en passant par le représentant de l'Église orthodoxe ou le recteur de la Mosquée de Paris, etc. Seul manquait un grand rabbin. Le cercueil de l'abbé, posé à même le sol, est une ultime preuve d'humilité dans la magnificence et la flamboyance de Notre-Dame de Paris. Son portrait, immense, a été disposé sur un chevalet. L'hommage national sera tout à la fois sobre et solennel. Conduit par les plus hauts « gradés » de la hiérarchie catholique. Mgr Jean-Marie Lustiger, Mgr André Vingt-Trois, Mgr Philippe Barbarin, Mgr Jean-Pierre Ricard. Puis vient le moment de la communion. Les nombreux fidèles forment plusieurs files dans les travées de la cathédrale, alternance là encore d'anonymes et de personnalités.

Une silhouette retient alors l'attention. Discrète, recueillie. Celle de Nicolas Sarkozy. Il s'avance vers l'officiant, reçoit la communion, puis sagement retourne à sa place. Le ministre de l'Intérieur sait parfaitement qu'il n'y est pas autorisé par les canons de l'Église apostolique et romaine. Laquelle interdit aux divorcés de communier. C'est le cas de Nicolas Sarkozy, il l'est depuis 1996 de sa première épouse. Ce 26 janvier 2007, Nicolas Sarkozy s'est affranchi de la règle. Le cardinal André Vingt-Trois l'a bien noté. Et ne se privera pas de le faire savoir, plus tard, à l'intéressé, en lui demandant à l'avenir de bien vouloir adopter un comportement plus conforme. L'envie était trop forte pour Nicolas Sarkozy de manifester sa communion avec les chrétiens de France, plaidera-t-il devant l'archevêque de Paris, et il n'avait alors pas trouvé d'autre geste pour le faire et honorer une figure aussi importante que celle de l'abbé Pierre. Une plaidoirie qui ne convaincra pas véritablement. D'autant plus que ce jour-là, le ministre de l'Intérieur avait été la seule personnalité à être accueillie par des sifflets à son arrivée devant la cathédrale. Ce qui, à vrai dire, relativise cette solidarité dont le ministre voulait faire preuve à l'égard des chrétiens de France. Un peuple de France que Nicolas Sarkozy ne met pas toujours à l'aise et qui ne sait pas trop quoi penser de ce bouillant responsable politique qui n'hésite pas à expulser, à réprimer, et dans le même temps publie un livre sur l'espérance, la foi et la religion, évoque un ministère des Cultes qui n'existe plus depuis bien longtemps mais auquel lui, Nicolas Sarkozy, veut redonner corps. Un domaine de plus dont il veut s'occuper personnellement, ou sur lequel il entend avoir la main, ce qui peut d'ailleurs se concevoir vu l'importance prise par le fait religieux, au travers notamment de la montée de l'islam en France au cours de la précédente décennie. L'omniprésidence n'est pas encore d'actualité. Mais déjà, elle s'annonce.

Nicolas Sarkozy est ainsi fait : mélange d'opportunisme impatient, et de réactivité exigeante, en permanence tendu vers l'objectif qu'il s'est fixé, méprisant l'obstacle, toujours en avance d'un calcul ou d'un coup qu'il pressent. Du lait sur le feu qui peut déborder à tout moment. Ce voltigeur de la politique est un insatisfait chronique, un brûleur d'étapes. Enfant, il voudra être adulte ; militant, il rêve d'en être le premier. Conseiller municipal de Neuilly, il se voit déjà maire et y parvient, à la hussarde ; député, il se voit ministre, et ministre, ne pense plus qu'à la présidence. L'ambition lui tient lieu de moteur… à explosion parfois ; l'échec lui semble insupportable. Comme s'il le ramenait vers des heures qu'il veut oublier. Cette enfance dont quelques bons souvenirs ne parviennent pas à effacer les plus mauvais : les absences et les conquêtes féminines de son père qui déboucheront fatalement sur la séparation de ses parents, la pesanteur qui l'étouffe d'être cet enfant d'immigré, cette pièce rapportée dont il ne supporte pas les reflets comme l'insupporte cette peur irrationnelle de se retrouver seul, ou de voir sa mère elle aussi un jour s'éloigner. L'entente difficile avec son frère aîné complique encore les choses, et enfin cette sensation d'être parfois exclu ou moqué du fait de ses origines, trop lointaines pour être sûres, ou de sa petite taille. De tout cela découle l'envie d'une revanche, celle de s'en mettre plein la vie et d'en mettre plein la vue, de briller et d'aimer se voir briller. Du courage, de l'orgueil et parfois un brin de démesure qui lui permettront, quelques années plus tard, de se faire une place dans le monde de la politique.

Un univers dans lequel la spiritualité n'a guère de place sans doute parce que ce monde-là n'est pas celui des enfants de chœur. Il n'a jamais été un jeune et ardent catholique et ce n'est pas le cours Saint-Louis-de-Monceau, institution pour jeunes gens de bonne famille qu'a fréquentée Nicolas Sarkozy dans les années soixante, qui a pu le faire changer d'orientation. L'institution lui a juste apporté ce qu'il faut d'éducation et de catéchisme pour faciliter parfois son intégration sociale mais en aucun cas pour faire naître une quelconque vocation. Quant à la religion juive, dont il aurait fort bien pu se rapprocher, elle ne le passionne pas davantage. Même s'il n'a qu'affection pour ce grand-père maternel, Benedict Malah, qui maintes fois prendra la place du père absent dans l'univers du jeune Nicolas. Benedict Malah est un juif séfarade, originaire de Thessalonique, en Grèce. Et guère pratiquant. Cette ascendance juive, le jeune homme aimera parfois l'évoquer. Sans ostentation ni passion particulière. Patrick Balkany crut se souvenir un jour sur une antenne de radio que cela avait été entre Nicolas Sarkozy et lui-même un de leurs premiers sujets de conversation... Si ce fut le cas, il n'y eut guère de suite. « Nicolas Sarkozy est un "juif à géométrie variable", se moque parfois gentiment Denis Tillinac, devenu l'un des proches de l'ex-président après l'avoir été de Jacques Chirac. Plusieurs fois devant moi, comme ça, non sans ironie parce que entre gens si peu suspects de racisme, on peut se permettre de plaisanter, je l'ai entendu me dire : "Oh, moi, je suis un juif errant, je ne suis pas un Français de pure souche comme toi." Sous-entendu, je ne suis pas corrézien. Il évoquait alors ses ascendances juives et puis parfois ne les évoquait pas du tout. Raison pour laquelle je souriais de son judaïsme à géométrie variable. J'avais en effet l'impression qu'il y avait quelque chose, non pas tellement d'ailleurs de l'ordre de la combine politique mais plutôt de l'ordre de la sollicitation, d'une sympathie particulière ou d'un peu de compassion. De temps en temps il semblait dire : "Faut me plaindre, ce n'est pas simple, j'suis un peu juif", ou alors il n'en parlait plus du tout. Indépendamment de cela, je ne crois pas savoir qu'il y ait eu dans son éducation quoi que ce soit qui ait été de l'ordre du judaïsme. Il n'a pas été élevé dans le judaïsme mais éduqué à Neuilly en catholique ordinaire, si je puis dire. »

« Catholique ordinaire » semble être la bonne formule puisque rien de particulier ne s'est jamais produit dans le monde de Nicolas Sarkozy qui puisse s'apparenter à une crise mystique ou à l'envie de séminaire. Dans cet univers qui s'ouvre progressivement à lui, la crise ne peut d'ailleurs être qu'économique et le séminaire politique. De fait, la religion ne trouvera guère de place dans son existence dès lors que la vie publique commencera à satisfaire son ambition et ses désirs de pouvoir. C'est-à-dire dès son bac en poche, en 1973. La suite se résume à l'assouvissement de son désir très personnel de devenir, de franchir, d'arriver. Sans plus de complexes, sans trop de scrupules, la politique n'est pas un champ où paissent en paix les agneaux de Dieu. Ni une société où les dix commandements tiennent lieu de programme et où les hommes de bonne volonté se donnent tous la main. Nicolas Sarkozy y sera comme un poisson dans l'eau. Plus brochet qu'ablette. Seule manière de s'imposer, et de gravir les échelons qui bientôt en feront un acteur incontournable de la droite française, un ministre quelques années plus tard, puis enfin un candidat à l'Élysée et un président de la République.

Doit-on en conclure que le politicien averti et calculateur a laissé au vestiaire tout sentiment religieux ? Non. Même si le pécheur semble parfois plus présent que le croyant. Pour ses amis catholiques, il fait partie des leurs, et ce malgré son rapport à Dieu qui peut prendre des formes parfois surprenantes. « Il est baptisé, il a fait sa première communion, observe Denis Tillinac. Il a même dû servir une ou deux fois la messe, comme tout le monde. Et pour lui c'est resté présent, on sent que c'est resté très présent. Plus qu'aucun autre. À cet égard, il est certainement plus proche de Mitterrand, voire de Georges Pompidou que de Chirac. Ou de Hollande. Maintenant, précise l'écrivain, comme il a le tempérament qu'on lui connaît, il peut implorer le Seigneur mais on peut parfaitement imaginer qu'il peut aussi lui arriver de l'engueuler ! Il n'en reste pas moins, je pense, ajoute-t-il, qu'il y a des moments dans sa vie intime où il cherche un rapport avec l'invisible. » Le père dominicain Philippe Verdin, ami de Nicolas Sarkozy, confirme : « C'est un croyant, un catholique qui a une relation personnelle, réelle, quotidienne avec Dieu. C'est un homme qui prie. Pas beaucoup, je ne vais évidemment pas vous faire le portrait d'un mystique, il n'est ni Jean-Paul II, ni saint François d'Assise. Mais c'est un homme qui prie, sait notamment rendre grâces à Dieu dans les moments de joie, notamment de joie familiale, et qui mesure également la présence de Dieu dans les moments d'épreuve. »

Un tel moment se présentera le 13 mai 1993 quand un homme cagoulé et casqué, muni d'explosifs, fait irruption dans une classe de l'école maternelle d'un groupe scolaire de Neuilly, prend les enfants en otage et exige une rançon contre leur libération. L'homme se fait appeler « Human Bomb ». Deux jours durant, les hommes du RAID ainsi que les autorités réunies en cellule de crise vont négocier avec l'individu la libération des enfants au compte-gouttes tout en échafaudant des plans visant à la neutralisation du terroriste. Ce qui sera chose faite le 15 mai au petit matin. Erick Schmitt, alias Human Bomb, est tué. Les six derniers enfants restés dans la classe sont saufs. Pour les parents, ces deux longues journées d'angoisse s'achèvent. De cet événement, Nicolas Sarkozy parlera plus tard comme s'il s'agissait pour lui d'un acte fondateur dans sa vie politique mais également dans sa vie de croyant. Il confiera à ses proches avoir souvent prié durant ces heures tragiques, et s'en être remis à la grâce de Dieu !

Nicolas Sarkozy peut être ce chrétien-là. Il peut aussi être un père de famille officiellement soucieux de transmettre à ses enfants les valeurs spirituelles fondamentales, de les aider à répondre aux grandes questions existentielles de leur place dans ce monde, de leur mission, de leur vocation… Comme il est capable d'envisager l'Esprit saint un peu comme un ami susceptible a l'occasion de lui rendre service : « Nicolas Sarkozy est un homme qui rend grâces ! témoigne le père

Verdin. Capable de dire : "Merci Seigneur d'avoir rencontré Carla. Merci Seigneur de faire que mes enfants soient en bonne santé. Merci de me donner la chance de réaliser mes rêves, y compris politiques..." Il n'est bien sûr pas le genre à prier avant un meeting pour que tout se passe bien, il n'instrumentalise pas la foi. Il a un rapport avec Dieu qui est celui d'un Français moyen, cette capacité de rendre grâces quand tout va bien, celle de demander de l'aide quand ça va mal, la capacité aussi de prier pour les autres, ceux qu'on aime comme ceux qu'on aime moins. » Ainsi le voit, avec le regard généreux de l'homme d'Église, teinté peut-être d'une admiration un peu candide, ce père dominicain dont Nicolas Sarkozy a fait la connaissance en 2002, par l'intermédiaire d'Emmanuelle Mignon. Cette dernière est alors conseillère juridique au ministère de l'Intérieur. Elle a connu Philippe Verdin au sein du mouvement scout, un mouvement que cette conseillère d'État à la tête bien faite – major de l'ENA en 1995 – et à la pensée très chrétienne a longuement fréquenté durant sa jeunesse.

« À cette époque, raconte le père Philippe Verdin, je travaillais aux éditions du Cerf, maison animée par les dominicains. Et j'entendais de temps à autre ce ministre de l'Intérieur parler avec intérêt des religions, du rôle qu'elles doivent et peuvent jouer dans la vie sociale, la vie publique française. Je me suis dit qu'il y avait peut-être là une bonne idée de petit livre à faire. J'ai alors téléphoné à Emmanuelle et le lui ai suggéré. Elle a paru emballée et sûre que cela allait passionner le ministre, m'a promis de lui en parler et de me rappeler. En fait, dès le lendemain, je recevais une invitation à me rendre place Beauvau, au ministère de l'Intérieur, pour rencontrer... Nicolas Sarkozy. Et voilà comment tout a commencé. » Le hasard ou la Providence faisant bien les choses, le courant passe immédiatement, dès cette première rencontre, entre les deux hommes qui sans s'être cherchés semblent s'être trouvés. Le ministre avait envie de discuter de ces thèmes avec un interlocuteur patenté. Le père avait envie d'entendre le ministre de l'Intérieur développer ses idées sur la religion. Et c'est Philippe Verdin, le ministre insiste sur ce point, qui tiendra la plume. « Je tombe tout de même un peu des nues, confie le religieux. Je ne connaissais pas grand-chose à la politique, encore moins aux questions de laïcité. J'ai donc demandé à un ami, Thibaut Colin, qui avait fait sa thèse en philosophie sur les fondements de l'anticléricalisme religieux à la fin du XIXe siècle, de m'aider. Il a accepté et nous avons à compter de ce jour-là entamé une dizaine de rencontres avec Nicolas Sarkozy. Nous interviewions le ministre place Beauvau, souvent le dimanche soir. Moi qui imaginais les ors de la République empreints de solennité, j'étais parfois un peu surpris de trouver Nicolas Sarkozy revenant du jardin où il était allé jouer au foot avec son fils Louis. Il arrivait dans son bureau, une serviette sur les épaules, après avoir juste pris le temps d'une douche, il lui est même arrivé d'être chaussé de charentaises et il disait : "Alors, où est-ce qu'on en était... ? La place de l'islam, la question des lieux de culte dans les banlieues, etc." Comme ça, parfois au coin du feu, dans une atmosphère presque familiale. » Entre Nicolas Sarkozy et le père dominicain, le courant passe. Le travail et ces heures de discussion les rapprochent, les font se livrer l'un à l'autre d'autant que le sujet, exigeant, intime, amène nécessairement l'homme politique à se mettre en question, à se livrer. « Parler des religions quand on est un responsable public, observe Philippe Verdin, ça ne laisse pas indemne. D'ailleurs, dans son entourage, poursuit-il, certains lui conseillaient de ne pas publier ce livre. Lui pensait déjà, bien sûr, à la possibilité de succéder à Jacques Chirac, mais beaucoup autour de lui tentaient de l'influencer : la religion en France, c'est, lui disaient-ils, un sujet peau de banane, politiquement dangereux, qui n'apportera rien, sinon des ennemis et des problèmes. Nicolas Sarkozy a pourtant tenu bon, se félicite Philippe Verdin, car il pense que ce sont des questions importantes pour ses concitoyens. Parce qu'il voulait aussi, je pense, montrer qu'il n'était pas simplement un politicien qui fait des petits calculs mais qu'il était capable de s'emparer de questions de fond et de les traiter de manière originale, d'aller au bout des choses, de savoir ce que ses concitoyens croient ou ne croient pas au fond d'eux-mêmes. »

Le livre paraîtra en 2004 sous le titre *La République, les religions, l'espérance*[1] et sera l'objet de nombre de commentaires. Certains le considèrent comme un ouvrage original et un acte courageux, d'autres n'y voient qu'un calcul politique de plus de la part d'un homme dont les ambitions présidentielles apparaissent à ce moment déjà transparentes et qui ne fait donc là que labourer un champ qu'il avait jusqu'à présent laissé en jachère. Les plus critiques et les plus alarmistes crieront au loup, croyant voir déjà se profiler le retour d'un cléricalisme bon teint et le spectre d'une remise en question de la loi de 1905. Ce livre est sans doute un peu de tout cela. Mais original, assurément. Et même unique en son genre. Jamais un responsable politique français, qui plus est ministre de l'Intérieur, donc chargé des cultes, et futur candidat à la magistrature suprême, n'avait songé ainsi à se confier dans un domaine si personnel, ni à théoriser sur les conceptions entre l'État et les religions. Seul François Mitterrand évoquera ces sujets avant Nicolas Sarkozy dans un livre intitulé *Mémoire à deux voix*[2], livre d'entretien avec le prix Nobel de la paix Elie Wiesel. Livre qui n'avait cependant rien de commun avec le recueil de pensées sarkozystes sur l'espérance, mais qui poursuivait derrière l'apparence d'un livre sur la spiritualité un autre but : celui d'amener François Mitterrand à s'expliquer sur certains points obscurs de sa vie. L'initiative de Nicolas Sarkozy apparaît donc à bien des égards comme une première

1. Aux éditions du Cerf.
2. Odile Jacob, 1995.

dont on peut aussi considérer, sans tomber nécessairement dans un quelconque procès d'intention, qu'elle n'est pas sans lien avec l'élection à venir de 2007, trois ans plus tard – c'est bien le visage et le nom de Nicolas Sarkozy qui apparaissent sur la couverture de l'ouvrage et non celui du père Verdin qui a en fait tenu la plume –, et qu'elle annonce même à certains égards les polémiques du quinquennat suivant.

À la décharge du ministre de l'Intérieur, la période se prête sans doute à un éclaircissement des choses, à une manifestation d'intérêt pour le fait religieux, ne serait-ce que pour tenter de répondre aux questions posées par la montée d'un islam revendicatif et la progression de formes d'intégrisme jugées inquiétantes par la société française. À son poste, place Beauvau, Nicolas Sarkozy va cependant se heurter à plusieurs obstacles : à commencer par un président de la République qui en matière de laïcité semble ne plus vouloir donner trop dans la nuance. Sur la question posée par le voile à l'école et la réponse apportée par la commission Stasi, c'est-à-dire en particulier la préconisation d'une interdiction de tous les signes religieux ostensibles dans l'enceinte des écoles publiques, Nicolas Sarkozy semblera parfois se démarquer, peu convaincu surtout de l'opportunité d'une loi pour régler la question. Sa crainte : que l'exclusion ou l'interdiction ne favorise à terme le phénomène de communautarisation et par voie de conséquence la fréquentation d'écoles confessionnelles musulmanes, où le voile ne sera alors plus optionnel mais obligatoire. Réserve que le président Chirac ne manquera pas d'ajouter à la liste des points sur lesquels son « ministre » semble trop vouloir faire la différence. La religion, la place de l'islam sont en effet devenues de véritables questions de politique intérieure et dans le même temps des sources de tension entre le locataire de l'Élysée et celui qui se propose déjà de reprendre le bail en 2007. L'hypothèse d'une réforme de la loi portant séparation de l'Église et de l'État est à peine évoquée par Nicolas Sarkozy que Jacques Chirac fait immédiatement connaître son opposition. Hors de question de toucher à l'un des piliers de la République. La discrimination positive, concept défendu par Nicolas Sarkozy, sera pareillement jugée peu convenable par l'Élysée, de même que sera considérée avec plus que des réserves l'idée d'un Conseil français du culte musulman, que Nicolas Sarkozy semblera vouloir remettre au goût du jour. De façon plus générale, c'est bien la façon dont le ministre de l'Intérieur souhaite s'arroger une place qu'il n'occupe pas encore qui fait enrager Jacques Chirac. Comme l'agace prodigieusement la courbe de popularité qui commence à accompagner ce ministre omniprésent, aux propos parfois crus et directs. Proposer de nettoyer certaines cités au Kärcher afin d'en vider la « racaille » ne ressemble pas, à première vue, à une expression très chrétienne mais ces mots feront mouche dans une partie de la population plus en manque de sécurité que de spiritualité.

L'islam est devenu en ce début de millénaire l'objet de toutes les confusions. De tous les fantasmes. De toutes les peurs, fondées, infondées, et de toutes les dérives. Depuis septembre 2001, il faut bien le dire, plus rien n'est comme avant. Les regards et les mentalités ont changé. Un mélange déraisonnable semble s'amalgamer, fait d'images que l'opinion publique met trop facilement bout à bout : celles de ces prières de rue ou de ces femmes en burka dans certaines banlieues françaises viennent se confondre avec celles que renvoie une actualité internationale où preneurs d'otages et imams intégristes occupent souvent les devants de la scène. L'expression de « musulman modéré » finit même par apparaître saugrenue alors même qu'elle s'applique tacitement à une majorité. Ministre de l'Intérieur, Nicolas Sarkozy est persuadé que l'islam est compatible avec les principes républicains, à condition qu'il ne s'agisse pas de n'importe quel islam. Son idée : adapter la religion musulmane au pays qui l'accueille. Plus précisément passer d'un islam en France à un islam de France. Et créer cet islam, l'inventer et le faire vivre avec les musulmans de France. L'intégrer dans un tissu social représentatif. Le faire s'inspirer de ce que la France a de meilleur, rendre cette religion compatible avec la culture, l'art de vivre, les modes de vie français. Il y a certes du chemin à parcourir, et il n'est pas sûr que la société française y soit prête. Mais à ce moment précis, Nicolas Sarkozy semble prêt à relever le défi. Les questions que soulèvent les religions l'intéressent. Sincèrement. Il n'est pas sûr qu'il ait tout de suite mesuré les difficultés du projet, mais il n'est pas homme à forcément espérer pour entreprendre. Il va donc saisir le taureau par les cornes. Aider les musulmans, cela signifie d'abord, dans son esprit, les encourager à se trouver un représentant commun, une institution commune qui puisse être pour l'État son interlocuteur. Ses prédécesseurs au ministère de l'Intérieur, les très républicains Pierre Joxe, Jean-Pierre Chevènement puis Daniel Vaillant, avaient déjà nourri un tel projet. Et même commencé à en creuser les fondations. Sans aller plus loin dans la construction. Nicolas Sarkozy va en reprendre les plans, et contre vents et marées tenter de le faire aboutir. Jacques Chirac, de son côté, n'y croit pas et fait savoir par la bande le peu d'enthousiasme que lui inspire cette initiative qui selon lui n'a guère d'avenir. Les musulmans, déjà divisés entre organisations rivales et partagés entre influences concurrentes, vont néanmoins accepter son principe. Le Conseil français du culte musulman naît en juin 2003. Coquille vide selon les uns, façade derrière laquelle d'éternelles luttes de pouvoir se poursuivent selon les autres, le CFCM n'a pour l'heure pas totalement convaincu de son rôle. À gauche les critiques pleuvent sur le registre de la vanité du ministre : « Le CFCM, ça ne marche pas, explique Jean Glavany, ancien secrétaire national à la Laïcité au Parti socialiste, parce que Nicolas

Sarkozy s'est pris pour Napoléon, lequel avait convoqué en 1807 un Grand Sanhédrin (Assemblée législative du peuple juif) pour demander à ses représentants d'organiser la communauté juive de l'Empire tout en leur expliquant comment ils devaient faire. Et c'est ainsi qu'avait été créé le Consistoire israélite de France. Nicolas Sarkozy tient le même discours aux musulmans : vous allez créer le CFCM, leur suggère-t-il, mais je vais vous dire comment. Ça ne pouvait évidemment pas fonctionner puisqu'il ne s'agissait pas d'une institution née de la religion. En fait, la vérité, c'est que Sarkozy voulait surtout pouvoir démontrer que lui l'avait fait et personne d'autre. Sauf que la manière autoritaire et donc artificielle, ça ne marche pas. » Jean-Marie Lustiger ne tiendra pas un discours différent à Nicolas Sarkozy. « La création du CFCM, c'est du bonapartisme de mauvais aloi », lâchera l'archevêque lors d'un *Grand Jury* sur RTL. En d'autres termes, que l'État se mêle de ses affaires, qu'il ne s'occupe pas de l'organisation des religions. C'est aller à l'encontre de la laïcité à la française. À droite, des réserves s'expriment également. Sur la manière, l'opportunité, sur l'objectif même du projet.

« Rien que l'expression "islam de France", fait remarquer François Bayrou, est problématique pour un musulman. L'islam c'est l'oumma, la communauté des croyants, indifférente aux frontières, indifférente aux États dans leur conception originelle. Et dire qu'il y a un islam de France, qu'il va obéir à autre chose qu'au Prophète, c'est impossible en soi. Pour un musulman, c'est impensable. Il n'y a pas plus d'islam de France que d'islam d'Afghanistan, il y a un seul islam, avec au sein du même islam pas mal d'hérétiques. » Si la rationalité occidentale, cartésienne, peut laisser imaginer qu'une structure suffit à susciter une représentativité, le raisonnement trouve donc bien ses limites dès lors qu'il est question de religion et en particulier de la religion musulmane. Sans doute l'erreur de Nicolas Sarkozy fut-elle d'imaginer qu'il pouvait à lui seul et en aussi peu de temps jouer les réunificateurs des musulmans de France. Sans doute n'a-t-il pas davantage imaginé que certains verraient en arrière-plan de son activisme quelques arrière-pensées politiques et pour l'avenir proche, électoralistes.

Avec Nicolas Sarkozy, c'est en fait toujours un peu la même question qui se pose : celle de la part qu'il convient de faire entre la sincérité de l'homme et son opportunisme. Entre ses convictions et ses ambitions. Un homme capable de changer de priorité au fil du temps, de se présenter comme l'ami exigeant des musulmans comme ministre de l'Intérieur, puis comme le protecteur tout aussi exigeant d'une identité française dont les racines sont chrétiennes, une fois parvenu à l'Élysée. Se rapprochant de l'UOIF – considérée plus radicale et proche des Frères musulmans – avant l'élection présidentielle, paraissant s'en éloigner après, du moins est-ce l'impression qu'il donnera à certains de ses représentants. Avant d'être mu par des convictions religieuses, Nicolas Sarkozy est avant tout ce politique instinctif qui donnera parfois l'impression de pouvoir porter avec la même aisance et sans la moindre gêne, au gré des causes, la robe du procureur et celle de l'avocat de la défense. « Nicolas Sarkozy est un présentiste absolu, analyse Xavier Darcos. Constamment dans l'immédiateté, dans la réactivité. Capable de cynisme comme de sincérité, de bonne foi comme de mauvaise, capable d'argumenter dans un sens comme dans le sens contraire en fonction de son interlocuteur. Toujours dans une espèce de besoin de conviction permanente. Je ne l'ai jamais vraiment senti habité par la foi religieuse. Même si à l'évidence ce sont des questions sur lesquelles il s'interroge. Peut-être se cache derrière cet homme une profonde spiritualité. Mais je n'en suis pas certain. »

Nicolas Sarkozy, dont bien des électeurs français apprécient le dynamisme, l'énergie, l'audace, la volonté, la vaillance et l'opiniâtreté, est insaisissable. Pour toutes ces qualités, ils le choisissent comme président de la République le 16 mai 2007. De la relation qu'il entretient personnellement avec la foi chrétienne, personne ne songe véritablement alors à se préoccuper. Si son livre écrit avec le père Verdin est encore dans les mémoires de quelques-uns, les qualités qu'il exalte ne semblent d'ailleurs pas exactement correspondre à ce chef de l'État qui parade au Fouquet's le soir de son élection et festoie en compagnie de quelques grands noms de la finance. Son escapade à bord du yacht de son ami Vincent Bolloré pas davantage. Et son goût affiché pour ce qui brille n'arrangera pas cette image qui lui portera tort durant tout son mandat, utilisée à souhait par la presse de gauche et par ses adversaires de l'opposition. Pour dire franchement les choses, le nouveau président ne semble pas afficher le profil du chrétien humble et altruiste, mais donne bien plus l'image du *golden boy* matérialiste, sans foi ni loi. À cela s'ajoute le fait qu'il est le premier président de la République divorcé dans l'histoire de la Ve République, ce qui, aux yeux de l'Église, n'en fait pas un exemple.

« Parmi les catholiques les plus traditionnels ou les plus marqués par un jansénisme qui insiste sur le péché et la nécessité d'avoir une vie austère, il est certain, reconnaît Denis Tillinac, que le style Sarkozy a pu choquer. Il aime le cinéma, le foot, les stars, la télé. Toute cette effervescence *people*, comme on dit, lui plaît. Il a baigné là-dedans, c'est un peu aussi une question de génération malgré tout et puis probablement une question d'inclination personnelle. Alors c'est vrai qu'il y a eu un problème de fond. Malgré ses options politiques, les plus en faveur de la religion catholique, comparées à celles de tous ses prédécesseurs, il a eu un problème d'image avec les catholiques traditionnels. Ses divorces, les sketchs concernant sa vie privée ont pu effectivement donner l'impression qu'il était plus soixante-huitard que catho à la mode ancienne, à la mode traditionnelle… » Soixante-huitard, il ne l'a pourtant pas été. Cette année-là, le jeune Nicolas était déjà gaulliste dans l'âme. « Être jeune gaulliste, c'est être révolutionnaire », dira-t-il au congrès de l'UDF, à Nice, en 1975. Révolutionnaire. Et libre. Amoureux de l'ordre mais ne s'appliquant pas nécessairement la morale qu'il préconise. En toute logique, ou en toute absence de logique et en dépit de toutes les contradictions que l'on pourra lui opposer, il se moque donc comme d'une guigne des jugements que l'on pourra porter sur lui quelque trente-deux ans plus tard. Nicolas Sarkozy a ce côté flambeur et provocateur des êtres pour qui la vie se dévore à pleines dents, et les siennes sont longues. L'espérance qui peut être la sienne ne s'embarrasse guère des commandements de l'Église. Il vit l'instant présent, brûle la chandelle par les deux bouts et se projette en permanence dans son avenir, comme animé par une boulimie qui révèle davantage un doute qu'un espoir dans une vie future. Son paradis est avant tout terrestre, du moins le construit-il ainsi, à force d'ambition et de refus de l'échec. Chrétien, il l'est davantage par tradition et par culture que par conviction. Sans doute faut-il d'ailleurs trouver dans ce défaut de conviction véritable les raisons qui le poussent à admirer des hommes capables de consacrer leur vie à Dieu. « Il y a chez lui, confirme le père Philippe Verdin, une fascination pour les gens qui ont fait don de leur vie à Dieu. C'est pour cela qu'il a conçu notamment une telle admiration pour les moines de Tibhirine. Et s'il lui arrivait de faire le parallèle avec la passion qu'on peut avoir en politique, il était surtout fasciné parce qu'il mesurait bien la dimension différente, cette dimension transcendante, cette relation privilégiée avec Dieu. Il lui est arrivé de me dire que ce qui manquait dans les banlieues, c'était des lieux où les gens puissent prier, des lieux comme il disait "de paix et de lumière". Il était très sensible à ça. »

Sensible, Nicolas Sarkozy peut l'être. Le fils et le neveu de Philippe Grange, qui fut son premier adjoint à la mairie de

Neuilly, se souviennent avec émotion de ce coup de téléphone de l'Élysée, quelques heures après l'annonce du décès de leur père et oncle. La messe d'enterrement de cette figure de la politique neuilléenne et grand catholique devant l'Éternel avait été fixée au jeudi précédant le second tour des élections municipales de 2008. Nicolas Sarkozy, qui tenait à rendre hommage à celui qui lui avait mis le pied à l'étrier à Neuilly, ne pouvait pas être présent aux obsèques ce jour-là, à moins qu'il n'ait surtout jugé inopportun de revenir à Neuilly en pleine campagne électorale. Il avait donc demandé comme une faveur à la famille de reporter la cérémonie au samedi, afin de pouvoir discrètement venir assister à l'office et y prendre la parole. Demande qui fut acceptée. Le président, venu seul, improvisa ce jour-là en l'église Saint-Jean un discours fort émouvant en mémoire de son ami… avant de repartir comme il était venu, sitôt l'office terminé et la conscience en paix d'avoir été présent en ami et en chrétien. « Il m'a dit souvent, se souvient Philippe Verdin, que dans les moments de deuil, il sentait la présence de Dieu. Il sentait que les vies avaient un sens, que tout ne s'arrêtait pas à la mort, et que tout le bien qu'on avait fait dans tous les talents qu'on avait fait fructifier, pour reprendre encore une parabole du Christ, étaient comptés quelque part. »

En quel homme croire ? En celui qui, cierge à la main, rend hommage, le visage recueilli et comme habité par l'Évangile, au frère Roger, fondateur de la communauté œcuménique de Taizé, en la chapelle de la Réconciliation quelques années plus tôt, ou faut-il seulement considérer ce prédateur de la jungle politique capable de dire les pires horreurs sur son prochain, dès lors que celui-ci choisit de se mettre en travers de sa route ? Lequel de ces deux personnages est le plus authentique ? Le président au langage vulgaire, exprimant au figuré son envie de pendre Dominique de Villepin à un croc de boucher à l'époque de l'affaire Clearstream, ou répondant à une insulte par une grossièreté dans le cadre d'un Salon de l'agriculture, ou encore le président revenu spécialement des États-Unis – il ne se fait d'ailleurs jamais représenter dans une église – pour assister à la messe de funérailles de Mgr Lustiger ? Qui est le plus authentique ? Le nouveau chanoine de Saint-Jean-de-Latran, ému et concentré lors de son installation officielle en décembre 2007, ou le gamin qui, lors de cette même cérémonie solennelle et à peine le discours protocolaire du cardinal Ruini terminé, se tourne vers son ami le père Verdin et lui fait un clin d'œil ? Est-ce le défenseur de la laïcité ou celui qui s'entoure de fervents catholiques pour le conseiller, diriger son cabinet ou écrire ses discours, allant même jusqu'à faire entrer un religieux à l'Élysée, ce qui ne s'était jamais vu ? « Oui, j'ai travaillé à l'Élysée, confirme Philippe Verdin, pendant dix-huit mois. Comme petite main. Avec beaucoup de plaisir. […] L'avantage que j'avais à l'Élysée, aussi bien avec les collaborateurs de Nicolas Sarkozy qu'avec le président de la République lui-même, c'est qu'ils pouvaient être extrêmement libres puisqu'il n'y avait aucun enjeu. Je ne demandais rien, je ne représentais personne, à part le Seigneur. Et quand je rencontrais le président, c'était l'occasion pour nous de parler des questions portant sur la foi, sur la Bible, essentiellement sur la vie de l'Église. […] À l'Élysée, j'ai donné un petit coup de main pour rédiger des discours ou des prises de parole du président de la République, pour telle inauguration, ou telle ou telle remise de décoration, sur tel point de protocole, sur un point de diplomatie vaticane, sur l'image de telle ou telle personnalité dans l'Église, sur les invités lors d'une réception du pape. Qui convier, qui ne pas oublier, vous voyez, c'était des petites choses comme ça… » La vie quotidienne à l'Élysée en quelque sorte, du temps d'un président qui fait d'un dominicain son conseiller mais transforme l'ancienne chapelle de l'Élysée en lieu de dépôt puis en salle d'attente, ce qu'elle est d'ailleurs toujours aujourd'hui.

Contradictions ou manière personnelle de vivre sa croyance ? Chacun en jugera. Nicolas Sarkozy vit sa foi de façon originale en parfaite correspondance avec son caractère, peu enclin à respecter ou à se soumettre. Les hommes d'Église, il les aime actifs, courageux, le profil de Mgr Barbarin pour n'en citer qu'un. Et si possible bons prédicateurs, comme lui. Parfois atypiques. Guy Gilbert, le prêtre des loubards et des banlieues, est à cet égard un de ses chouchous. La pratique religieuse, les règles de l'Église, Nicolas Sarkozy s'en affranchit comme son tempérament l'y pousse depuis son enfance, dès lors qu'il les vit comme une contrainte ou les juge dépassées. Et tant pis s'il choque les plus traditionnalistes : les protocoles, ça se bouscule, les canons de l'Église, ça se bouge ! Proposer un divorcé ou un homosexuel pour l'ambassade de France auprès du Vatican ne le dérangera pas, pas plus qu'il ne comprend l'émotion que susciteront dans la presse et chez les « bien-pensants » la présence de l'humoriste Jean-Marie Bigard dans la délégation qui l'accompagnera en décembre 2007 lors de sa visite au pape Benoît XVI, son quart d'heure de retard à l'audience pontificale ou l'usage inattendu qu'il fera de son portable alors même qu'il se trouve encore dans la même pièce que le souverain pontife. Si le président ne se croit pas tout permis, il ne s'interdit en fait pas grand-chose… puisque son talent lui permet globalement d'argumenter à peu près sur tout. L'Église peut même trouver quelques qualités à ce vibrionnant personnage, dont le fond catholique et les prises de position rassurent et font oublier les frasques ou les indélicatesses. Il faut dire que le président annoncera assez vite la couleur durant les mois qui suivront sa prise de fonctions. Une couleur qui s'accorde assez bien avec le jaune et le blanc frappé des clés de saint Pierre et de la tiare papale qui composent le drapeau du Vatican.

Que retiendra-t-on d'autre de cette journée de décembre 2007 passée dans la cité pontificale ? Quelques phrases qui feront polémique, un accord entre Benoît XVI et Nicolas Sarkozy sur l'essentiel, et la vision d'un président dont la foi n'était pas apparue de façon aussi évidente jusqu'alors. À tel point que certains journaux se déchaîneront : « Le fou de Dieu », titrera *Marianne*, « Et avec Dieu, c'est du sérieux ? » s'interrogera *Minute*, ancien journal de Patrick Buisson, devenu conseiller de Nicolas Sarkozy. On apprendra plus tard que le président avait également imaginé déposer avec son fils Louis une brassée de roses sur la tombe de Jean-Paul II, un homme à ses yeux plus vivant que n'importe qui dans le cœur de millions de personnes. Un geste qui, dira-t-il à ses proches, avait tout de même un peu plus de gueule que de descendre comme l'avait fait François Mitterrand en 1981 dans ce lieu sinistre et sans âme qu'est le Panthéon mettre une petite rose sur la tombe de Jean Jaurès… Jean-Paul II versus Jean Jaurès, le match n'aura finalement pas lieu et ne sera donc pas commenté. Faute de place dans l'emploi du temps présidentiel déjà fort chargé.

Ce qui provoquera en revanche nombre de réactions, suscitera des dizaines d'éditoriaux, de papiers d'analyse, de débats télévisés et de correspondances auxquels viendront s'ajouter quelques brûlots et pamphlets anti-sarkozystes, se résume en un concept et une observation. Le concept, c'est celui de laïcité positive que développera le président lors d'un discours prononcé dans la salle de la signature du palais du Latran. De quoi s'agit-il ? Laissons Nicolas Sarkozy parler : « Dans la République laïque, l'homme politique que je suis n'a pas à décider en fonction de considérations religieuses. Mais il importe que sa réflexion et sa conscience soient éclairées, notamment par des avis qui font référence à des normes et à des convictions libres des contingences immédiates. Toutes les intelligences, toutes les spiritualités qui existent dans notre pays doivent y prendre part. Nous serons plus sages si nous conjuguons la richesse de nos différentes traditions. C'est pourquoi j'appelle de mes vœux l'avènement d'une laïcité positive, c'est-à-dire d'une laïcité qui, tout en veillant à la liberté de penser, à celle de croire et de ne pas croire, ne considère pas que les religions sont un danger, mais plutôt un atout. Il ne s'agit pas de modifier les grands équilibres de la loi de 1905. Les Français ne le souhaitent pas et les religions ne le demandent pas. Il s'agit en revanche de rechercher le dialogue avec les grandes religions de France et d'avoir pour principe de faciliter la vie quotidienne des grands courants spirituels plutôt que de chercher à la leur compliquer. » Un tel développement venant, dans le même discours, après la réaffirmation des racines chrétiennes de la France, des liens si particuliers entre la France et le siège apostolique, mais également après un long plaidoyer en faveur de la laïcité synonyme de liberté, celle de croire ou de ne pas croire. Plaidoyer assorti d'un regret : celui que la République laïque ait sous-estimé l'importance de l'aspiration spirituelle. « Un homme qui croit est un homme qui espère, dira Nicolas Sarkozy. Et l'intérêt de la République, c'est qu'il y ait beaucoup de femmes et d'hommes qui espèrent. »

Ce concept de laïcité positive, Nicolas Sarkozy avait déjà eu l'occasion de le tester. Avec des succès divers. Jacques Chirac par exemple n'y adhérait nullement, ce qui n'avait d'ailleurs pas réchauffé des relations déjà bien dégradées entre les deux hommes. Mais en reparler dans un tel contexte prenait bien sûr une dimension tout autre. Que les phrases suivantes ne viendront pas atténuer, bien au contraire, quand le président entreprend de dire son estime à tous ces hommes, dont certains sont devant lui, qui ont sacrifié leur vie au service de Dieu… et des autres. « En donnant en France et dans le monde le témoignage d'une vie donnée aux autres et comblée par l'expérience de Dieu, leur dit-il, vous créez de l'espérance et vous faites grandir des sentiments nobles. C'est une chance pour notre pays, et le président que je suis le considère avec beaucoup d'attention. Dans la transmission des valeurs et dans l'apprentissage de la différence entre le bien et le mal, l'instituteur ne pourra jamais remplacer le curé ou le pasteur, même s'il est important qu'il s'en approche, parce qu'il lui manquera toujours la radicalité du sacrifice de sa vie et le charisme d'un engagement porté par l'espérance. » Le président a en tête l'exemple des moines de Tibhirine quand il prononce ces mots. L'évocation de leur martyre suivra d'ailleurs dans le texte. Avait-il conscience de la portée de tels propos, écrits par sa directrice de cabinet, Emmanuelle Mignon, associée à Stéphane Chmelewski, alors conseiller pour les affaires religieuses au ministère des Affaires étrangères et européennes ? Sans doute pas. « Tout ce qu'il disait venait-il du plus profond de son âme ? Et exprimait-il ce qu'il pensait vraiment ? s'interroge Xavier Darcos. N'étaient-ce pas surtout des discours prémâchés par Henri Guaino, Emmanuelle Mignon et Patrick Buisson, qui étaient tout de même très agités sur ces sujets... Nicolas Sarkozy peut être un improvisateur génial mais capable de dire parfois de grosses bêtises... Dans les discours prérédigés, il se laisse prendre par la rhétorique d'autrui et dit des choses qu'il n'aurait sans doute pas dites lui-même... À Dakar, même s'il n'était pas faux de bien différencier le temps de l'homme africain et celui de l'homme occidental, la manière de le dire était pour le moins maladroite... Est-ce toujours lui qui parle ? conclut Xavier Darcos. La question peut se poser. » Dans le cas du Latran la réponse tient sans doute dans cet échange entre le président et ses conseillers dans l'avion présidentiel entre Paris et Rome. Nicolas Sarkozy vient de prendre connaissance du discours : « Dites donc, vous y allez un peu fort, non ? fait remarquer le président. — Tu ne vas tout de même pas faire du Chirac ! » lui rétorque un conseiller. L'argument pèsera. L'affaire est entendue.

Ce 20 décembre au soir, ce n'est pas l'identité de l'auteur du discours qui agitera les esprits mais bien les propos tenus, assortis par la même occasion d'une interrogation portant sur la personne même du chef de l'État : Nicolas Sarkozy vient-il d'être touché par la grâce ? Plus que la question de savoir si les religions peuvent aider l'État au même titre que l'État assiste les religions, c'est bien cette comparaison entre le curé et l'instituteur qui passe mal. Il y a ceux que Nicolas Sarkozy scandalise, à commencer par les plus laïcs des socialistes qui dénoncent alors un propos antirépublicain, une rupture ahurissante avec la tradition républicaine et laïque, une opération politique de séduction de la droite catholique intégriste, un mélange brutal, violent et désarçonnant entre la religion et la République mené, qui plus est, par un président hypermatérialiste, pour ne reprendre que quelques-unes des expressions alors entendues. À droite également, des critiques se font entendre venues de certains dirigeants plutôt connus pour leur engagement chrétien. « Je crois, pense François Léotard, que Nicolas Sarkozy s'est un peu déconsidéré car son propos a été perçu comme une forme de récupération. Dans son comportement général il n'y a pas grand-chose qui apparaît de ce que peut être le sens du sacré et je pense qu'on était là dans l'utilisation un peu démagogique de thèmes dont on sait qu'à un moment donné, ils peuvent faire gagner des voix. » François Bayrou sera sans doute le plus sévère : « Une atteinte impensable à la laïcité », dit encore aujourd'hui le président du Modem, qui dans le même temps se remémore une scène dont il a été témoin, dit-il, lors des obsèques de Jean-Marie Lustiger : « Nicolas Sarkozy était assis sur un fauteuil rouge. Tous les curés ou presque qui passaient pour bénir le corps, les évêques, lui faisaient un signe ou un sourire de connivence... Ce n'était plus l'Église mais un réseau ami. Cela me mettait profondément mal à l'aise. Pour moi, c'était contre nature. Je l'avais rejeté vigoureusement du temps de l'Église à gauche ! Je n'allais pas l'accepter quand on voulait porter l'Église à droite. L'Église, elle n'est pas un parti, elle appartient aux consciences. Ce que j'ai reproché à l'équipe qui entourait Sarkozy à l'époque, c'est d'avoir choisi consciemment de se servir de l'Église comme d'une masse de manœuvre, de l'instrumentaliser au service d'un parti, et de faire renaître cette idée qu'en tant qu'Église, elle allait avoir à nouveau accès au pouvoir. Le livre qu'il écrit avec ce père dominicain, c'est ça, et le discours du Latran, c'est également ça… Oser dire en France que dans la transmission des valeurs morales, jamais l'instituteur ne rejoindra le niveau du curé ou du pasteur simplement parce qu'ils donnent leur vie, c'est une offense à tout. C'est une offense à Pascal qui prône la distinction des ordres entre l'ordre de la foi, l'ordre du pouvoir politique et l'ordre de la science et interdit de les mélanger. Et puis enfin c'est une offense aux instituteurs qui ont donné leur vie pour les enfants… » Du côté de l'Élysée on tentera vite de calmer le jeu. Le président a été mal compris, fait-on savoir. Et le procès qui lui est fait est injuste. Il ne s'agissait en aucun cas de relancer un débat vieux d'un siècle ou de ressusciter la querelle de Don Camillo et de Peppone. Mais simplement de rappeler qu'un instituteur ne sera jamais là pour faire le catéchisme, promouvoir les valeurs chrétiennes ou enseigner aux enfants le sens du mot transcendance.

Il n'en reste pas moins que le discours du Latran restera parmi les plus controversés du quinquennat de Nicolas Sarkozy. Avec celui de Ryad, ou domine à nouveau la réflexion présidentielle sur la religion : « Aujourd'hui encore, je l'affirme devant vous, ce n'est pas le sentiment religieux qui est dangereux. C'est son utilisation à des fins politiques régressives au service d'une nouvelle barbarie. Tous ces excès, toutes ces dérives doivent-ils nous amener à condamner la religion ? Je l'affirme, je réponds non, car le remède serait pire que le mal. Le sentiment religieux n'est pas plus condamnable à cause du fanatisme que le sentiment national ne l'est à cause du nationalisme. En tant que chef d'un État qui repose sur le principe de la séparation de l'Église et de l'État, je n'ai pas à exprimer ma préférence pour une croyance plutôt que pour une autre. Je dois les respecter toutes, je dois garantir que chacun puisse librement croire ou ne pas croire, que chacun puisse pratiquer son culte dans la dignité. Je respecte ceux qui croient au ciel autant que ceux qui n'y croient pas. J'ai le devoir de faire en sorte que chacun, qu'il soit juif, catholique, protestant, musulman, athée, franc-maçon ou rationaliste, se sente heureux de vivre en France, se sente libre, se sente respecté dans ses convictions, dans ses valeurs, dans ses origines. Mais j'ai le devoir aussi de préserver l'héritage d'une longue histoire, d'une culture, et, j'ose le mot, d'une civilisation. Et je ne connais pas de pays dont l'héritage, dont la culture, dont la civilisation n'aient pas de racines religieuses. »

Ces thèmes semblent obséder le président et font de lui une véritable exception dans l'histoire de la Ve République. Ses prédécesseurs prenaient les questions religieuses avec des pincettes, pour ne pas dire qu'ils s'en méfiaient, l'utilisaient rarement à des fins politiques ou les considéraient plus simplement comme du domaine strictement privé. Avec Nicolas Sarkozy, c'est un sujet qu'il est nécessaire d'aborder dans une société dont il croit sentir l'appétit de spiritualité : mélange d'intuition et d'opportunisme politique. « Nicolas Sarkozy, explique Denis Tillinac, a considéré que nous étions dans un moment où il y avait vraiment une vacance en ressorts moraux, en structures fondatrices pour un citoyen occidental moderne. Il a donc pensé qu'on ne pouvait plus occulter le sujet de la religion, celui des racines de la religion. Très sincèrement et assez raisonnablement, il pensait qu'il ne pouvait pas en faire fi. Comme il donnait de plus l'impression d'être un libéral à l'anglo-saxonne ne parlant que d'économie, et aimant bien l'argent, revenir sur ces fondamentaux ne lui déplaisait pas : il a dû, parallèlement, penser que ce n'était pas politiquement maladroit, bien sûr. »

La religion n'est jamais très loin de la politique avec Nicolas Sarkozy. Elle peut même favoriser ses intérêts. Ainsi l'évocation des racines chrétiennes de l'Occident ne sera pas totalement gratuite de sa part. Outre le fait qu'à une époque, ce sujet lui permit de se démarquer de Jacques Chirac, ses prises de position l'autorisèrent aussi à se réapproprier des thèmes qu'une certaine droite parfois extrême avait comme une tendance naturelle à confisquer à son profit. En quelques années et à la faveur de quelques discours ou interventions télévisées, le président va donc tenter de renverser cette vapeur-là, même si cela se fera au prix d'une droitisation de son image. L'analyse est somme toute assez simple : la France traverse une crise morale et spirituelle doublée d'une crise d'identité, il faut donc qu'elle retrouve ses racines qui sont plutôt chrétiennes. Du coup, la France de Nicolas Sarkozy finira par bientôt ressembler à un guide des principaux lieux sacrés ou à un dépliant argumenté pour pèlerins en quête de destination nouvelle. Le discours prononcé à La Chapelle-en-Vercors le 12 novembre 2009 est un modèle du genre. L'identité nationale y est exaltée par le président et tout y passe : les Capétiens, le siècle des Lumières, la Révolution française, la fête de la Fédération, la Résistance, la France libre… et bien sûr les racines chrétiennes sans lesquelles notre pays ne serait pas ce qu'il est. « Dans ce vieux pays où depuis si longtemps "ceux qui croient au ciel" se disputent avec "ceux qui n'y croient pas", dira ce jour-là le président, il n'y a pas un seul homme, pas une seule femme qui ne reconnaisse dans les cathédrales une expression de ce génie français auquel il a le sentiment de participer. Le Français qui ne croit pas en Dieu n'imagine pas la France sans Le Mont-Saint-Michel, sans Notre-Dame de Paris ou sans la cathédrale de Reims, ni son village sans le clocher de son église qui le surplombe depuis dix siècles. C'est la France. Pas un libre-penseur, pas un franc-maçon, pas un athée qui ne se sente au fond de lui l'héritier de la chrétienté qui a laissé tant de traces profondes dans la sensibilité française et dans la pensée. Regardons ce que la morale laïque des instituteurs de jadis doit à la morale chrétienne qu'on enseignait au catéchisme. Regardons ce que la République doit à l'Ancien Régime. Regardons comment la République a accompli le vieux rêve capétien d'une France une et indivisible dans un État dominant les féodalités. Les rois l'ont rêvé, la République l'a réalisé. Discernons dans le débat sans cesse recommencé entre Jacobins et Girondins, entre les centralisateurs et les décentralisateurs, la tension multiséculaire qui depuis Hugues Capet oppose les provinces au pouvoir central et autour de laquelle s'est construite pas à pas l'unité française. On est français parce que l'on regarde la chrétienté et les Lumières comme deux versants d'une même civilisation dont on se sent l'héritier. »

Aux racines chrétiennes, à l'identité nationale, Nicolas Sarkozy ajoutera la sécurité, une thématique qu'il maîtrise généralement bien et qu'il développera à Grenoble le 10 juillet 2010. Un discours qui cette fois ressemble à la visite d'un arsenal. Le président y égrène les mesures répressives qu'il entend voir mises en œuvre par le gouvernement. Parmi celles-ci, le démantèlement des camps de Roms et l'expulsion pour ces derniers de ces espaces qu'ils occupent souvent, il est vrai, sans autorisation, en lisière de communes françaises. Une tension palpable s'est installée depuis quelques semaines dans le pays, et certains maires et préfets ont fait remonter à Paris les signes de cette colère susceptible à tout moment de dégénérer en violence. Nicolas Sarkozy entend y répondre. Il le fait donc à Grenoble au cœur de l'été. Un peu trop sévèrement. Une mauvaise appréciation qui se double d'un oubli historique : « Sarkozy a commis une erreur, explique Denis Tillinac. Les Roms sont catholiques depuis le XVe siècle, et dans l'imaginaire national, pour un catholique, le Bohémien, le "romano" comme on dit parfois n'est pas un émigré comme les autres. Tous les étés, avec sa roulotte ou plutôt maintenant sa caravane, il va au pèlerinage des Saintes-Maries-de-la-Mer, pèlerinage très populaire. Ce monde-là est une part de la catholicité. » Le président et son entourage n'ont pas tenu compte des avertissements lancés deux jours avant le discours de Grenoble par les évêques de Vannes et de Belfort responsables de la pastorale des gens du voyage et des migrants. Le jeune évêque de Vannes, Raymond Centène, est le premier évêque nommé en France par le pape Benoît XVI, ce détail aurait pu attirer l'attention du cabinet présidentiel. Que dénoncent les deux ecclésiastiques en cette fin du mois de juillet ? La recrudescence de la stigmatisation dont sont victimes les Roms, boucs émissaires désignés selon eux. Comme si un signal avait été donné, d'autres évêques suivent pour dénoncer à mots couverts la politique sécuritaire du gouvernement, l'amalgame fait par l'exécutif entre sécurité et immigration. Le discours de Grenoble, le 30 juillet, ne tient nul compte de ces avertissements et ne fait que mettre de l'huile sur le feu. Dès lors, la situation se tend encore davantage. À la mi-août, c'est l'archevêque de Paris en personne, Mgr André Vingt-Trois, qui prend la parole, puis c'est au tour d'Hyppolite Simon, vice-président de la Conférence épiscopale et évêque de Clermont-Ferrand. Un vrai tir de barrage. Les mots sont durs même prononcés avec la douceur de ton habituel des prélats : il est alors question de dignité, de délire et de surenchère. « Nul être humain ne peut être déchu de son humanité », écrit Mgr Simon. « Surenchère verbale et physique », dit Mgr André Vingt-Trois devant les médias. Quelques jours plus tard, c'est le pape en personne qui semblera rappeler à l'ordre le président de la République. Et ce ne sont pas là les propos d'un chef d'État adressés à un autre chef d'État. Mais ceux du plus haut représentant de l'Église à l'un de ses fidèles. Radio Vatican ira même jusqu'à rappeler le lien de subordination existant entre le souverain pontife et celui qui est l'un de ses chanoines. Les mots prononcés par Benoît XVI le seront en français, ce qui indique déjà la nationalité de ceux ou de celui à qui ils sont adressés. « Les textes liturgiques de ce jour, rappellera Benoît XVI en ce 22 août 2010, nous redisent que tous les hommes sont appelés au salut. C'est aussi une invitation à savoir accueillir les légitimes diversités humaines. » Dans la langue vaticane, cela s'appelle un rappel à l'ordre. Que Nicolas Sarkozy prendra très au sérieux. Deux mois plus tard, le président français fera à nouveau le déplacement romain pour venir non pas faire amende honorable, ce qui n'est pas trop dans son caractère, mais apaiser les inquiétudes du pape et l'assurer de ses meilleures intentions. Il assistera même dans la foulée à une messe dans la basilique Saint-Pierre, preuve s'il en était besoin de sa pieuse considération après cet épisode un peu sensible, dont il garde néanmoins un fort mauvais souvenir. « Il est capable de beaucoup de rouerie, confie l'un de ses proches, comme tous les politiques, mais c'est un pur affectif. Et il a vécu cette séquence comme une injustice. Il avait l'impression d'en avoir fait plus pour défendre la culture catholique dans ce pays et d'en prendre "plein la gueule" sur quelque chose qui ne lui paraissait pas si extravagant. Car au fond, si le discours de Grenoble a été maladroit, car mal perçu par les intéressés, il n'était rien d'autre qu'un rappel de la loi et une exhortation des préfets à la faire respecter. »

L'incident sera considéré comme clos. Et même si quelques questions, comme celles du travail dominical, continuent de polluer les relations entre la République et le Vatican, Nicolas Sarkozy semble pouvoir compter à la veille de l'élection présidentielle de 2012 sur une certaine bienveillance de la part de l'Église. Cela ira même fort loin, si l'on en croit François

Bayrou. « Pendant la campagne de 2012, des “questionnaires de discernement” ont été distribués dans toutes les paroisses de France afin officiellement d’informer les catholiques français des positions des différents candidats. Mais en fait c’était organisé pour faire voter Sarkozy. J’ai entendu personnellement des curés lire en chaire ces questionnaires. Je me suis même fâché avec un certain nombre de prêtres et d’évêques. Je suis persuadé que l’Élysée était derrière cette opération ou l’approuvait. Moi, j’ai été terriblement choqué. Était en train de s’organiser un véritable vote d’église ! Les équipes de Sarkozy ont envisagé l’Église comme un réseau politique, électoral. Et au bout du compte, les musulmans semblent avoir voté en masse pour Hollande et les catholiques très majoritairement pour Sarkozy. Eh bien, pour moi, ce constat-là, c’est celui d’un échec de la France. »

Du côté de la communauté juive, la situation est encore différente. La question religieuse n’est guère présente et l’existence passée du grand-père maternel séfarade de Nicolas Sarkozy n’a jamais poussé la communauté juive à considérer le ministre puis le président comme l’un des leurs. Pas plus que les origines juives espagnoles de Cécilia Ciganer-Albéniz. C’est la politique qui fait naturellement s’opérer le rapprochement. Voilà maintenant plus de dix ans que les planètes sont alignées et ne semblent pas devoir bouger. Contre parfois toute logique. « Nicolas Sarkozy, explique Maurice Szafran, arrive à un moment de droitisation de la communauté juive qui historiquement se vivait plutôt sociale-démocrate et votait plus à gauche qu’à droite. Dans les années 2000 elle se droitise considérablement. Et elle trouve son champion. Et son champion, c’est Nicolas Sarkozy. Il est très proaméricain, il soutient la droite israélienne, il est pour le libéralisme. Cette communauté juive, qui s’est beaucoup rajeunie, se retrouve dans cet homme-là. À tel point qu’elle ne lui reprochera même pas de finalement s'aligner sur les politiques proche-orientales de ses prédécesseurs. C'est donc un lien extrêmement puissant. Aujourd'hui, au sein du judaïsme français, beaucoup de gens souhaitent le retour de Nicolas Sarkozy. Ça, c'est un phénomène très impressionnant. Les juifs de France ont parfaitement intégré cette idée qu'il avait été élevé dans le catholicisme et qu'il se considérait comme un catholique mais ce n'est pas un problème. Aujourd'hui, Sarkozy bénéficie de toutes les largesses dans le judaïsme français. La droitisation du judaïsme français a fait de lui le champion d'une très grande partie des juifs de France. »

Avec Nicolas Sarkozy le choix semble simple. Entre deux lectures possibles, la première consiste à ne voir chez lui que ses paradoxes et apparentes contradictions, un cynisme total, l'opportunisme, l'ambition, la démesure de l'ego et une spiritualité aux abonnés absents. La seconde lui reconnaîtra une liberté de ton et d'esprit qui tranche avec un classicisme poussiéreux, une forme de pragmatisme assez aboutie, un sens de l'adaptation et le cas échéant une forme très personnelle de relation à l'Esprit saint. Selon les cas, il paraît donc parfaitement envisageable qu'on puisse l'aimer ou le détester, penser qu'il se croit tout permis ou être séduit par le fait qu'il fasse bouger des lignes, le considérer comme un malotru ou comme un homme sans détour, comme un homme de conviction ou comme un politicien attrape-tout, un défenseur des valeurs chrétiennes ou un danger pour la République laïque, comme un tartuffe ou bien comme un dévot. C'est ainsi entre adoration et détestation que les Français vivront leur relation avec ce personnage à vrai dire fort clivant, hors norme, qui ne laissera jamais indifférent. C'est d'ailleurs l'un des moteurs de cet activisme débridé et omnidirectionnel qui le caractérise. Choquer ne le dérange donc pas. C'est une façon d'imposer sa différence et, par la même occasion, de faire bouger les immobilismes. Comme si son énergie pouvait être contagieuse. L'Église, les Églises en sont une illustration. « La France, répète-t-il, a besoin de catholiques convaincus qui ne craignent pas d'affirmer ce qu'ils sont. » Ministre ou président, l'invitation sera souvent faite aux catholiques, et aux autres croyants, à plus d'audace. « N'ayez pas peur », leur dira-t-il même un jour, reprenant la célèbre formule de Jean-Paul II. « Nicolas Sarkozy est un intuitif, observe le père Rougé. Il a compris la nouvelle place que prenait le religieux dans la société française et qui ne cadrait pas avec la logique habituelle qui voulait qu'en France, jusqu'à présent, la religion n'existait pas, sauf lorsqu'elle produisait des troubles à l'ordre public. Il a saisi que nous étions entrés dans une nouvelle époque, il le ressentait. C'est ce qui fait que sur ce sujet, il a une vraie originalité. »

Pour Nicolas Sarkozy, la dimension religieuse est en effet première chez l'homme. Il le croit vraiment, il l'a écrit, ce qui représente une véritable rupture par rapport à l'histoire de France que les milieux laïcs, même de son bord politique, tenteront de lui faire payer.

Contrairement à ceux qui considèrent encore la religion comme l'opium du peuple, suivant la vieille expression marxiste, Nicolas Sarkozy pense, lui, que la religion donne de l'énergie. Il considère donc de son devoir d'en tenir compte, à la différence de ses prédécesseurs pour qui moins on se mêlait de ces questions et mieux cela valait. Nicolas Sarkozy ne le voit pas ainsi. De tous les présidents de la Ve République, il n'est pourtant pas un pratiquant régulier, loin s'en faut, il n'a rien de l'enfant de chœur que dessinait régulièrement Cabu dans *Le Canard enchaîné*, mais il est celui qui paradoxalement aura le plus traité de la foi et des questions de spiritualité, sans aucun tabou, sans plus d'inhibition, comme s'il s'agissait d'une forme de modernité, Un côté pèlerin en politique ou politique en pèlerinage. Mais un pèlerin qui fait ce qu'il veut, hors convention, au risque de choquer en faisant venir un religieux à l'Élysée, en utilisant son téléphone à cinq mètres du pape, en communiant alors qu'il est deux fois divorcé, en faisant recevoir le dalaï-lama par sa femme… Une façon de faire originale comme peut l'être sa croyance en Dieu quand elle devient une forme de croyance en soi : thèse qui peut se défendre.

En quoi Sarkozy croit-il ? À la politique, en Dieu ? Les deux, mon général ! Sa foi, il l'a en Dieu – son Dieu –, comme il l'a dans la politique – sa conception de la politique. Il croit en la vie, animé par un mélange détonant d'ambition, de revanche, de fuite en avant, de volonté et d'opiniâtreté à s'imposer, à se distinguer, qui font naître ce cocktail d'affection teintée parfois d'un brin d'obséquiosité, de violence contenue, ce désir d'être aimé dont ceux qui l'ont approché peuvent témoigner. Et dès lors qu'on cesse de l'aimer, c'est un pan de mur qui s'effondre ou une guerre qui se déclare. Nicolas Sarkozy vit la vie comme s'il fallait la remplir jusqu'à ras bord. Sa prière, il l'emprunte à Michel-Ange : « Seigneur, accorde-moi la grâce de toujours désirer plus que je ne puis accomplir. » Tout un programme.

Se confesse-t-il ? Parfois. Au père Verdin. Cela est arrivé, confirme le prêtre. Sans que puisse lui être donnée l'absolution. Dans sa situation de divorcé remarié, cela est interdit par l'Église. Croit-il au paradis, à l'Esprit saint ? A-t-il peur de la mort ? « Entre la foi et la peur de la mort, observe Denis Tillinac, beaucoup de questions se posent. Ce dont on peut être sûr, c'est que tous les hommes politiques et tous les hommes d'État de très haut niveau sont des angoissés qui compensent par une suractivité leur incapacité à se poser et à accepter le destin avec sérénité. Ils produisent de l'activisme en permanence. Nicolas Sarkozy tout particulièrement. À tel point que je me demande si derrière cela il n'y a pas une angoisse métaphysique fondamentale : vite, vite, vite, tout faire, tout vivre, goûter à tout, tout prendre parce que après, on ne sait pas trop… » « Il n'est pas obsédé par la mort, ajoute

Philippe Verdin. Il est persuadé qu'il y a une vie au-delà, que les âmes peuvent être sauvées et vivre pour l'éternité. [...] Quant à l'Esprit saint, Nicolas Sarkozy est un homme de foi. Pas un pilier de sacristie mais un homme de foi. Persuadé que l'Esprit saint est à l'œuvre en ce monde. Et est à l'œuvre en lui. Ça, il est persuadé que certaines choses qu'il fait viennent, sont guidées par Dieu, sont inspirées par Dieu. »

7
FRANÇOIS HOLLANDE

La pièce n'est pas grande. Mais joliment située. Dans l'aile est du palais de l'Élysée. Celle où accède le visiteur s'il tourne à gauche après l'entrée d'honneur et à nouveau à gauche quelques mètres plus loin. Un garde républicain est généralement installé à cet endroit. La première porte à gauche est celle de l'ancienne chapelle. Sitôt le seuil franchi, il vous faudra descendre quelques marches pour vous retrouver dans un petit espace d'une vingtaine de mètres carrés, dont l'unique fenêtre encadrée par des rideaux dorés donne sur la cour du palais. Trois bergères et un canapé Louis XVI couverts de velours bleu marine entourent une petite table d'inspiration orientaliste et un secrétaire en placage d'acajou recouvert d'une plaque de marbre blanc. Le tout posé sur un sol à motifs carrés et circulaires. Il y a cinquante-sept ans, c'est un autel surmonté d'un crucifix qui formait avec quelques prie-Dieu l'essentiel du mobilier de cette pièce. Utilisée par le général et Mme de Gaulle pour l'office dominical quand le président se trouvait contraint pour telle ou telle autre raison de rester à Paris. Pièce conservée et entretenue par les présidents qui se sont succédé depuis la naissance de la Ve République, ou plutôt, pour être juste, par leurs épouses. L'ex-lieu de culte n'a plus vu un religieux depuis longtemps. Il fut un jour question qu'à l'occasion d'une de ses visites à l'Élysée, Jean-Paul II puisse venir s'y recueillir mais cela n'avait pas abouti, faute de temps disponible dans l'agenda pontifical. Devenue salle de réserve, sous Nicolas Sarkozy qui y avait fait ajouter une photo de son épouse et de lui-même, puis salle d'attente aujourd'hui, l'Esprit saint a déserté depuis longtemps ces quatre murs. À l'exacte place qu'occupait jadis le crucifix est aujourd'hui accroché le portrait en pied, réalisé par Raymond Depardon, de l'actuel locataire des lieux : François Hollande. L'histoire est parfois facétieuse.

Jamais sans doute la France n'aura eu à sa tête un président aussi peu concerné officiellement par le salut de son âme. Être spirituel, c'est avant tout pour lui faire preuve d'esprit, et il n'en manque d'ailleurs pas. Mais d'intérêt pour ce qui touche à Dieu, François Hollande n'en a pas, n'en a plus, depuis maintenant longtemps. Comme s'il s'était donné le temps de la réflexion avant de décider de la rupture, à moins qu'il n'ait choisi cette façon de s'émanciper de son milieu familial. Peut-être encore, ayant choisi son chemin, a-t-il décidé par la suite et pour toujours de se débarrasser du poids superflu de contingences, désormais pour lui accessoires ou trop compliquées à vivre. « François Hollande, c'est à cet égard le plus mystérieux de tous les présidents, juge le socialiste Jean Glavany, qui le connaît de longue date. Un beau jour, au milieu de ses études d'après ce que j'ai cru comprendre, il rompt avec la religion. Qui ne lui inspirera dès lors que prudence et réserve. Sans verser pour autant dans quelque anticléricalisme que ce soit. » François Bayrou l'a moins fréquenté mais son impression de croyant est similaire : « Mon intuition est qu'il a décidé un jour ou l'autre que cela était extérieur à lui. Il n'a plus aucune marque d'intérêt pour le sujet. Ça n'est pas dans son esprit. Quand on en parle devant lui, il regarde ailleurs. C'est vrai pour le christianisme, et c'est aussi vrai pour l'islam. Et j'ai rencontré des responsables de ces communautés qui en ont été choqués… Et au fond, il est le premier président de la République étranger au sujet de la foi, que ce soit pour ou contre. En tout cas, à ce moment de sa vie. Quelle est la nature profonde de ce rejet, je ne sais pas, mais cela ressemble furieusement à une rupture intérieure. » « Je crois, confirme enfin Bernard Poignant, ami de plus de trente ans et aujourd'hui conseiller spécial du président de la République, ne l'avoir jamais entendu donner un quelconque sentiment sur des questions spirituelles ou religieuses. »

Bernard Poignant et François Hollande ont en commun, outre le chemin parcouru depuis le milieu des années quatre-vingt, une scolarité passée chez les lassaliens, frères des écoles chrétiennes, disciples de saint Jean-Baptiste de la Salle, les frères « quatre bras » ainsi surnommés en raison de leur soutane à manches et de leurs petits gilets à bras flottants. La vocation d'instituteurs des frères, leur dévouement à la cause de l'enseignement ne convaincra pas davantage l'un que l'autre. Bernard Poignant se dit aujourd'hui agnostique. S'agissant de François Hollande, il n'est pas même sûr qu'une définition existe qui traduise ce que la religion lui inspire ou ne lui inspire pas. Ni déception, ni refus de principe, ni opposition. François Hollande ne garde d'ailleurs pas un mauvais souvenir de ses années d'enfance. Et de ce parcours, traditionnel pour un garçon de son milieu, un parcours dont les étapes obligées sont franchies sans états d'âme et même avec ferveur : communion privée, service de la messe, retraite, confirmation, communion solennelle… Une éducation chrétienne au cœur de la pieuse ville de Rouen que dirige encore à cette époque le très catholique Jean Lecanuet.

Les parents de François Hollande, Georges et Nicole, habitent sur les hauteurs de la ville. Un père, médecin, dont les idées catholiques se marient davantage avec les idées politiques de l'extrême droite et de l'Algérie française qu'avec celles de son épouse. Nicole Hollande se définit en effet pour sa part comme une catholique de gauche. Le couple peut apparaître de ce point de vue mal assorti. On peut donc aussi comprendre que le jeune adolescent ait refusé d'arbitrer entre les dieux de ses parents pour ne finalement retenir que les options de gauche de sa mère plus en phase avec une générosité qui, l'avouera-t-il, reste, avec le sens des autres, le souci du partage et la conscience du bien et du mal, ce qu'une religion peut donner de meilleur, termes qu'il emploie en réponse au journaliste Jean-Yves Boulic, auteur en 2002 d'un livre d'entretiens[1] avec nombre de personnalités qui avaient alors accepté de s'exprimer sur leur foi personnelle. François Hollande, à qui personne ne prédisait un avenir présidentiel, faisait partie d'une liste qui allait de Roselyne Bachelot à Dominique Voynet en passant par Jean-Pierre Chevènement, François Léotard, ou encore Nicolas Sarkozy... Son rapport à la transcendance, François Hollande le définit alors en ces termes : « Je suis arrivé à un point où ce qui s'impose, c'est plutôt la conviction que Dieu n'existe pas que le contraire. J'ai été longtemps agnostique, désormais mes doutes se sont transformés en certitudes. » Jean-Pierre Mignard, avocat, catholique pratiquant et ami très proche de François Hollande, exprime les choses de façon un peu moins abruptes : « C'est un homme en attente de grâce, préfère-t-il dire. Je crois que, de manière très pratique, se disant qu'il n'avait pas la réponse aux questions qu'il pourrait se poser, autant effectivement se pencher sur des questions qui étaient susceptibles d'être résolues. Une forme de positivisme. Je pense que c'est ça qui le caractérise. D'une certaine façon, j'ai toujours senti pour lui que la religion était un mystère, y compris dans le bon sens du terme car je ne l'ai jamais vu utiliser un seul mot péjoratif ou dédaigneux vis-à-vis des questions de foi ou de religion, mais je crois simplement

1. *Ceux qui croient au ciel et ceux qui n'y croient pas*, Grasset, 2002.

et d'une manière très sobre qu'il s'agit d'un domaine dans lequel il ne pénètre pas. »

Un domaine dans lequel il ne pénètre pas, à titre personnel. Comme une règle qu'il s'impose et à laquelle il n'a plus envie pour l'heure de déroger. Que certains soient en recherche ne le dérange en revanche aucunement et il n'y est d'ailleurs pas insensible. Il n'y a de fait aucune forme d'hostilité ni d'indifférence de la part de François Hollande vis-à-vis de ceux qui croient. Bien au contraire. Tout juste considère-t-il sans doute plus facile de croire en Dieu que de ne pas y croire. Un sujet de débat possible avec ses amis croyants, lesquels pensent parfois au contraire qu'il s'est débarrassé d'un fardeau bien encombrant en refusant de s'interroger sur la foi. « La foi, ce sont de grands moments d'angoisse, d'hésitation, de doutes, rappelle Jean-Pierre Mignard. Rien à voir avec un terrain plat ou le lac Léman. » Quoi qu'il en soit, la position de François Hollande est arrêtée dès la classe de terminale. Ce terrain-là ne sera pas celui qu'il privilégiera. Loin s'en faut. Mais il ne s'en coupera pas pour autant totalement.

Pas plus que ne le fera d'ailleurs Ségolène Royal. Issue d'une famille catholique, elle aussi a connu les institutions religieuses, au gré des affectations d'un père militaire : les sœurs de Saint-Joseph-de-Cluny en Martinique, puis celle de Notre-Dame-Saint-Joseph d'Épinal. La future compagne de François Hollande partage surtout avec ce dernier un autre type d'expérience, plus traumatisant. Les mariages de leurs parents respectifs s'étant soldés par deux échecs, ils n'auront guère de raison de célébrer plus tard les vertus de l'institution. De mariage, il ne sera donc jamais question entre eux. Ils vivront, comme le dit alors le droit français, un concubinage stable attesté par la présence de nombreux enfants, quatre en l'occurrence, lesquels seront cependant baptisés. Ce sont des choses qui se font. Les racines chrétiennes ne sont pas incompatibles avec un engagement de gauche. Être socialiste et catholique n'a rien de contradictoire. Nombre des amis du couple partageront d'ailleurs souvent cette double option. Jean-Pierre Jouyet, rencontré au sein de cette promotion Voltaire de l'École nationale d'administration qui aura tant donné à la France, en est un des meilleurs exemples. Jean-Yves Le Drian, ancien de la Jeunesse ouvrière chrétienne, Jean-Pierre Mignard, aujourd'hui codirecteur de *Témoignage chrétien*, viendront bientôt s'ajouter à la liste. Ou encore Bernard Poignant, qui, s'il se dit parfois agnostique, n'en reste pas moins proche de l'Église catholique, ce qui pour le Breton qu'il est peut ressembler à une seconde nature.

Ce réseau d'amitié, deux hommes vont indirectement le faire prospérer : un protestant, Michel Rocard, et un catholique, Jacques Delors. Au milieu des années quatre-vingt, la classe politique pense déjà à la prochaine présidentielle. Michel Rocard en particulier, qu'intéresse ce mouvement des « transcourants », créé depuis 1983 pour faire pièce aux traditionnelles écuries du Parti socialiste par quatre jeunes camarades : Jean-Michel Gaillard, fabiusien à l'origine, Jean-Yves Le Drian, plutôt proche de Pierre Mauroy, le rocardien Jean-Pierre Mignard, et François Hollande, mitterrandiste tempéré. Quatre « aventuriers » dont l'initiative rénovatrice se veut pragmatique, européenne, réformiste et certainement pas idéologique. On l'a compris, François Hollande ne se sent pas davantage attiré par les chapelles, peut-être même encore moins quand elles sont politiques. Un état d'esprit qui attise la curiosité de Michel Rocard. Lequel envoie alors deux *missi dominici* auprès de ces quatre mousquetaires : Michel Sapin et Bernard Poignant. La suite est connue. Michel Rocard devra renoncer en 1988, laissant à nouveau la place à François Mitterrand. Quant aux « transcourants », ils vont se mettre plus officiellement encore qu'auparavant au service de Jacques le Catholique, alias Jacques Delors. En espérant que le dieu de la politique donne envie au champion en qui ils croient de se présenter à l'élection présidentielle en 1995. Espoir déçu, là encore. Il n'en reste pas moins que François Hollande apparaît ces années-là comme le fidèle lieutenant, le fils spirituel, jusqu'à d'ailleurs froisser, semble-t-il, Martine Aubry, la fille de l'ancien ministre et président de la Commission européenne. Une tension qui ne s'est jamais véritablement relâchée. « Le catholicisme réel, le christianisme tout à fait profond de Jacques Delors ne l'a jamais rebuté, témoigne Jean-Pierre Mignard. Ça, c'est sûr. Mais je vais aller encore plus loin. Je n'ai jamais vu dans un débat public Jacques Delors souhaiter, sur une question politique ou dans un débat public, qu'il y ait des vainqueurs ou des vaincus. C'est un chrétien sur ce point, d'ailleurs finalement sans doute plus admiratif de la réconciliation que de la victoire, si celle-ci signifie que des morts jonchent le terrain. Avec un souci de faire avancer les choses, sans concession parce que c'est un homme ferme mais en même temps souhaitant qu'à la fin tout le monde se retrouve. C'était ça l'idée et la conception qu'avait Jacques Delors de la politique, et Hollande se reconnaissait très bien dans un tel schéma. » François Hollande n'accompagnera pas Jacques Delors à la messe mais il en fera sa référence politique. Et cela n'a donc rien de paradoxal. Si les chemins ne sont pas les mêmes, cela ne les empêche pas d'être parfois parallèles ou de diriger ceux qui les empruntent dans la même destination.

À cet égard, il existe sans doute un contresens s'agissant des relations qu'entretient François Hollande avec la religion de façon générale. La facilité étant de le considérer comme totalement indifférent à tous les aspects de la religion, hostile à tout ce qui de près ou de loin porterait la marque de la religion, ce qui, objectivement, est globalement faux. C'est l'institution qui à ses yeux pose un véritable problème, car trop conservatrice, parfois rétrograde dans son approche des mœurs ou dans sa propre organisation. Pas la foi, et certainement pas la spiritualité dont François Hollande n'est pas loin de considérer qu'elle peut être parfaitement compatible, voire complémentaire, de ce qu'un politique humaniste peut à l'occasion proposer. C'est ce qui créera d'ailleurs le lien avec un homme comme Jacques Delors. Le même lien qui peut faire se rencontrer la doctrine sociale de l'Église avec la pensée sociale-démocrate de l'actuel président de la République.

François Hollande connaît en effet très bien la doctrine sociale de l'Église. Il s'y intéresse même depuis longtemps. Depuis qu'il a compris ce qu'étaient l'engagement de sa mère et son catholicisme social. Cette mère qui au bout du compte finirait presque par tout expliquer ou presque, le plus important en tous les cas, de ce qu'est la personnalité de François Hollande. Si dans son rapport avec la religion il refuse d'aborder les aspects transcendantaux ou théologiques, la question d'un au-delà auquel il ne croit pas, celle de l'influence d'un Dieu sur terre, s'il ne se plonge pas davantage dans la lecture des Évangiles ou de tout autre livre sacré, il sait en revanche ce qu'une encyclique papale peut avoir d'intéressant quand y sont abordées des questions touchant à la misère, au travail, à l'injustice, aux droits. Il y a dans la relation qu'entretient François Hollande avec la religion un côté fondamentalement pratique. Utile. Et contrairement à ce qui a parfois été dit, entre lui et la religion, il n'y a pas d'angle mort. Mais la reconnaissance d'un fait social, voire d'une légitimité. « Je me souviens, raconte l'un de ses proches, d'un fait très précis pendant la campagne de Lionel Jospin. C'était en 2002, à Rennes. François Hollande avait été très déçu par le discours qu'avait prononcé Lionel Jospin. Il avait été très critique, ne comprenant pas, notamment, qu'en Bretagne, le Premier ministre choisisse de faire l'impasse sur l'alliance entre le socialisme démocratique et le catholicisme social. « C'est pourtant cela que le socialisme veut dire en Bretagne », répétait-il. De la même manière, le candidat à l'élection présidentielle de 2012 sera très attentif au dialogue avec ces autorités religieuses qu'il rencontre durant la campagne dans les locaux professionnels de son ami avocat Jean-Pierre Mignard. En désaccord, ils le seront sur la question des mœurs, mais sur les questions sociales, le dialogue se fera assez naturellement. François Hollande est convaincu que les Églises ont un rôle à jouer. Plus précisément, il est persuadé qu'elles pourraient jouer un rôle terriblement nocif et qu'il vaut donc mieux qu'elles jouent un rôle très favorable. En étant par exemple, s'agissant de l'Église catholique, la gardienne vigilante de cette doctrine sociale qui selon lui va dans le bon sens. « Il pense même, ajoute Jean-Pierre Mignard, que cela répond à un besoin de la société, et que des responsables politiques démocrates ne peuvent que se réjouir que l'Église catholique, les protestants, les doctrines proches défendent avec netteté cette position. Que ces deux Églises aient par ailleurs fait disparaître toute trace d'antisémitisme ou d'antijudaïsme, il s'en réjouit également. Qu'un dialogue avec l'islam soit recherché chaque fois que cela est possible ou nécessaire le satisfait pareillement. Il ne souhaite pas que les Églises disparaissent, pas du tout. Hollande, ce n'est pas le petit père Combes. C'est tout le contraire ! Par contre, leur dit-il, jouez votre rôle social. Sur les questions du ciel, c'est votre affaire et je n'interviens pas, en revanche s'agissant des questions qui se posent sur terre, si vous voulez bien, parlons. Dialoguons et voyons même ce qu'il est possible, chacun à sa place, en fonction de son identité, de faire ensemble. » Sur les questions de droits des étrangers, sur le principe de refus des discriminations, sur le refus de tout ce qu'une mondialisation trop libérale peut traduire en violence sociale, l'accord pourra ainsi facilement être trouvé entre les représentants des autorités religieuses et le futur président. Sur des questions plus « sociétales », c'est à l'évidence plus compliqué.

Il peut même arriver à François Hollande, le plus sérieusement du monde, de regretter l'affaiblissement de l'autorité de l'Église catholique, dont l'organisation même du clergé serait selon lui responsable. Il le disait en ces termes au journaliste Jean-Yves Boulic en 2002 : « Le refus du mariage des prêtres, l'interdiction pour les femmes d'accéder à la prêtrise, la manière dont l'Église aborde la sexualité en général, tout cela la conduit à la couper du reste de la société à laquelle elle a pourtant vocation à s'adresser. Combien d'hommes, de femmes, de jeunes qui pourraient jouer un rôle utile, rayonnant dans l'Église sont ainsi détournés, découragés par les règles décalées qu'on leur impose... » Surprenante affirmation de la part de celui que ses adversaires politiques ne sont jamais loin de considérer comme une sorte de laïc froid et indifférent. En fait, ce socialiste aime tellement la religion qu'il aimerait presque encourager les vocations...

Ce qu'a pu reprocher François Hollande à la religion, c'est donc de ne pas suffisamment s'être occupée de certains sujets, ou d'avoir été dans le passé trop proche de certains régimes. Ce qu'il lui reproche aujourd'hui, c'est clairement son immobilisme sur de grandes questions de société, son dogmatisme face aux évolutions, aux revendications ou au progrès. C'est à certains égards une forme de naïveté ou d'incompréhension de la religion qui, pour le compte, s'exprime là : s'imaginer qu'elle pourra un jour participer à un débat sur l'euthanasie ou l'avortement sans continuer à défendre éternellement le même raisonnement immuable sur la valeur de la vie. Croire que l'Église, les Églises peuvent faire évoluer ou nuancer leur jugement sur des thèmes qui d'une certaine manière participent de leur essence même, sur lesquelles elles ont établi leurs fondations et donc assis leur autorité, thèmes au premier rang desquels figurent la vie, la procréation, la famille, la mort et tout ce qui forme la morale chrétienne ou la morale religieuse de façon plus générale. C'est d'ailleurs sur ce type de questions que pourra venir l'affrontement. Le mariage pour tous en est, en deux ans et demi de mandat présidentiel pour François Hollande, l'illustration la plus frappante.

Le nouveau président élu en 2012 va se retrouver confronté, comme François Mitterrand en 1981, à une série de promesses de campagne qu'il s'agit maintenant de tenir puisque la victoire est là, qu'accompagnent généralement dans ce cas de figure tous ceux qui l'ont permise et demandent des comptes. Comme son illustre prédécesseur, François Hollande se retrouve ainsi prisonnier de certains engagements. Le mariage pour tous, c'est-à-dire le mariage homosexuel, sera un peu à François Hollande ce que la réforme scolaire et le fameux grand service public, laïc et unifié de l'enseignement avaient été à François Mitterrand. Un engagement qui pour chacun des deux présidents a plus à voir avec le respect de la parole donnée qu'avec la conviction profonde. François Mitterrand ne croyait pas aux chances de voir la réforme d'Alain Savary aboutir dans la société française de 1981. François Hollande ne s'est pas réveillé, tous les matins depuis qu'il est candidat, en rêvant du jour où il pourra faire accepter par le Parlement le mariage homosexuel. Pour les deux, il s'agira en fait d'un piège politique. Dont François Mitterrand ne sortira pas vainqueur, puisque contraint de céder devant la rue. Dont François Hollande ne sortira ni vaincu ni gagnant.

Le projet est certes passé mais en retirera-t-il un bénéfice politique à l'heure des bilans ? Rien n'est en effet moins sûr. D'autant qu'il n'a pas toujours donné l'impression d'une totale assurance ou conviction sur le sujet. Quand devant les maires de France il avait semblé par exemple proposer à chaque édile municipal de pouvoir faire jouer une clause de conscience... ? C'est d'ailleurs ce qui est au fond l'une des caractéristiques du personnage, assimilé par ses détracteurs de gauche et de droite à de la mollesse, et qui est en fait une volonté de ne pas choquer. L'envie de respecter ce principe très « delorien » selon lequel un débat ne doit pas se finir nécessairement par la mort de l'un et le triomphe de l'autre. Dans le rapport que

François Hollande entretient avec la religion, cette dimension existe également. Le souhait est celui d'une relation apaisée et harmonieuse avec les Églises, l'Église catholique en particulier dont il ne lui a pas échappé qu'elle restait en France une puissance d'opinion. Ce qu'il n'oublie pas. Il ne lui a pas davantage échappé qu'un fort pourcentage de Français se disant catholiques votaient régulièrement à gauche. Ce qui peut l'autoriser à penser que certains mouvements du genre « Manif pour tous » sont d'essence plus complexe qu'on ne veut parfois le dire. D'autant que si l'Église a pu parfois donner officiellement son avis, négatif, sur le sujet du mariage homosexuel, son implication dans les manifestations n'a rien eu à voir avec une vague déferlante ou une mobilisation générale. Comme celle de la droite politique a été, juge-t-on à l'Élysée, marquée par une certaine hétérogénéité, à la différence de l'opposition au projet Savary en 1984. Des divisions à droite sur la question dont François Hollande espère bien tirer un jour profit. Nicolas Sarkozy semble gêné par le sujet. Le fait que Carla Bruni, sa propre femme, défende bec et ongles le mariage pour tous n'a pu que conforter le président actuel dans cet espoir.

Le président Hollande mesure, respecte. Les Églises sont pour lui des acteurs associés. « Les syndicats et le patronat sont des partenaires sociaux, dit son conseiller et ami Bernard Poignant, les Églises, des partenaires religieux. (Avant d'ajouter :) Les chrétiens sont porteurs d'espérance, les socialistes porteurs d'espoir. On doit pouvoir se parler… » Et encourager les dialogues. Mais sans pour autant rentrer dans une problématique religieuse. « Si je lui parle du dialogue interreligieux, confie Jean-Pierre Mignard, il y est sensible. Que les chrétiens parlent aux juifs, les juifs et les chrétiens aux musulmans, c'est selon lui un facteur de paix civile, de paix sociale très important. Et puis quand des religions se parlent entre elles, ça signifie peut-être aussi à ses yeux qu'elles sont moins dogmatiques, et que chacune ne croit plus détenir à elle seule la vérité, défaut qui finit parfois par générer d'affreux carnages. Il est donc très, très sensible à l'évolution entre les religions en France. Qu'un certain nombre de dignitaires musulmans aient pu lancer il y a quelques mois un appel pour les chrétiens d'Orient va dans le bon sens. Il n'y a pas que des jeunes jihadistes dans l'islam français, il y a aussi et avant tout un islam de France qui est un islam de paix, qui rentre dans ce cadre interreligieux, donc tout cela intéresse et même passionne François Hollande. Mais passionne le responsable politique, le responsable d'État qui veut voir tout ce que cela va produire sur le champ social en termes de paix, d'harmonie, de vivre ensemble. »

C'est pareillement le chef d'État qui rendra le 24 janvier 2014 visite à un autre chef d'État, même s'il s'agit dans le cas présent du souverain pontife. C'est une visite certes un peu particulière, mais François Hollande ne semble pas en proie au trac, peut-être un léger stress, néanmoins, confieront ceux qui le connaissent le mieux parmi les passagers de l'avion présidentiel. Il reste dans le cadre qu'il s'est fixé avec les personnalités internationales. « Il fait le job », comme dit Bernard Poignant. Le protocole fixé par le Vatican sera respecté à la lettre. Avant l'audience, un cardinal explique les différentes façons dont on peut saluer le pape. François Hollande choisit la sienne : léger signe de tête et main tendue. Tout cela, il sait faire. La délégation a été composée avec soin afin qu'elle ne suscite pas les commentaires qui avaient entouré la visite de Nicolas Sarkozy sous le quinquennat précédent. Cette visite présidentielle a eu plus de tenue que la précédente, fera même remarquer en aparté un cardinal romain à l'un des membres de la délégation. Une délégation dont la composition apparaît surtout logique, professionnelle sur le plan de l'image et de la communication. Deux ministres, deux parlementaires dont le président du groupe d'amitié entre la France et le

Saint-Siège, Jean-Pierre Mignard, codirecteur de *Témoignage chrétien*, Dominique Quinio, directrice de la rédaction de *La Croix*, Nicolas Hulot, dont la présence se justifie par l'intérêt que porte le pape aux questions d'écologie. Bernard Poignant, ex-maire de Quimper – « une terre très catholique », fera remarquer François Hollande au pape François –, le président du Secours catholique, François Soulage, et le père Georges Vandenbeusch, ex-otage rendu à la liberté par les islamistes de Boko Haram, trois semaines plus tôt, et que le pape François prendra chaleureusement dans ses bras alors qu'il lui est présenté.

Un sans-faute qui laisse à penser que François Hollande, derrière la séquence très diplomatique, n'a jamais considéré ce déplacement comme une formalité ou une corvée quelconque. Conformément à la logique qui l'anime, c'est-à-dire sans qu'il soit à aucun moment question de sujets d'ordre spirituel, il considère le souverain pontife comme un partenaire possible. Parler de pape utile, comme cela lui a parfois échappé, était sans doute maladroit mais reflète bien ce qu'il pense de ce pape et, d'une certaine façon, ce qu'il en attend. Un pape « normal », aurait-il pu mieux dire s'il n'avait lui même un peu galvaudé le terme, un pape avec qui en tout état de cause il souhaite travailler sur des sujets concrets, celui du climat, de la défense de la planète, de l'écologie et du développement durable. Un pape dont la popularité ne peut être par ailleurs indifférente à une politique qui en manque singulièrement et en particulier chez les catholiques pratiquants. Un pape enfin d'un contact certainement plus simple pour François Hollande que le prédécesseur Benoît XVI. Moins théologien. Moins intellectuel et doctrinaire. Davantage homme de terrain. François Hollande préfère ce type de profil, et tout comme François Mitterrand avait pour Jean-Paul II une certaine admiration, il a de l'estime pour François. Lors du déjeuner offert par la présidence à l'ambassade de France près le Saint-Siège, un cardinal glissera ce mot à François Hollande : « La différence entre les trois derniers souverains pontifes, je vais vous la dire, monsieur le président. Jean-Paul II, le monde entier voulait le voir. Benoît XVI, le monde entier voulait l'entendre. Le pape François, le monde entier veut le toucher. » François Hollande a bien pris la mesure de ce pape-là et compte bien le recevoir très rapidement en France. C'est également lors de ce repas que le cardinal Etchegaray prononcera le bénédicité et rendra les grâces, sans donner trop de solennité à la chose, afin de ne gêner personne. Le président le mettra à l'aise, debout au moment où le prélat prendra la parole et remplira son office. « Si la question est de savoir s'il sait se tenir dans une église ou en présence de religieux, la réponse est oui, s'amuse Jean-Pierre Mignard. Sans problème. Encore une fois, il est infiniment respectueux de la foi ou de la croyance des autres. » Respectueux de la tradition tout autant. Il acceptera ce jour-là le titre de chanoine de Saint-Jean-de-Latran. Mais il s'en tiendra à cela. Pas question de sacrifier à la cérémonie d'installation, trop marquée par le sceau de l'Église. Le don de soi trouve tout de même parfois sa limite. Peut-être ne voulait-il pas non plus que des commentateurs inspirés et facétieux ne rappellent l'histoire de ce chapitre du Latran attribué à Henri IV après qu'il eut abjuré le protestantisme et fait don au Saint-Siège d'une abbaye bénédictine, celle de Clairac, située aujourd'hui au cœur du Lot-et-Garonne. Dans l'ex-circonscription d'un certain Jérôme Cahuzac…

Volonté de respecter, de ne pas heurter, le président refuse d'aborder les questions théologiques qui ne sont pas de sa responsabilité, mais entend néanmoins se tenir informé de la vie des croyants, connaître les débats et courants qui traversent leur histoire, ceux qui les divisent ou les rapprochent aujourd'hui. Voilà en fait ce qui pourrait résumer l'approche de François Hollande. Se maintenir à équidistance des religions, pour reprendre l'expression d'un de ses proches. Même si les racines chrétiennes de l'Europe lui apparaissent indéniables, ce n'est ainsi nullement au président de les rappeler. Et si les musulmans veulent faire avancer l'islam, le faire progresser pour mieux lui permettre de s'intégrer, c'est avant tout leur travail et pas celui de l'État. Ce qui intéressera en revanche l'homme d'État, c'est la façon dont les religions peuvent s'inscrire dans le champ social. Et parce qu'elles y sont légitimes, dans le champ éthique. François Hollande n'a guère d'autre ambition que celle-là : faire vivre les Français ensemble – le mariage pour tous correspondait à cela dans son esprit –, faire dialoguer, ne choquer personne, désamorcer les affrontements, faire que les gens croyants ou non croyants soient en paix les uns avec les autres... Une aspiration, un état d'esprit qui permettent de mieux comprendre ce mélange de compassion sincère, d'attention bienveillante mais également de retenue et de hauteur dont saura faire preuve le président Hollande à l'égard de tous, croyants et non-croyants – même ses adversaires politiques le reconnaîtront –, lors des événements tragiques de janvier 2015, alors que fanatisme aveugle, terrorisme islamiste et antisémitisme semblent s'être soudain ligués contre la République. Ce fut sa manière à lui d'être proche de toutes les religions en n'appartenant à aucune d'entre elles, et à certains égards de faire s'unir Dieu et la République. Rendant hommage à Ahmed Merabet, ce policier de confession musulmane blessé puis achevé par l'un des deux frères Kouachi quelques minutes après la tuerie de *Charlie Hebdo*, François Hollande résumera ainsi sa pensée : « Il était très fier de représenter les valeurs de la République, la laïcité, qui fait que dans notre pays toutes les croyances sont respectées, toutes les religions sont protégées. [...] Il savait mieux que quiconque que l'islamisme radical n'a rien à voir avec l'islam. » Le credo de François Hollande peut ainsi être résumé : s'attaquer à la laïcité ou à la liberté de culte revient dans les deux cas à s'en prendre à la République.

Ce cartésien, ou ce chrétien qui s'ignore comme certains de ses amis l'affirment parfois, est un homme que la mort n'obsède pas. Mais qu'il craint comme tout un chacun. Normalement, aurait-on presque le réflexe d'écrire. Sans espérance particulière pour la suite. À la différence de François Mitterrand, il ne croit aucunement aux forces de l'esprit, ni aux âmes destinées à se délivrer de leur corps. Il n'a sur l'au-delà aucune vision particulière à proposer. Et pas nécessairement par manque d'imagination. Non. Il ne se pose tout simplement plus ce type de question, si tant est qu'il se les soit un jour posées. François Hollande a d'une certaine façon évacué la nécessité d'une réponse en supprimant l'interrogation. Le paradis, il le préférerait sur terre. Aux responsables politiques dans la conception « hollandienne » d'œuvrer en ce sens… afin de faire naître les conditions d'une amélioration pour l'homme de son existence terrestre.

À cet égard, il est assez surprenant de noter une certaine identité d'approche entre Jacques Chirac et François Hollande. « Le seul culte à pratiquer, disait François Hollande en 2002 en réponse à une question de Jean-Yves Boulic, doit être celui de l'humanité. » Jacques Chirac n'aurait pas dit mieux. Serait-ce l'air de la Corrèze, le goût pour la terre et le peu d'appétence qu'ils nourrissent tous deux pour la méditation transcendantale et les ordres contemplatifs ? Il doit y avoir de cela. Ils auront par ailleurs entretenu les meilleures relations du monde avec l'évêque de Tulle, est-il besoin de le préciser. Et on ne se souvient pas que les parents des écoles privées du département aient eu à se plaindre de l'un ou de l'autre. Leur rapport à la politique se ressemble, la politique qui doit permettre à tous de cohabiter sereinement. Mais tout aussi bien partagent-ils le même type de rapport à la religion. Non dans ce qu'elle a de pratique et de traditionnel mais dans ce qu'elle peut avoir parfois de dogmatique. La méfiance naît alors. Les distances se prennent. Assurément l'un comme l'autre préfèrent la sagesse à la religion. Dans le cas de Jacques Chirac vient s'ajouter cette passion très païenne pour l'art des civilisations et des cultures premières. Une passion dont on cherche en vain une quelconque trace chez l'actuel président de la République. On ne lui en connaît aucune. Ni artistique, ni vraiment sportive, ni littéraire. Absence qui explique peut-être ce sentiment qu'il a parfois pu faire naître d'une certaine impersonnalité. À force de trop de raison, peut-être. Celle-là même qui, souvent, s'oppose à la croyance.

Conclusion

Que les présidents de cette République aient appartenu au clan de ceux qui croient au ciel ou à celui de ceux qui n'y croient pas, qu'ils aient été fervents pratiquants, fidèles par tradition ou conformisme, qu'ils aient revendiqué leur foi ou fait connaître leur incroyance, aucun d'entre eux ne peut honnêtement être accusé d'avoir fait changer de nature la République ou de l'avoir même fragilisée. À quelques exceptions, tensions et malentendus près, jamais la séparation entre l'Église et l'État n'a semblé sciemment attaquée ou volontairement offensée. Preuve de la solidité d'institutions que depuis tant d'années on annonce sur la fin. Preuve aussi du discernement des hommes qui depuis 1958 ont dirigé le pays sans que jamais leur conscience politique n'ait semblé être guidée par leur conscience religieuse. Tout au plus étaient-elles parfois à l'unisson. Mais toujours dans l'intérêt du pays. Certes Nicolas Sarkozy a semblé comme touché par la grâce durant son quinquennat, au point d'en inquiéter voire d'en révolter certains parmi les plus laïcs de ses adversaires. Mais la sanction est d'une certaine façon venue à l'issue de son mandat. À tort ou à raison, de tous les visages qu'il aura pu prendre, celui du chrétien identitaire n'aura pas été son registre le plus convaincant car sans doute difficile à rendre compatible avec d'autres marqueurs que l'opinion avait déjà intégrés. Pour être juste, il restera néanmoins celui qui aura tenté, dans une période compliquée, de théoriser sur les relations entre la religion et l'État, et ce n'était pas une façon détournée de remettre leur séparation en cause. Contrairement à ce qu'ont pu imaginer tous ces entomologistes de la laïcité prêts à comptabiliser les signes de croix d'un président ou à interpréter les passages de son cortège officiel devant une cathédrale comme les prémisses d'une prochaine conversion de Marianne ou le commencement d'un affaiblissement de l'État. Les procès politiques faits sur des questions religieuses ne sont pas forcément plus inspirés ou de meilleure foi que les autres. Il n'en reste pas moins que l'initiative était intéressante même si à cette époque elle était politiquement intéressée. Nicolas Sarkozy est à ce jour le seul homme politique devenu par la suite président de la République à l'avoir prise. Cela fut-il utile ? On pourra répondre par la négative en rappelant que ses prédécesseurs s'étaient bien passés de ce type d'exercice. Charles de Gaulle fut un catholique inspiré mais sut ne jamais confondre sa croyance personnelle avec le service de l'État et l'intérêt de la France, Georges Pompidou suivit cette voie, comme Valéry Giscard d'Estaing qui fit passer une politique qu'il pensait juste, nécessaire et moderne avant toute autre considération, et malgré la réprobation d'une Église qui était pourtant celle que son monde fréquentait. Le président Mitterrand sut pendant quatorze ans faire l'habile mélange du laïc et du mystique, des forces de la politique et de celles de l'esprit et se fit passer pour un politique florentin alors qu'il dialoguait en secret avec une carmélite. Quant à Jacques Chirac, il fut sans doute au bout du compte plus laïc que croyant, plus humaniste que chrétien. Sous aucun d'entre eux, la relation Église-État n'eut à souffrir d'écart violent. Et aucun n'eut à l'évidence d'état d'âme ou de conflit interne s'agissant de la compatibilité entre sa propre croyance privée et sa fonction publique.

En presque soixante années, les temps ont pourtant changé, tout comme, à bien des égards, la façon de croire. La France du général n'a sur le plan confessionnel que peu à voir avec celle de François Hollande. La France de la Libération est une France très largement marquée par la tradition catholique. La période des Trente Glorieuses – formule empruntée au titre de l'ouvrage célèbre publié en 1979 par l'économiste Jean Fourastié, période qui commence en 1945 pour s'achever en 1975 – sera pourtant celle du déclin religieux. Et notamment à partir des années soixante. La pratique religieuse des catholiques français perd de sa régularité. Et malgré l'intérêt suscité par le concile Vatican II entre 1962 et 1965, tombe même sous les dix pour cent. La société de consommation, la naissance de certaines revendications, féministes notamment, le désir de libertés nouvelles, une certaine forme d'individualisme triomphant vont marquer durablement une société que semble alors davantage concerner la télévision, les loisirs, le tourisme de masse et beaucoup moins la fréquentation des églises ou l'office dominical. La France que Georges Pompidou va trouver en 1969 n'a plus rien à voir avec celle du général, et annonce déjà celle du président Valéry Giscard d'Estaing à compter de 1974. Une France qui sur le plan religieux a continué son évolution. L'immigration massive des années précédentes a permis l'implantation d'autres religions, croyances et pratiques que le regroupement familial organisé par le président Giscard d'Estaing et le Premier ministre, Jacques Chirac, contribuera encore à faciliter, dans le même temps que les catholiques semblent progressivement s'affranchir des préceptes du Vatican. La communauté juive s'émancipe elle aussi, prenant conscience de ce que la République n'a que trop tardé à estimer à sa juste dimension l'histoire tragique de la Shoah. L'islam enfin préfigure son implantation à venir. Le décor n'a pas fini de changer. Avec François Mitterrand et pendant les quatorze ans de ses deux mandats, le nombre des personnes se disant « sans religion » passe, selon certains instituts de sondage, de dix à près de vingt-cinq pour cent. Dans le même temps s'installe durablement dans le pays un débat sur l'immigration et sur l'existence d'un seuil de tolérance en la matière, lequel ira de pair avec l'installation du Front national sur la scène politique. Les premiers débats municipaux autour de la construction de mosquées apparaissent, les premières affaires de foulard islamique éclatent en banlieue francilienne, sur fond d'actualité internationale où se mélangent les effets collatéraux du conflit au Moyen-Orient, le régime des mollahs en Iran ou encore la menace d'un terrorisme né de l'intégrisme religieux. Les Français assistent avec horreur, à l'instar du monde entier, aux événements de septembre 2001 tandis que progressivement l'islam s'impose comme la deuxième religion de France. Une donnée que Jacques Chirac et Nicolas Sarkozy devront prendre en compte, chacun à sa manière, et qui s'impose pareillement à François Hollande aujourd'hui.

Dans le même temps, les Français ont également fait évoluer leur rapport à la religion, et ont appris à se vivre catholiques sans que l'affirmation ne s'accompagne du moindre début de pratique. Ce qui vaut d'ailleurs pour les autres confessions. Les valeurs religieuses n'ont plus nécessairement besoin pour s'exprimer du cadre, des ors ou de l'austérité d'une église, d'un temple ou d'une mosquée. La générosité, la solidarité, l'humanité trouvent d'autres environnements pour s'exprimer, certaines associations, religieuses ou pas, ont même parfois semblé prendre le relais. Coluche ou l'abbé Pierre. Le Secours catholique ou le Téléthon… L'occasion d'évaluer la mesure de ce qui anime les Français et rassemble volontiers, sur des causes qui se ressemblent, laïcs et religieux.

La France a changé, ses présidents se sont succédé comme se sont également succédé les papes au Vatican. Les premiers ont su composer avec les seconds, même si le dialogue fut parfois tendu, comme entre Paul VI et Valéry Giscard d'Estaing.

Hormis cette séquence, la relation entre la fille aînée de l'Église et le Saint-Siège fut essentiellement nourrie, comme on le dit dans le langage diplomatique, d'« estime réciproque ». Et parfois d'un peu plus. François Mitterrand ou Jacques Chirac, notamment, ne cachèrent pas leur intérêt pour Jean-Paul II. Ce qui n'eut pas pour conséquence de les transformer en dévots pour autant. Mais un contact privilégié semblait s'être installé. Tout présidents et tout papes soient-ils, les hommes restent en effet des hommes. Certains s'apprécient. D'autres pas. Georges Pompidou avait aimé bavarder avec le jeune Jean-Marie Lustiger, François Mitterrand ne détestait pas sa compagnie. Jacques Chirac ne la recherchait pas. Nicolas Sarkozy l'appréciait.

Parler de Jean-Paul II et de Jean-Marie Lustiger n'a d'ailleurs rien d'anodin. Car évoquer la relation des présidents avec l'Église ne doit pas omettre d'étudier la proposition inverse. Certains prélats ne sont-ils pas en effet devenus ces dernières années de véritables hommes politiques ? À l'instar d'un Jean-Marie Lustiger ou d'un Jean-Paul II précisément. Et d'une certaine façon, le pape François, chacun le sent déjà aujourd'hui, pourrait également faire partie de cette catégorie. Qui se pose la question des relations d'un chef d'État avec les autorités religieuses ne peut faire l'impasse sur le fait que le religieux est également et souvent non pas un politique qui s'ignore mais un politique qui s'assume. Interlocuteur incontournable. Partie prenante du jeu des institutions. Manifestant à l'occasion, prenant part à certains débats au même titre que les partenaires sociaux, invité obligé de certaines commissions républicaines où son avis est souhaité, souhaitable au même titre que celui de certains philosophes, de certains sages ou experts. La foi n'est plus alors la question centrale. Celle des valeurs l'est en revanche. Il peut arriver que celles du politique rejoignent celles du religieux. Parfois non. Chacun peut apprendre de l'autre. Tout en restant en République à la place qui est la sienne dans le rôle qui est le sien. Ainsi est-il justifié que le religieux s'invite pour défendre des sans-papiers, mette en cause les conditions des gardes à vue, alerte sur le drame de certaines populations, accompagne pourquoi pas un homme confronté à la justice. Chacun est alors dans son rôle. Que Jérôme Kerviel ait pu, fin 2014, être dans son combat personnel soutenu par Mgr Di Falco et défendu par Jean-Luc Mélenchon peut fort bien illustrer cette réalité.

La laïcité, ce n'est ni l'absence de débat, ni l'absence de dialogue. C'est a priori l'assurance que l'État aura toujours le dernier mot. Et que nul ne décidera à sa place. Cela n'a jamais signifié que le laïc et le croyant ne puissent avoir de valeurs communes. Ils en ont. Dès lors se poser la question en termes d'influence de l'un sur l'autre a de moins en moins de sens. Un président a pour mission l'intérêt général et celui du pays. Il se doit de le mener vers le progrès, le faire avancer. L'homme de foi sera souvent plus circonspect, moins ambitieux, plus conservateur. Un garde-fou parfois. La séparation de l'Église et de l'État ne signifie en aucun cas l'ignorance ou l'indifférence de l'un vis-à-vis de l'autre. Les Églises respectent la laïcité de l'État, qui lui-même se doit de respecter les convictions religieuses de ceux qui vivent dans cet État. La règle est finalement assez simple. Comme doit l'être celle de non-ingérence, de part et d'autre. Une bonne lecture de la loi républicaine ne doit pas considérer la séparation de l'Église et de l'État comme seulement faite pour empêcher les religions de se mêler de la chose politique. Il est aussi généralement conseillé aux politiques de ne point se mêler de la chose religieuse. Quand ils l'ont fait cela n'a pas forcément été convaincant.

Le reste est affaire d'honnêteté et de conscience. La neutralité du politique ne saurait empêcher ou exclure la foi personnelle. « Qu'est-ce que cette conception de la laïcité qui voudrait qu'un homme renonce à ses convictions parce qu'il devient président de la République ? s'interrogeait Mgr Jean-Michel Di Falco, lors d'un des entretiens réalisés dans le cadre de ce livre. Si on y réfléchit bien, cela n'a pas de sens. Il se trouve que nous avons eu des présidents chrétiens, pas toujours engagés, certainement pas militants mais chrétiens. On a parfois reproché à certains d'entre eux de s'être signés, d'avoir fait le signe de la croix lors d'une célébration, comme s'ils avaient été pris en faute ! Mais si un président est chrétien, pourquoi ne le ferait-il pas ? Et s'il est musulman ou juif, pourquoi n'irait-il pas à la mosquée ou à la synagogue, s'il est pratiquant ? En quoi cela nous offense-t-il ? Voilà des choses que j'ai du mal à comprendre. On pourrait lui reprocher à raison de faire du prosélytisme, de se transformer en prédicateur ou d'exclure d'autres confessions que la sienne mais s'il est pratiquant, je ne vois pas pourquoi il renoncerait, quelle qu'elle soit, à la religion à laquelle il appartient. Et s'il est athée, eh bien, ce sera peut-être encore plus simple. »

En tout état de cause, la République et Dieu, s'il existe, y reconnaîtront les leurs. Ce seront peut-être parfois les mêmes.

TABLE DES MATIÈRES

Photocomposition PCA

Achevé d'imprimer en juin 2015
par DUPLI-PRINT à Domont (95)
pour le compte des éditions Calmann-Lévy
31, rue de Fleurus, 75006 Paris

PAPIER À BASE DE FIBRES CERTIFIÉES

calmann-lévy s'engage
pour l'environnement en réduisant
l'empreinte carbone de ses livres.
Celle de cet exemplaire est de :
1,1 kg éq. CO_2
Rendez-vous sur
www.calmann-levy-durable.fr

Dépôt légal : juin 2015
N° d'édition : 3466769/02
N° d'impression : 2015053246

Imprimé en France